U1015308

跨境担保与跨境融资

23个经典案例详解

朱玉庚○著

中国经济出版社
CHINA ECONOMIC PUBLISHING HOUSE
北 京

图书在版编目（CIP）数据

跨境担保与跨境融资：23 个经典案例详解 / 朱玉庚著.
—北京：中国经济出版社，2019.6
ISBN 978-7-5136-5629-0

Ⅰ.①跨… Ⅱ.①朱… Ⅲ.①跨国公司—企业融资—担保—案例—中国 Ⅳ.①F279.247

中国版本图书馆 CIP 数据核字（2019）第 068739 号

责任编辑　杨　莹
责任印制　巢新强
封面设计　华子设计

出版发行　中国经济出版社
印 刷 者　北京富泰印刷有限责任公司
经 销 者　各地新华书店
开　　本　710mm×1000mm　1/16
印　　张　17.75
字　　数　262 千字
版　　次　2019 年 6 月第 1 版
印　　次　2019 年 6 月第 1 次
定　　价　68.00 元
广告经营许可证　京西工商广字第 8179 号

中国经济出版社　**网址**　www.economyph.com　**社址**　北京市西城区百万庄北街 3 号　**邮编**　100037

本版图书如存在印装质量问题，请与本社发行中心联系调换（联系电话：010-68330607）

序言一

1978年，党的十一届三中全会开启了中国改革开放的伟大历史征程，给我国经济社会发展带来了翻天覆地的变化。2018年，中国经济总量首次突破90万亿元，稳居世界第二大经济体地位。中国改革开放40年取得的巨大成就，与积极参与经济全球化、借鉴他国发展经验、因地制宜创新发展密不可分。在这伟大的历史进程中，中国的商业银行在深入研究国际惯例的基础上，不断创新具有中国特色的跨境金融产品和服务，充分利用“两个市场、两种资源”，助力中国“走出去”企业开拓国际市场，发挥了积极的促进作用。

在当前形势下，习近平新时代中国特色社会主义思想为中国持续推进改革开放指明了方向。习近平总书记在第五次全国金融工作会议上强调，要推进“一带一路”建设金融创新，搞好相关制度设计。跨境金融工作者应该深入领悟新时代金融服务实体经济的要义，创新金融产品和服务，因地制宜、因时制宜，为高质量共建“一带一路”发挥更加积极的作用。

中信银行成立于1987年，是国内最早经营外汇业务的全国性股份制银行之一。30多年来，中信银行外汇业务在业务规模、产品种类、交易系统和综合服务等方面水平不断提高，曾获得“最佳国际结算银行”“最佳跨境人民币业务银行”“最佳国际业务服务银行”等多项殊荣。

本书作者朱玉庚同志研究了“一带一路”背景下跨境金融新趋势，并结合近年来跨境担保和跨境融资领域的案例，撰写了这本专业图书。本书具有以下三大亮点：

第一，本土化与国际化融合。中国银行业的国际结算、贸易融资、国际银团等业务较国际大银行起步晚，但是随着中国外向型经济的日益活跃，中国银行业的国际业务创新日益加快。书中介绍的“内保外贷”便是中国银行业金融创新的产物，它在特定历史时期为中国企业开展对外经济合作发挥了积极的融资促进作用。同时，中国银行业注重借鉴国际标准银行产品，学习国际惯例，提升国际化水平。比如本书中重点讲述的“出口信贷”，便是遵循OECD“君子协定”国际惯例的信贷产品。在服务“一带一路”建设过程中，出口信贷融合了中国本土化的金融创新，体现了国家要求推进“一带一路”建设金融创新的宗旨。

第二，实务性与前瞻性结合。本书介绍了跨境金融实务中使用较多的内保外贷、外保内贷、出口信贷等金融产品，通过案例详细地讲解产品结构、适用范围、业务流程、操作要点等方面，实务性较强。同时，作者兼顾了最新政策动向和产品创新展望，启发金融从业者顺应新时代国家政策导向，合规开展业务创新，服务实体经济，助力对外开放。

第三，业务发展与风险防控兼顾。商业银行国际业务的发展，已经从早年的追求“数量增长”到如今的“数量与质量并重”“业务发展与风险防控兼顾”的新阶段。当今，银行国际业务在开展中面临着信用风险、外汇合规风险、国际反洗钱风险、产品结构性风险等多种风险。如何厘清前台、中台、后台的职责定位和梳理贷前、贷中、贷后的全流程管控，成为跨境金融业务风险管理的一大难题。本书在介绍每一个跨境金融产品时，分别从产品结构、产品优势、监管政策、风险控制、案例解析等多维度进行论述，体现了作者对业务发展与风险防控的独到见解。

本书内容新颖、案例丰富、实用性强。广大金融从业者可以此书为参考，不断探索如何灵活运用国际结算、贸易融资和中长期信贷等多种金融工具，更好地服务中国的对外开放，不负伟大的新时代！

中信银行副行长　郭党怀

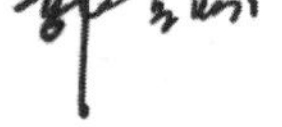

2019 年 3 月

序言二

自“一带一路”倡议提出的六年来，中国企业“走出去”步伐明显加快，通过境外承包工程和海外投资业务，促使一大批具有国际影响力的项目实施落地。在此历史进程中，中国的银行业通过跨境担保和跨境融资等多种业务模式，支持“走出去”企业积极参与国际竞争，践行“金融支持实业”宗旨，推动“一带一路”建设行稳致远。

本书作者结合十余年国际工程承包和跨境金融工作的经历，深入思考了新时代背景下跨境金融服务实体经济的方法和途径，以大量详实的案例阐述了内保外贷、外保内贷、出口信贷等金融产品和服务，内容深入浅出，是一本教科书式的跨境金融读物。作者还分析了当前的形势与政策，特别是对于外汇监管政策的剖析，既有宏观政策解析，又有微观实务指导。这对于从事国际工程承包和海外投资的企业人员，以及从事跨境金融实务的银行从业人员，都具有现实指导意义。需要指出的是，国际工程承包市场风云变幻，中国对外金融监管政策也动态调整，读者在学习本书知识的同时，应该掌握书中谈论的方法论，根据国际国内市场和金融形势的变化，与时俱进，不断创新。

希望通过本书，能够为积极参与“一带一路”跨境实务的人员开阔国际视野、拓宽业务思路，并将书中讲述的金融产品应用到国际融资实践中，不断地开创“一带一路”建设新局面。同时，希望通过本书的出版能带动更多的国际工程承包和跨境金融从业人员分享自己宝贵的知识和丰富的业务经验，促进国际工程承包行业的健康发展和不断进步！

中国对外承包工程商会会长　房秋晨

2019 年 3 月

目 录

第一章　新时代“内保外贷”新做法

第一节　内保外贷的概念

一、产品结构

内保外贷作为一项跨境金融产品，在中国开展已有十余年。自21世纪初中国的境内银行叙做第一笔内保外贷业务以来，内保外贷为中国“走出去”企业获取境外融资提供了有力支持，且取得了长足发展。

内保外贷业务由“内保”和“外贷”两部分有机组成。所谓“内保”，即中国境内主体提供的担保，这个境内主体既可以是国内银行，也可以是国内企业和国内个人；担保的形式既可以是银行保函，也可以是法人保证、抵押、质押等。所谓“外贷”，通常指境外机构（一般是境外银行）向境外债务人提供的融资，也可以指代非融资性的债权债务关系。内保外贷可以分为“融资性”内保外贷和“非融资性”内保外贷。

“内保”所采用最多的形式便是银行保函。银行保函（Bank Guarantee），指担保银行应申请人的请求，向受益人开立的一种书面信用担保凭证。它保证在申请人未能按双方协议履行其责任或义务时，由担保银行代其履行一定金额、一定期限范围内的某种支付责任或经济赔偿责任。在银行保函中存在三个最基本的当事人，即保函申请人、担保银行、保函受益人。相应的，存在三个基本的合同关系，即申请人通过保函申请书，委托担保银行开立保函的法律关系；该保函所基于的申请人与受益人之间的基础合同关系，如承包工程合同；担保银行与保函受益人之间基于所开立保函的法律关系，如见索即付保函中，受益人向担保银行提交了符合保函文本规定的索赔申请后，担保银行需向受益人进行赔付，详见图 1-1。

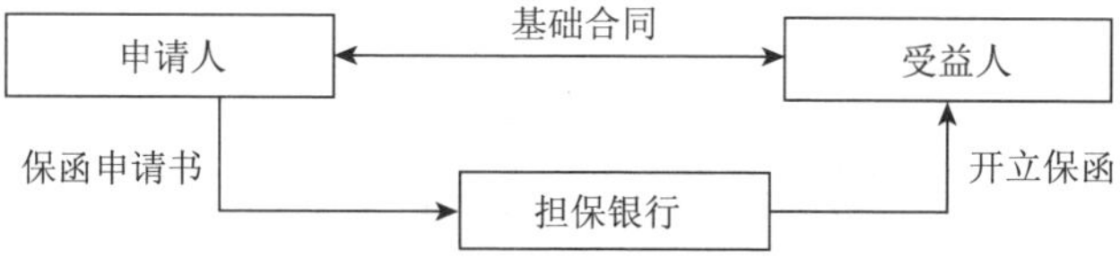

图 1-1　银行保函的三个当事人，三个基础关系

在一般的内保外贷融资结构中（详见图 1-2），由我国境内银行根据境内企业客户的申请，向境外银行出具融资性保函，承诺当被担保人（一般是境内客户的境外关联公司）未按有关合同偿还债务时，由境内银行偿还此担保项下的债务。该笔债务可以是具有融资性质的普通贷款、发行债券、贸易融资、融资租赁等，也可以是非融资性质的债权债务关系，比如围绕境外工程承包合同项下的施工义务而形成的债权人（业主）与债务人（承包商）之间的关系。当“内保”是为融资性付款义务而提供的担保时，就属于“融资性”内保外贷。当“内保”是为非融资性付款义务而提供的担保时，就属于“非融资性”内保外贷，比如招投标担保、预付款担保、延期付款担保、货物买卖合同下的履约责任担保等。内保外贷的服务范围广泛，覆盖国内公司的全球运营、跨境并购、私有化退市、境外上市与发债、国际工程承包等领域。

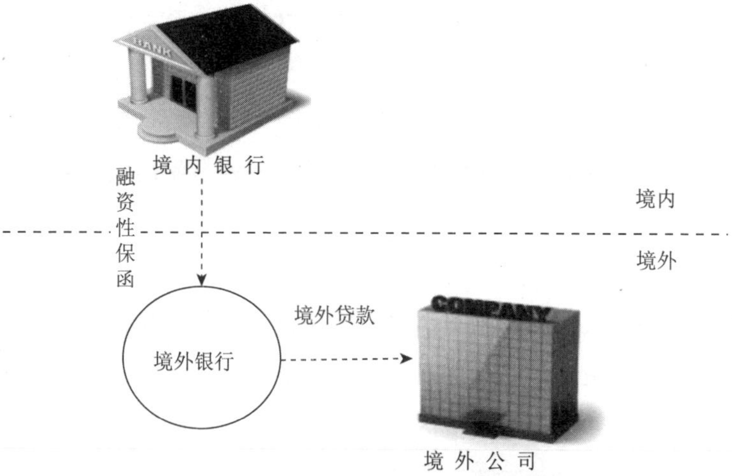

图 1-2　内保外贷的一般融资结构图

二、产品优势

内保外贷通过境内外的业务联动，具有以下优势：一是利用境内企业在境内银行的授信额度开具保函，解决其境外企业在境外当地较难获得银行授信的困境，有力支持其境外企业发行股票、债券，以及开展海外贸易、私有化退市、兼并收购等业务，提高其参与国际经济技术合作与竞争的实力。二是通过全球广泛的合作银行渠道，为企业对接全球灵活的低成本资金，打通境内外资金通道。三是在境内银行存在存款考核和营业收入竞争激烈的情况下，内保外贷业务对于境内银行吸收保函保证金存款、提高保函费等中间业务收入具有重要作用。除了极优质的境内客户可以在国内银行获得纯信用额度开立保函外，大多数申请内保外贷业务的境内企业，需要向境内银行缴纳开立保函保证金。在人民币单边升值的历史背景下，企业在境内银行存入人民币保证金，银行为其开具外币融资性保函，进而获得境外银行的外币贷款。这种利用“两个市场、两种资源”，获取“利率、汇率”双重收益的业务，帮忙企业解决了“融资难、融资贵”的问题。因此，企业的跨境融资需求和商业银行的业绩考核一拍即合，使得内保外贷业务在这特殊的历史背景下取得了快速发展。

特别是在提出“一带一路”倡议以来，作为支持“一带一路”建设的一项融资利器，内保外贷近年来在境外承包工程、海外公司短期流动性支持、境外绿地投资、跨境并购、海外项目融资、海外退市等对外投、融资和经济合作领域得到了广泛的应用，有效地满足了实体企业在“一带一路”建设中的融资需求，起到了催化剂作用。

三、监管政策

（1）首次定义。国家外汇管理局首次在官方监管文件中对内保外贷进行定义，是在 2014 年 6 月生效的《跨境担保外汇管理规定》（汇发〔2014〕29 号文），以下简称“跨境担保新规”或“29 号文”。由此，在市场上盛行十余年的内保外贷业务有了官方解释，并在接下来的三年里，取得了过去十余年从未有过的监管部门的关注和社会公众的关注。在这三年多的时间里，在市场与监管的良性互动中，内保外贷业务发生了巨大的变化，监管政策也在摸索中进一步完善，并于2017年年末形成全面规范和细化的文件，即《国家外汇管理局综合司关于完善银行内保外贷外汇管理的通知》（汇综发〔2017〕108号）。

“29号文”最令人关注的便是，监管机构首次定义内保外贷，便为这项已有十余年市场经验的产品简政放权，极大地激发了市场主体的创新积极性。在“29号文”中，外汇局按照参与方的注册地来定义内保外贷。当担保人注册地在境内，债权人和债务人均在境外时，便称为内保外贷。需要强调的是，“内保”的“保”不仅仅指的是保函，还包括法人保证、抵押、质押等；“外贷”的“贷”也不仅仅指的是融资性的贷款、发债等，还可以指代非融资性行为，比如境外工程承包合同中的债权债务关系。

表1–1　内保外贷的监管定义

担保类型	担保人注册地	债务人注册地	债权人注册地
内保外贷	境内	境外	境外
外保内贷	境外	境内	境内
其他形式跨境担保	境外/境内	境外/境内	（1）境外
			（2）境内

“29号文”是中国资本账户在跨境担保领域基本实现可兑换的一个标志性文件，对于内保外贷业务而言，极大地放松了数量管控和行为主体管控。具体表现在如下四个方面：第一，首次取消了内保外贷的数量管控，从此以后各家商业银行的分行在受理业务前无需再向其总行申请额度。2014年6月以前，外汇局会给各家商业银行一个内保外贷的额度控制。每家银行的各地分行在叙做内保外贷业务前，需要向各自的总行申领额度，总行统一额度管控。“29号文”取消数量控制，意味着商业银行可以办理的内保外贷规模更大。2016年人民银行实施“全口径跨境融资宏观审慎管理”，虽然也将商业银行的融资性内保外贷业务纳入全口径融资额度管控，但是相较于2014年6月前的外汇局额度管控，已经是大为宽松。总体而言，取消额度上限管控，为内保外贷的快速发展奠定了重要的数量基础。第二，担保主体资格，既可

以是法人银行，也可以是非银行金融机构，还可以是境内个人。担保人为银行的，由银行通过数据接口程序或其他方式向外汇局资本项目信息系统报送内保外贷相关数据。担保人为非银行金融机构或企业的，应在签订担保合同后的 15 个工作日内到所在地外汇局办理内保外贷签约登记手续。由此可见，外汇局对银行办理的内保外贷业务的管理相对宽松，无需事前登记，只需事后报送数据。第三，取消担保履约核准。在担保履约时，境内担保银行可以自行履约，无需事前经外汇局核准。这项简政放权，给予了国内担保银行更多的业务自由权利。但是，外汇局会按年度对各家商业银行的内保外贷“履约率”进行考核，当履约率超过一定比率时，会相应扣分。以上三项重要的简政放权措施，已经使得外汇局对商业银行的内保外贷业务监管由事前监管变为事后监管，市场主体获得了更多的自主权。那么，在简政放权的同时，如何约束市场主体的行为呢？由此引出第四个方面，商业银行对境外贷款资金用途的审核、监管义务。“29 号文”明确规定了商业银行在内保外贷业务中的审核和监管义务。国内商业银行应该履行 KYC 职责，对境内申请办理内保外贷业务的国内企业、境外贷款资金用途、业务背景等加强审核和监管，确保业务合法合规。

（2）不断完善。“29 号文”的简政放权给予了市场主体较大的自主性，激发了市场活力，内保外贷业务蓬勃发展。然而，自 2016 年起，特别是 2017 年上半年，一些不和谐的声音扰动了市场，引起了监管的关注。特别是 2017 年年中，一则“乐视网内保外贷违约”的新闻，将内保外贷推进了普通公众的视野。甚至有一些言论认为，当前，中国存在民营企业通过内保外贷向境外转移资产的隐忧。在此期间，国家外汇管理局出台了《国家外汇管理局关于进一步推进外汇管理改革完善真实合规性审核的通知》（“汇发〔2017〕3 号文”），以下简称“3 号文”。“3 号文”的两次政策问答，对银行内保外贷业务予以规范。总结起来，主要有以下要点：第一，允许内保外贷资金回流。在“29 号文”中，明确规定内保外贷的外贷资金不允许回流中国境内。本次外汇局放松对资金回流的管制，与当时中国外汇收支形势密切相关，是“扩流入”宏观调控政策的体现。对于回流资金的类型，外汇局明确只允许股权和债权形式，而不允许证券投资形式的资金回流。第二，明确了回流资金未来出境的通道。既然允许资金回流，未来“外贷”的债务到期，需要偿还时，外汇局也必然允许资金再流出去。若以股权形式回流，流出时可通过减资撤资、股息红利的方式流出去。若以债权形式回流，流出时可通过还本付息的形式流出去。第三，内保外贷履约管理趋严。外汇局规定，在内保外贷履约时，银行须先使用自有资金对外付款，不得以企业的反担保资金直接购汇履约。当商业银行赔付款项后，若客户保证金与保函履约币种不一致，需处置客户保证金进行购汇，还需到外汇局办理备案。这意味着，即使在全额人民币保证金质押的内保外贷业务中，外币保函履约对外赔付后，若不能及时处置客户保证金，商业银行仍可能面临保函业务垫款甚至不良贷款。第四，严禁以内保外贷替代对外直接投资（ODI）。“3 号文”的政策问答（第二期）规定，“以内保外贷境外融资替代境内机构货币出资的境外投资项目，如按照现行对外投资相关监管原则，境内机构境外股权投资受到限制的，暂停办理相关跨境担保业务，担保人为非银行机构的，外汇局不予办理内保外贷登记；担保人为银行的，银行不得为此提供担保”。也就是说，如果企业境外投资行为未获得发改委等监管部门的核准和备案，则商业银行不得为企业办理内保外贷来替代其 ODI 资金出境。

（3）全面规范。2017 年 9 月，国家外汇局主管的《中国外汇》以封面话题的形式，邀请多位官方人员及市场人员就内保外贷话题撰文，定调内保外贷为“中性产品”。2017 年 11 月，国家外汇管理局正式出台《国家外汇管理局综合司关于完善银行内保外贷外汇管理的通知》（汇综发〔2017〕108 号，下称“108 号文”或“内保外贷新规”），延续了外汇局在跨境担保领域简政放权的监管思路，同时也明确了内保外贷展业规范，通过“放管结合”，引导商业银行内保外贷业务在新时代取得新发展。这次文件是对内保外贷业务的全面规范，预计此后的较长一段时间内不会再出台关于内保外贷更细致的监管规定。“内保外贷新规”重点是加强合规性审核，主要有以下两个方面。

第一，加强主体资格、交易背景和资金用途的真实合规性审核。一是关于主体资格审核。“内保外贷新规”首次明确要求，商业银行要“严格审核债务人主体资格的真实合规性，并留存相关审核材料备查”，且“如果债务人为境内居民直接或间接控制的境外机构，银行应重点审核其是否符合境外投资的相关管理规定”。基于此，银行在开展内保外贷业务时需重点调查：境外债务人设立是否遵循发改委、商务部、外汇局等主管部门关于境外投资的管理规定；境外债务人是否依照境外法律合法合规成立；境外债务人的法人存续及历次变更是否合规，等等。银行应通过严格业务准入门槛，为内保外贷业务的稳健开展竖立起第一道风险屏障。二是关于交易背景和资金用途审核。“内保外贷新规”梳理了外汇局以往文件和政策问答中关于交易背景和资金用途的规定，特别是针对近年来市场需求较为旺盛的购买境外其他机构的股权或债权、偿还债券发行、资金调回境内使用、境外机构衍生交易等用途，提出了明确的规范性和限制性要求。

第二，进一步明确担保履约管理。“内保外贷新规”用了近一半的篇幅强调对于担保履约的审核和管理要求。笔者认为，任何企图通过担保履约达到资金变相出境目的的行为，都是监管部门不支持和不允许的。一是外汇局特别提示银行要重点关注以下情况并审慎办理：债务人还款资金来源不明的，或虽然还款来源明确但债务人经营状况不良或负债率过高的，或担保当事各方中存在以往债务违约等不良记录的，等等。二是首次明确，除还款风险外，银行还要从押品来源的合规性、反担保资金来源的合法性，以及单一反担保人同类业务反担保总规模的合理性上，加强保前尽职审核。也就是说，若境内保证金存在不法资金来源，未来“外贷”不能还款时，通过“内保”的保函履约形式，将境内不法资金汇出境外，这种情形便要追究境内商业银行的反洗钱责任。三是首次从贷后管理角度明确要求银行加强业务过程管理，建立履约风险评估和预警机制。这项规定，对于商业银行内保外贷业务的全生命周期管理，提出了更高的要求和更大的挑战，是防控内保外贷风险的重要手段之一。四是如果履约情况出现，内保外贷新规再次强调了此前“3号文”政策问答中的要求：银行应先使用自有资金履约，纳入银行自身结售汇管理，不得以反担保资金直接购汇履约。这将从根本上督促银行更加审慎地评估业务风险、甄别业务良莠。此外，内保外贷新规还首次要求银行在为企业办理内保外贷履约资金汇出时，应向成为对外债权人的企业出具关于对外债权登记的提示函。为何要求出具此提示函？因为在实务中，很多人并不清楚由谁来办理债权登记。以下是一个较为典型的案例。在案例中，境内公司D向境内城商行 B 申请办理内保外贷业务。由于城商行 B 的知名度不高，其开出的保函并不为境外银行 C 所接受。于是，城商行 B 寻求资信较好的境内国有银行 A 帮助“转开保函”。具体操作流程如下：境内公司 D 作为保函开立申请人，向境内城商行 B 提交《保函开立申请书》，城商行 B 开出银行保函给国有银行 A，国有银行 A 以此作为反担保函，进而开出涉外融资性保函给境外银行 C，银行 C 进而向境外公司 E 发放贷款。贷款到期时，境外公司 E 未能偿还贷款，境外银行 C 在融资性保函项下向境内国有银行 A 进行索赔，A 银行赔付后，进而在反担保函项下向境内城商行 B 索赔，B 银行赔付后，进而向保函开立申请人公司 D 进行追偿，比如扣划境内公司 D 的保证金。至此，内保外贷的索赔过程结束，但是内保外贷的履约过程仍未结束，即履约后的债权登记手续仍未办理。“29 号文”中已经明确规定了内保外贷履约后的债权登记方法，即“内保外贷发生担保履约的，成为对外债权人的境内担保人或反担保人，应办理对外债权登记。对外债权人为银行的，通过资本项目信息系统报送对外债权相关信息”。仅从字面上看，“境内担保人或反担保人应办理对外债权登记”，会使人误以为保函中的境内担保人——国有银行 A 或保函的反担保人城商行 B 应办理对外债权登记。事实上，保函赔付之后，无论银行 A 还是银行 B，均未产生垫款，均没有任何理由享有对外债权。反而是境内公司 D 损失了一笔保证金，全额用于偿还境外贷款。因此，境内公司 D 享有对境外公司 E 的债权，境内公司 D 应该到属地外汇管理局办理对外债权登记手续。（详见图 1-3）五是内保外贷履约额纳入企业境外放款额度管理（上限为上年末经审计的所有者权益 30%）。根据“108 号文”，“企业作为担保人（或作为银行内保外贷业务的反担保人）发生担保履约的，履约额应纳入该企业境外放款额度登记和管理。”内保外贷履约额被纳入企业境外放款额度管理，由此可见，各项政策的交互影响、各种业务的互动，越来越趋向复杂化。虽然外汇局并未规定对超过上限的内保外贷履约行为如何处理和处罚，但是给予本外币企业境外放款与内保外贷履约额合计上限管理，应是政策趋紧的涵义。

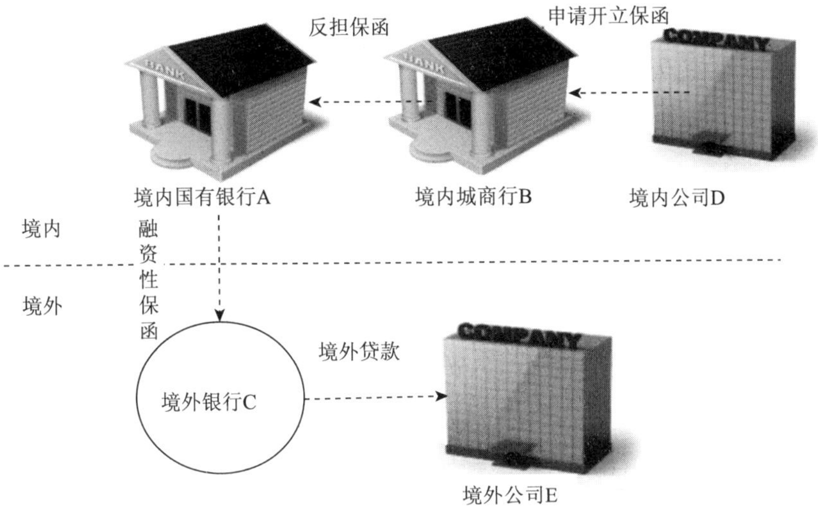

图 1-3　内保外贷履约后的债权登记

第二节　内保外贷银行实务

党的十九大报告提出，“要实行高水平的贸易和投资自由化便利化政策。”内保外贷服务的目标客户群和行业广泛，在境外承包工程、海外公司短期流动性支持、境外绿地投资、跨境并购、海外项目融资、海外退市等对外贸易、对外投资等领域都有着广泛的应用，积极推动“走出去”企业的跨境贸易自由化和跨境投融资便利化。

2017 年 7 月召开的全国金融工作会议提出，为实体经济服务是金融行业的天职，要推进“一带一路”建设金融创新，搞好相关制度设计。内保外贷的融资方案结构化、定制化特征明显，日益成为金融服务实体经济，更是支持“一带一路”建设的一项融资利器，它丰富了“一带一路”建设中金融创新的方式。

一、重点业务领域

在新形势下，商业银行应该回归本源、支持实需，积极开展适应新时代发展形势、支持“一带一路”建设等内保外贷业务。商业银行一方面要严格执行监管要求，加大内保外贷业务的真实合规性审核和动态风险管控；另一方面，也要继续发挥过去十几年内保外贷为境内企业“走出去”提供增信、支持“走出去”企业开展国际经济合作的积极作用，发掘新的业务领域。

在“108号文”中，将内保外贷基础业务背景表述为“交易背景”，不同于2014年“29号文”的“贸易背景”。这体现了监管部门对内保外贷业务应用领域广泛性的认可，也体现了新时代内保外贷业务更为复杂和灵活的特点。新时代的内保外贷业务，不仅应该支持传统的跨境贸易项下的资金需求，也应该支持“一带一路”建设中境外项目的资金需求，以及跨境并购、海外退市等跨境资本活动的资金需求。这对商业银行的专业化水平和管理能力提出了更高的要求。

一是以内保外贷支持有条件、有能力的中国企业通过到境外兼并、收购具有技术优势、销售渠道、品牌影响力等内在价值的企业，将其与自身现有的业务进行整合，提升国际竞争力。在此过程中，办理内保外贷业务的银行应该重点分析企业并购交易行为的合法合规性、并购方案的合理性和可行性、并购双方的产业相关度和战略相关性、贷款的还款保障性等，从贷（保）前、贷（保）中、贷（保）后三个方面做好全程管理，避免出现保函或备证履约。

二是通过内保外贷支持在境外上市的中国民族品牌回归国内资本市场。在中国香港、新加坡、美国等境外资本市场上，不乏一些优秀的中国品牌上市公司。其中，一些曾经借助境外资本市场成长壮大的民族品牌，希望在境外退市并重归境内资本市场，这就需要私有化发起人通过融资获取一定资金用于收购其他投资者的股票。为了帮助私有化发起人在境外获取融资，境内银行可考虑通过保函/备证的方式为其提供增信。此类公司的主要经营业务通常在中国境内，因此，境内银行有更为充足的手段对退市过程和授信风险进行尽职调查和监控，把握业务的合规性，稳健开展内保外贷业务。

三是通过内保外贷支持国家重点鼓励的新一代信息技术、节能环保、高端装备制造、新材料、新能源等战略性新兴产业，实现我国在某些高新技术领域的跨越式发展。这也是新时代内保外贷的使命。例如，被《中国制造2025》列为重点支持产业的信息技术产业，可以保函/备证作为相关的中国企业在境外银行获得流动性支持的增信手段，为其通过在境外设立关联子公司，将相关技术及核心原材料引入中国，并在国内建厂进行自主研发，提高我国在该领域的产能和技术水平，实现技术研发的突破，提供重要的支撑。

二、银行实务要点

（一）坚决执行监管政策，防范“非理性”走出去

商业银行在受理内保外贷时，必须坚决执行国家的相关监管政策，严格审核企业是否办理了发改委、商务部、国资委等相关监管部门的核准、备案手续，并取得了相应的确认函、通知书、证书等有效文件。根据《国家外汇管理局关于进一步推进外汇管理改革完善真实合规性审核的通知》（汇发〔2017〕3号）政策问答（第二期）的规定，在企业境外投资行为未获得发改委等监管部门的核准或备案，从而无法办理ODI资金汇往境外的情况下，国内银行不得以内保外贷帮助企业在境外获取融资，进而变相实现企业ODI资金出境。《国家外汇管理局综合司关于完善银行内保外贷外汇管理的通知》（汇综发〔2017〕108号）也明确规定，“内保外贷项下资金如用于直接或间接获得对境外其他机构的股权（包括新设境外企业、并购境外企业和向境外企业增资）或债权，该投资行为应当符合国家关于境外投资的相关政策导向，并符合国内相关部门有关境外投资的规定。”

2017年8月，国务院办公厅转发国家发展改革委、商务部、人民银行、外交部《关于进一步引导和规范境外投资方向的指导意见》，明确将境外投资分为三大类，即“鼓励、限制、禁止”。其中，政策鼓励的六类境外投资领域包括基础设施、产能和装备、高新技术、能源资源、农业、服务业，都是“一带一路”建设中的重点领域。2017年12月，国家发改委正式发布《企业境外投资管理办法》（中华人民共和国国家发展和改革委员会令第11号）（以下简称“11号令”），对企业境外投资行为的定义，以及这些行为如何履行核准、备案等手续，都进行了详尽的规定。该文件不仅对中国企业的境外投资行为具有重要的影响，同样给商业银行参与境外项目的内保外贷业务带来深远影响。当前形势下，中国企业和金融机构应该深刻领悟国家战略和政策

意图，学习文件中的细致规定，适时做好和相关主管部门的沟通汇报工作，依法合规、积极稳健地开展“一带一路”建设中对外投资项目的内保外贷业务。

（二）树立正确的业绩观，严格业务准入门槛

长期以来，内保外贷业务因具有拉动存款、提高中间业务收入等优势，颇受银行客户经理的青睐。在有利的利率和汇率市场环境下，企业的跨境融资需求和商业银行的业绩考核高度吻合，使得内保外贷业务取得了长足的发展。但我们也要看到，经济形势和市场环境越好，商业银行从业人员就越有可能降低业务门槛，疏于贷（保）前调查，放松对跨境反洗钱的警惕，从而为内保外贷业务埋下风险隐患。

当前形势下，人民币汇率单边升值的市场环境已不复存在，传统的以人民币存款质押来进行内保外贷境外融资的单边行情也不复存在。特别是随着监管机构对于保函履约的监管趋紧，单纯为了套利而存在的内保外贷逐渐成为历史，通过保函履约来变相实现资金出境的行为被严格限制。内保外贷正在逐渐回归理性，成为满足实体经济在“一带一路”建设中合理需求的金融工具。

（三）境内外联动，审查内保外贷资金用途

“29号文”“3号文”和“108号文”均对内保外贷资金的用途进行了详细规定，归纳起来主要有以下两个要点：第一，内保外贷项下资金仅能用于境外借款人正常经营范围内的相关支出，不得用于支持其从事正常业务范围以外的相关交易，不得虚构贸易背景进行套利或进行其他形式的投机性交易；第二，允许内保外贷项下的资金以股权或债权形式回流境内，但不允许以证券投资形式回流。

国内保函开立银行应通过与境外银行的有效联动，做好尽职调查工作。一是通过境内外银行联动，做好资金用途的尽职调查。虽然“29号文”要求国内保函开立银行对境外贷款资金用途进行合规性审查，但国内商业银行囿于境外网点分布不足、对当地营商环境的熟悉程度不够、对借款人综合调查的手段有限等制约因素，开展“了解你的客户”（KYC）的难度较大。正是由于“内保”与“外贷”在时空上具有隔离和跨境的特征，在境内银行以往的

业务实践中，境内银行作为担保行，很难像境外贷款行一样对境外债务人进行实地调查和资金用途监管，对有些套利行为的甄别尚存漏洞。相对而言，境外银行对于属地客户 KYC 的手段较多、经验丰富，可对内保外贷的借款人进行银行账户、商业信誉、股东背景、反洗钱等金融犯罪记录、资金需求及资金用途的合理性、还款来源等方面进行审查，从而可在一定程度上弥补国内银行履行资金用途审查义务的短板。二是合理设计资金回流方案。“3 号文”取消了禁止内保外贷资金直接或间接回流境内的规定。准确理解关于资金回流的监管规定，对于实务中商业银行充分考虑客户的需求和利益，协助客户合理设计资金回流方案、妥善做好资金安排，这是至关重要的一点。如客户以股东借款形式回流境内，一般需要先结汇（兑换成人民币在境内使用）后购汇（债务到期兑换成外币还贷），商业银行就可以通过为客户办理掉期交易，协助其规避汇率风险。需要注意的是，客户如果是以股权形式（即外商直接投资，FDI）将资金调回境内使用，在未来归还境外贷款时，若境外借款人自有资金不足，需要以股息红利汇出或以减资、撤资等方式汇至境外时，情况就变得比上述债权回流方式更为复杂。因减资、撤资需要到商务主管部门办理变更备案，不如上述股东借款的归还外债方式简捷，且减资、撤资并不是在 FDI 投资初期即确定发生的事件，因此，办理掉期交易的实需背景和理由不够充分，客户将面临汇率波动风险。

（四）加强第一还款来源审查，避免保函履约

根据“29 号文”关于“担保人、债务人不得在明知或应知担保履约义务确定发生的情况下签订跨境担保合同”的规定，国内银行在开立保函前，一定要严格审查客户真实需求，提高警惕性，避免使见索即付银行保函成为非法资金出境的通道。

“29 号文”同时规定，“担保人办理内保外贷业务时，应对债务人主体资格、担保项下资金用途、预计的还款资金来源、担保履约的可能性及相关交易背景进行审核”。在实务中，对借款人还款能力和还款意愿的审查，是境内银行内保外贷业务尽职调查的重中之重，是防止发生保函履约的重要风险审查要素。除了审慎评估借款人的还款能力外，商业银行还应综合设置多种风

险缓释措施，切实降低保函履约风险发生的概率。也就是说，“外贷”的风险缓释措施，除了“内保”，还可以有内保外贷业务所支持的境外项目的资产抵押、标的公司股权质押等。实际上，“外贷”不仅仅依靠“内保”，还要通过对项目总体风险的科学评估和多种风险缓释措施的设计，来综合把控融资整体风险，进而降低保函的履约率。特别是对于中国企业在“一带一路”建设中开展的海外建厂、股权投资等项目，因投资回收期长、投资回报率存在不确定性，商业银行为保障“外贷”未来的还款能力，引入抵/质押等担保措施就显得格外重要。

当前形势下，监管机构对于内保外贷履约管理趋严。根据监管规定，在内保外贷履约时，银行需先使用自有资金对外付款，不得以企业的反担保资金直接购汇履约。当商业银行赔付款项后，若需处置客户的人民币保证金进行购汇，还应到外汇局办理备案。这意味着，即使在全额保证金质押的内保外贷业务中，保函履约对外赔付后，若不能及时处置客户保证金，商业银行仍可能面临保函业务垫款甚至不良贷款。从这个意义上讲，商业银行应提高尽职调查的自觉性，科学审慎地评估借款人第一还款来源，避免发生保函履约和银行垫款。

三、业务全流程管理

内保外贷业务是以涉外保函为依托，融合了跨境融资、外汇监管、国际惯例等多方面复杂因素的综合融资业务。在业务受理过程中，除了熟悉保函业务国际惯例的贸易金融部门之外，精通贷款业务尽职调查的公司信贷部门和熟悉境内外法务的法律保全部门等也要积极参与，并在贷（保）前调查、贷（保）中审查和贷（保）后管理的整个业务流程中，协同作业，保持良好的沟通协调、动态监控，以充分满足客户融资需求，同时有效地管控风险，确保内保外贷业务的健康有序开展。

首先，贷（保）前调查阶段。由于客户融资需求多样化，需要银行的客户经理和产品经理共同营销客户，便于共同设计融资方案。融资方案需要考虑融资的合理性、内保外贷产品的适用性、资金用途、外汇政策合规性等诸多方面。支行客户经理应主要承担客户的主体信用风险审查义务，关注客户是否满意客户评级、授信准入的标准，严格审查业务背景真实性，分析还款来源、还款意愿、担保措施等；贸易金融部门的产品经理则应主要从产品结构角度把握债项风险，根据支行客户经理对基础交易背景的授信调查材料，在内保外贷的产品适用性、外汇政策的合规性、国际惯例、融资额度和期限的合理性、产品结构性风险等方面，提出专业意见，以弥补支行在授信调查中对客户授信的普遍性对于内保外贷产品特殊性的不足。通过协作分工，产品经理和客户经理共同筑建内保外贷风险防控的第一道“风险屏障”。

其次，贷（保）中审查阶段。贷（保）中审查阶段，重点在于对放款前提条件的审查。其中，包括对保函条款在内的诸多法律文本的审查，有助于规避可能出现的操作风险，同时也在一定程度上弥补贷（保）前调查工作的缺失。在该阶段，产品经理和客户经理同样需要明确分工、密切配合，共同履行风险防控的“第二道屏障”。客户经理应重点专注于落实保函额度授信协议的签署、保证/抵押质押等担保合同的签署、担保的核保手续等信贷手续；产品经理应该更关注保函条款的撰写和审查、保函条款与境外融资协议的匹配性和一致性、保函国际惯例、内保外贷外汇管理政策等方面的落实情况，确保保函开立前的合法合规性。

最后，贷（保）后检查阶段。“108 号文”首次从贷后管理角度，明确要求银行加强业务过程管理，建立履约风险评估和预警机制。商业银行应该摒弃以往“重贷前、轻贷后”的陋习，加强对内保外贷业务的贷（保）后管理工作。从分工角度来看，客户经理应该发挥自身在贷款业务贷（保）后管理方面的优势和经验，重点从“外贷”资金的用途、资金流向、督促企业履行支付、还款或赔偿责任以及可能的垫款等方面主动管理、提前预判，将信用风险苗头扼杀在摇篮中，防患于未然。而产品经理应重点从企业国际结算的日常观测中发现风险苗头，及时提示客户经理开展风险筛查；在外汇政策角度，检查业务贷后管理的合规性，必要时与客户经理协同作业；在保函索赔等流程中，协助客户经理、法务人员共同按照保函国际惯例和外管政策，采取资产保全等手段。

从内保外贷的全流程管理可以看到，这项业务不仅仅是保函，更是担保与融资的有机结合。商业银行既要重视结算环节的保函国际惯例和标准银行实务，更要重视融资环节的全流程风险管理；既要充分调动客户经理的市场营销经验和信贷业务实操经验，又要发挥产品经理在国际结算和外汇政策等方面的优势，通过默契的配合，共同促进内保外贷业务发展地又好又快。

四、两个“敞口”问题的处理

（一）保函金额“敞口”

在银行实务中，无论是“融资性”内保外贷，还是“非融资性”内保外贷，保函开立银行都不愿意开出金额“敞口”的保函。所谓金额“敞口”，是指银行开出的保函条款中，保函的金额存在不确定性。而这种不确定性直接导致保函开立银行的担保责任存在数额上的不确定性，因此，风险是极大的。在内保外贷业务中，银行应严格审核保函条款，确保保函的金额不能存在“敞口”。

具体而言，在“融资性”内保外贷业务中，银行应确保保函条款中，明确限定了对外担保偿付责任的上限，担保范围需涵盖“外贷”的本金、利息及各项相关费用（如有）。为此，提供“内保”的国内银行，应该与提供“外贷”的境外银行就“外贷”的借款合同等协议进行细致的沟通，把“外贷”中的债权债务关系研究透彻，进而把借款合同中的本金、利息及各项相关费用等的数额，体现在“内保”的保函条款中。

在“非融资性”内保外贷业务中，非融资性保函条款即使不能明确具体的金额上限，也应明确计算方式，避免出现理论上的无上限。举一个典型的非融资性保函例子——预付款保函（Advance Payment Guarantee），也称做预付款还款保函，它是出口方为了确保进口方一定会购买其货物，以免备货后买方毁约而产生损失，通常在交货前要求进口方支付一定比例的预付货款作为定金。而进口方支付预付款后，也同样会担心出口方不发货，因此，进口方要求出口方的银行开立一份预付款保函。一旦出口方不履行合同义务，则进口方作为保函受益人可以申请索赔。预付款保函的索赔金额，除了已支付的预付款，还包括利息。那么，有人会问，在预付款保函文本中，通常都会载明保函的担保金额和担保期限，按照这个保函金额作为本金，并约定相应的利率，从而计算出利息；再将本金和利息加总后的金额，写在保函条款中，便能杜绝保函金额的“敞口”。那么，果真如此吗？我们知道，预付款保函不仅仅应用于货物贸易中，还被广泛应用于国际工程承包项目中。在工程项目中，业主通常会向承包商支付总承包合同一定比例（如10%）的预付款，相应地，承包商向其银行申请开立以业主作为受益人的预付款保函。在工程建设进程中，预付款保函的担保金额会随施工进度而按比例减额。因此，在工程的某一节点，当保函受益人申请预付款保函的索赔时，保函的本金很可能已经不是开立之初的金额，因而对应的利息也并不是基于保函原始金额计算出来的，而是基于减额后的保函本金金额以及保函生效日至索赔日的时期计算而得，而且还通常存在保函分次减额的情况。考虑到预付款保函的这种索赔机制，在保函开立的条款中，载明担保责任的具体数额显然不太现实。为了避免出现担保责任的“敞口”，可在保函文本中的“保函减额”条款中明确约定好适用的利率。这样一来，虽然无法预测保函何时索赔以及索赔时的金额，但是由于利率条款的存在，进而避免了预付款保函的担保责任出现金额上的“敞口”问题。

（二）保函期限的“敞口”

内保外贷的保函期限“敞口”，同样会造成担保责任的无上限。期限条款，相较于金额条款，往往更加细腻。该如何准确地设定保函期限条款的具体表述，就此问题，必须对银行从业人员提出较高的要求。比如，一些保函期限条款中，载明“a specific date or one event，whichever is later”。在这种表述中，具体日期是确定的，而事件的发生是不确定的，理论上存在无限期的“敞口”。

在内保外贷实务中，为确保保函期限“不敞口”，应重点从以下两个方面审查保函条款：一是保函（融资或者非融资）的有效期应与基础交易背景相匹配。“融资性”内保外贷的保函期限，应该与“外贷”的借款合同等协议文本一致；“非融资性”内保外贷的保函期限，应该与其对应的工程承包、国际贸易等交易的业务期限相一致。二是合理、准确设定期限条款。最好的办法是设定具体的保函失效日期，但是有些业务背景不支持未来某一天作为失效日期，那么，保函条款中也应该设定明确的事件作为保函失效的依据。何为明确的失效事件呢？首先，这种事件必须是能够发生的。不能设定一个可能不会发生的事件，作为保函失效的依据。这样的话，这个保函的失效便会遥遥无期。其次，这种事件的表述应该能够“单据化”。比如，我们更希望在银行履约保函中这样表述它的失效日期：“拿到工程的最终验收证书（Final Acceptance Certificate）之日”；而不希望表述为“该工程竣工之日”。

五、两个“错币种”问题的处理

（一）保证金与保函金额的“错币种”

在银行实务中，内保外贷业务大多数为美元、港币等外币融资，因而融资性保函的币种也就以外币居多。然而，国内保函申请人大多向国内银行提供人民币保证金，作为开立外币保函的保证金。这就产生了保证金与保函金额的“错币种”。显而易见，“错币种”业务很容易产生银行授信上的风险敞口。为了规避风险，银行通常会想到以下两种措施，我们逐一对两种措施的功效及合理性进行评论与判断。

第一种措施是设定质押率。若外币升值而本币贬值，当内保外贷履约时，人民币保证金购汇后，不足以偿还外币贷款，便出现了“内保”不足以偿还“外贷”的现象。为了在很大程度上规避这种风险，商业银行可要求保函开立申请人在银行多存一部分人民币保证金，从而预留出外币升值的空间。这里面存在一个质押率的概念，该笔保函业务的质押率=外币保函金额÷（人民币保证金×汇率）。如果没有考虑升值因素，质押率等于1。为了预留出外币升值空间，对于美元、欧元等硬通货，可以设定质押率等于90%或者95%；若美元升值预期加强，该质押率可以设定得更低一些。对于小币种融资，则取决于银行对于该币种未来走势的判断。由此可见，通过预判汇率走势，进而设定保函的质押率，是有效解决保证金与保函金额“币种错配”的合理措施。

第二种措施是锁定汇率。银行的风险控制部门很容易想到这种貌似合理的措施。按照基本的外汇资金业务逻辑，“错币种”可以通过远期交易、掉期交易等方式解决。因此，让人很自然就想到了将人民币保证金办理远期购汇，进而使得保证金与保函的“错币种”问题得到“解决”。这种对远期购汇业务的错误应用，根源在于对远期交易的“实需背景”和保函业务的“或有责任”两个概念存在认识上的误区。我们知道，外汇局要求远期购汇业务具有实需业务背景。虽然外汇局在2018年也明确发文认可，远期结售汇所基于的实需交易具有“预估性和不确定性”，但是本案例中，如果为保函开立申请人办理远期购汇业务，其所基于的实需交易并不能成立。理由是，没有哪家银行在开立保函之初，就预计未来保函会履约，从而需要赔付外币款项，进而处置人民币保证金购汇。事实上，保函是银行的一项表外资产，这种或有事项的发生概率很低。外汇局对各家银行的内保外贷履约率进行年度考核，履约率在0‰~3‰（含）之间不扣分，超过3‰便要扣分。可见，外汇局对履约率的考核还是比较严格的，绝大部分的内保外贷是不会履约的。既然保函的履约是小概率事件，那么，这种交易背景就不满足远期购汇业务的实需要求。因此，这种锁定汇率的方案不应予以采纳。在实务中，客户也不会愿意为这笔远期交易付出成本。

（二）“内保”与“外贷”的“错币种”

内保外贷，是基于国际结算的一种融资业务。银行业务人员在办理内保外贷时，既要重视与结算相关的国际惯例、法规，又要遵循融资业务的一般规律。具体而言，涉及到涉外保函实务、汇率风险管理、外汇政策和流动资金贷款等多方面的知识和技能。比如在图1-4中，当人民币保函遇见外币融资，就产生了“内保”与“外贷”的“错币种”。

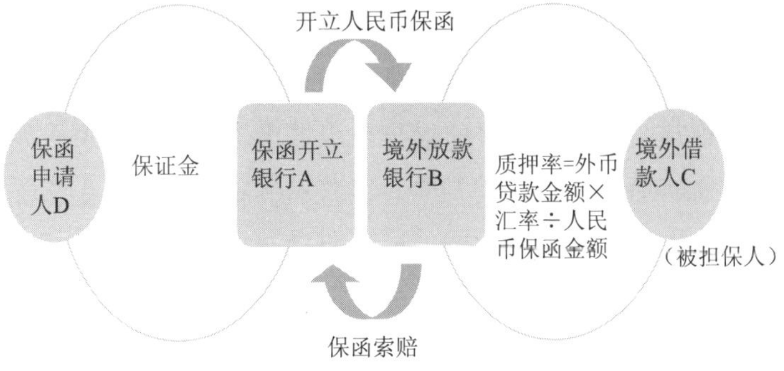

图1-4 “内保”与“外贷”的“错币种”

境外银行B依据境内银行A开立的人民币融资性保函，为境外企业C提供外币贷款。作为开立融资性保函的前提条件，境内银行A要求境内企业D提供保证金存款质押。境外银行B为了保证债权的安全，往往会在借款合同中设定一个贷款的质押率（外币贷款金额×汇率÷人民币保函金额）波动范围，当突破设定上限（如97%或者更低，取决于境外银行的容忍度）后，境外银行B会要求借款人C补充提供担保或者要求贷款提前到期。在这种情况下，境内银行A一定要在开立保函前做出相应的安排：比如在保函文本中设置相应的条款，将“外贷”的上限，体现在“内保”条款中；再比如，境内银行A与境内客户D签署的开立保函合同中，同等做出关于追加保证金的安排。若忽视这一操作细节，一旦人民币汇率剧烈贬值，则有可能引发保函垫款风险：人民币汇率剧烈贬值导致境外借款合同的质押率突破了约定的范围，若境外借款人C未能补充提供有效的担保，则保函受益人B银行直接向保函开立银行A提出索赔。保函开立银行A按照“见索即付”规则进行赔付后，面临的问题便是国内客户D的保证金是否足额。由于交易期初银行A要求客户D存入银行的保证金，可能是按照利率较高的银行理财产品或是定期存单在未来一段时期内（通常与境外贷款的期限一致）的本金及孳息之和来匡算的，而突发的汇率风险导致保函出现了提前偿付，因而境内银行A提前处置客户D的存款，导致其本息和不能覆盖保函的赔付金额，从而产生了银行的保函垫款损失。

上述案例说明，银行的国际业务部门绝不仅仅是保函文本的操作部门。在内保外贷业务办理过程中，境内银行需要对境外借款合同条款进行必要的审查，进而对保函条款进行科学、合理的设定，以达到“保函”与“贷款”完全匹配，这是保函开立前的一项重要工作，否则可能导致银行资产质量受到影响。这对银行业务从业人员的信贷知识提出了较高的要求，如果没有基础的贷（保）前调查和贷（保）后管理的经验，很难胜任此工作。培养一支既懂结算又懂融资、既懂操作又懂市场的贸易金融人才队伍，对把控业务风险至关重要。

第三节　内保外贷案例解析

一、非融资性内保外贷支持“一带一路”建设案例

基础设施互联互通，是“一带一路”建设的优先领域。非融资性内保外贷，在中国“走出去”企业开展境外工程总承包和劳务合作中，起到了重要的增信作用。

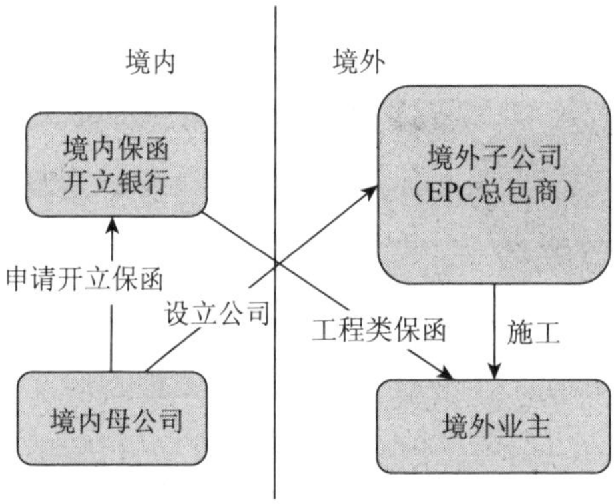

图1-5　非融资性内保外贷支持“一带一路”建设示意图

中国“走出去”企业A是知名的国际工程承包公司，多年来在全世界实施了多个重大基础设施建设工程，曾连续多年入选全球工程建设领域最权威的学术杂志美国ENR（Engineering News-Record）评选的“全球最大250家国际承包商榜单”。自“一带一路”倡议提出以来，公司A进一步加大了境外市场开拓力度，承揽了诸多“一带一路”沿线国家的机场、公路等建设工程。近期，该公司在某国实施一个道路升级改造项目，并在该国注册了子公司B，作为总承包商，与境外业主D签署EPC总承包合同。这种情形下，总承包商B需要向业主D出具银行预付款保函、履约保函等工程类保函。由于总承包商B在境外成立时间不久，较难获得当地银行授信支持。子公司B进而向其境内母公司A求助。母公司A寻求国内银行C的帮助。国内银行C考虑到公司A的资信良好，在本行有充足的授信额度，因而便接受公司A的申请，为公司B开立了以

业主C作为保函受益人的工程保函，包括预付款保函和履约保函。

上述案例中，我们需要掌握的主要知识点有以下两点：

一是工程保函的基本概念。在国际工程承包市场上，为了确保承包商能够履行其在工程承包合同中的各项义务，项目业主通常会要求承包商提供银行工程保函，包括投标保函、预付款保函、履约保函、质保保函等。当工程项下承包商未能履行相应义务时，业主可以通过保函索赔的方式，向开立银行索取相应的金额。工程保函贯彻整个工程始终，特别是在境外工程承包项目中，工程保函对于解决业主与承包商之间的信任问题，发挥了至关重要的作用。这种工程保函广泛应用于诸多行业，包括建筑业、铁路、公路工程、市政道路、城市交通、水利水运、电力工程等企业（建安类）；船舶制造业（包括军船、民船整船和船用备件）；铁路运输设备等大型设备制造业；航空航天设备制造业；计算机、通信和其他电子设备制造业、仪器仪表制造业；大宗机电等通用（内燃机）、专用（社会安全）设备制造业、其他制造业（金属、非金属）；软件和信息技术服务业；贸易生产型和贸易型企业（批发业）；其他服务业（物业、工程技术和设计、工程监理、工程管理、运输业）；房地产业；水利、生态保护、环境治理等。图1-6展示了在整个工程承包项目的生命周期中，各种工程保函所发挥的作用。

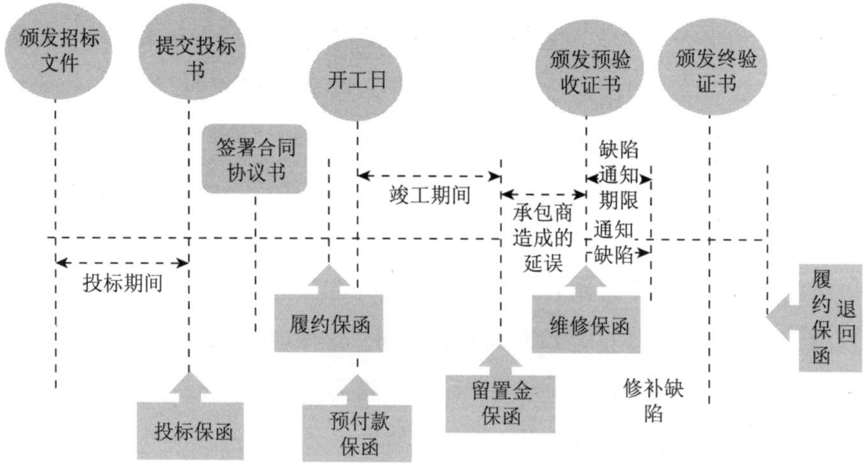

图1-6　工程保函在工程承包合同整个生命周期的应用

二是非融资性内保外贷的概念。按照“跨境担保新规”（汇发（2014）29号文），内保外贷是指担保人注册地在境内、债务人和债权人注册地均在境外的跨境担保。跨境担保可分为融资性担保和非融资性担保。融资性担保，是指担保人为融资性付款义务提供的担保，这些付款义务来源于具有融资合同一般特征的相关交易，包括但不限于普通借款、债券、融资租赁、有约束力的授信额度等。非融资性担保，是指担保人为非融资性付款义务提供的担保，这些付款义务来源于不具有融资合同一般特征的交易，包括但不限于招投标担保、预付款担保、延期付款担保、货物买卖合同下的履约责任担保等。本案例中，担保人（保函开立银行）注册地在中国境内，债权人（业主）和债务人（总承包商）均在国外，即“内外外”结构，属于内保外贷。但此“外贷”非贷款，而是工程保函下基础交易的债权人（保函受益人，即业主）和债务人（保函被担保人，即总承包商）的债权债务关系，该保函用于为总承包商增信，向境外业主担保的事项为总承包商于总承包合同下履约，符合“29号文”规定的非融资性担保。

上述案例给我们的启发主要有如下三点：一是由于境外工程承包的特殊性质，项目所在国可能会要求投标公司为当地注册的法人，因此，国内公司A在境外成立了子公司B，作为投标公司并成功中标后作为总承包商与业主签署工程总承包合同；二是我国很多企业，特别是央企为了鼓励其境外各个子公司开拓全球市场，在诸多国家和地区成立了多个境外子公司，每个子公司背靠母公司的品牌、技术和劳务的支持，均能直接营销承揽项目，形成了强大的全球市场开拓能力；三是跨国公司出于税收和利润的考虑，有时候也会在境外注册子公司来实施工程承包项目。在上述业务背景下，境外子公司B较难获取当地银行授信支持的情况下，可以请境内母公司A利用其在境内银行的授信额度，为境外子公司的境外项目出具投标保函、预付款保函、履约保函和质保保函等，极大地便利了“走出去”企业在全球承揽工程承包项目，积极支持“一带一路”建设。

二、融资性内保外贷支持跨境并购案例

跨境并购，是企业“走出去”过程中经常采用的一种手段。在“一带一

路”建设中，中国企业广泛开展国际经济合作，通过跨境并购的方式，积极对接东道国的传统制造业、产能合作、经贸合作等重大项目。跨境并购行为，往往离不开银行的融资支持。并购贷款和内保外贷便是支持企业跨境并购行为的重要融资工具。以下为并购银团贷款与融资性内保外贷相结合的案例。

我国境内公司A是一家高新技术企业，其产品多年来远销欧美市场，获得客户好评。为了更好地开拓欧洲市场，公司A拟收购多年来与其保持良好业务合作的本土销售公司。完成收购后，该欧洲本土销售公司能够更好地为公司A所用，打开欧盟多国市场。此举将直接提高公司A在欧洲的销量，提升品牌的国际竞争力。公司A的收购行为履行了发改委的备案手续，并在获得国内商务部门同意后，在境外成立了公司B，作为收购行为的实施主体。项目资金来源分为自有资金和银行融资。其中，自有资金部分以ODI形式，在银行办理了外汇汇出手续至境外公司B。银行融资部分采取了灵活的结构化融资方案设计，即“内保外贷+银团贷款”。公司A作为保函申请人向境内银行C申请办理内保外贷业务。境内银行C作为开具了以境外银行D作为保函受益人的融资性保函，境内银行C和境外银行D共同为境外公司B提供了银团贷款，境内、外的银团份额分别为90%和10%。在本案例中，境外D银行拥有三个身份，即内保外贷业务中的保函受益人、银团贷款业务中的银团参加行和银团代理行。

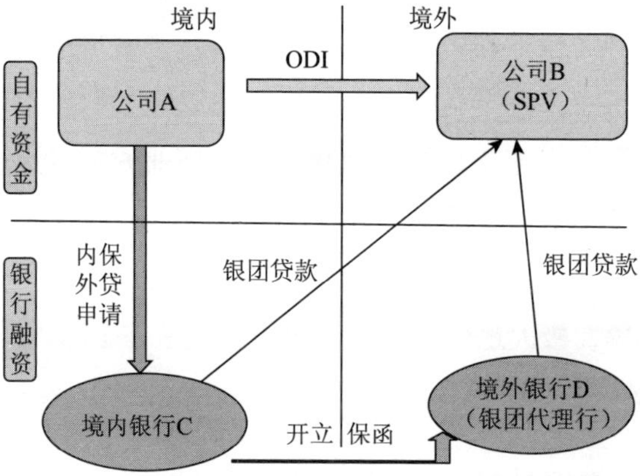

图1-7　融资性内保外贷支持跨境并购案例示意图

上述案例中，需要注意以下四个要点：

第一，审查政策合规性。跨境并购属于中国企业的对外投资行为。2017年12月，我国正式发布《企业境外投资管理办法》（中华人民共和国国家发展和改革委员会令第11号）（以下简称“11号令”），不仅对中国企业的境外投资行为具有重要影响，同样给商业银行参与境外并购项目的融资业务带来深远影响。在上述案例中，无论是跨境并购贷款，还是内保外贷，均应以遵循“11号令”的相关规定为前提。

首先，“11号令”对“跨境并购银团贷款”的影响。在本案例中，由境内、境外银行共同发放的银团贷款，对于境内银行而言，从外汇管理角度看，属于境内银行“对境外机构发放贷款”业务。因受限于离岸业务牌照的稀缺性以及NRA账户相关融资业务政策的区域差异性，目前国内银行直接向境外借款人发放单一贷款的业务并未广泛开展。但是，通过银团贷款直接为境外借款人发放本外币贷款的业务，尤其是近年来随着跨境并购银团贷款、出口买方信贷银团贷款的广泛开展，使得研究商业银行境外贷款业务具有较大的现实意义。根据“汇发〔2017〕3号”政策问答（第二期）规定，“应加强银行对境外机构发放贷款的管理。银行境外放款用于支持境内机构境外投资项目的，如果按照现行对外投资相关监管原则，境内机构境外股权投资受到限制的，银行不得为相关主体发放境外贷款。”文件中提到的“对外投资相关监管原则”，在“11号令”发布后，显得尤为重要。

商业银行应从贷前和贷后两个角度加强境外贷款业务（含跨境银团贷款）的管理，确保符合“11号令”的规定。从贷前调查角度，商业银行应严格审核境外贷款资金用途，比如本案例中的跨境并购业务，就是涉及境外投资，需审核企业相关核准文件或备案通知书。特别是，“11号令”所定义的境外投资范围更加宽泛，除包括新建境外企业外，还包括向既有境外企业增加投资、国内投资主体通过其控制的境外企业开展的境外投资行为（即“再投资”行为）等。商业银行应加强贷前调查，除了要求企业履行必要的发改委核准/备案程序外，还要对投资目的国的政治情况、营商环境、法律环境、社会环境等各方面开展完备的尽调，在科学、审慎评估项目收益和风险的基础上，决定是否发放境外贷款。从贷后管理角度，除了传统境外贷款（含跨境银团贷款）的贷后管理工作之外，应按照“11号令”的新规定，监督贷款资金用途，避免出现政策合规性上的瑕疵。在本案例中，若国内企业A仅履行了其向境外公司B投资的核准/备案手续，但在贷后管理过程中，该企业希望贷款资金从境外公司B进一步投向第三国的境外公司C（即“再投资”行为），那么，放贷银行就应该按照“11号令”关于“将境内企业和自然人通过其控制的境外企业开展的境外投资纳入管理框架”的最新规定，要求企业向发改委办理核准手续（敏感类项目）或履行告知义务（3亿美元及以上非敏感项目）。具体而言，按照发改委答记者问，“对于完全是投资主体通过其控制的境外企业开展的境外投资项目（不涉及投资主体直接投入资产、权益或提供融资、担保），对于其中的敏感项目实行核准管理。对其中的非敏感类项目，中方投资额3亿美元及以上的，投资主体应当将有关信息告知国家发展改革委，无需备案；而中方投资额3亿美元以下的，无需备案也无需告知。”由此可见，这种“再投资”行为的监管方式，不是备案，而是告知。商业银行和投资企业都应该深入学习发改委的监管文件，确保业务合规。

其次，“11号令”对内保外贷的影响。一是禁止ODI借道内保外贷履约出境。按照“汇发〔2017〕3号”政策问答（第二期），“以内保外贷境外融资替代境内机构货币出资的境外投资项目，如按照现行对外投资相关监管原则，境内机构境外股权投资受到限制的，暂停办理相关跨境担保业务，担保人为非银行机构的，外汇局不予办理内保外贷登记；担保人为银行的，银行不得为此提供担保。”按照“汇综发〔2017〕108号”文规定，“内保外贷项下资金如用于直接或间接获得对境外其他机构的股权（包括新设境外企业、并购境外企业和向境外企业增资）或债权，该投资行为应当符合国家关于境外投资的相关政策导向，并符合国内相关部门有关境外投资的规定。”“11号令”发布后，以上禁止ODI借道内保外贷出境的规定仍然有效，而且，商业银行在通过内保外贷支持跨境并购之前，应按照“11号令”的最新规定，审核内保外贷业务可能涉及的境外投资行为的政策合规性。在确认中国投资主体履行了发改委的核准、备案等手续后，方能为其办理内保外贷，避免出现企业无法获取对外投资的行政手续，而借道银行内保外贷业务，将境内资金转移到境外。二是内保外贷履约额纳入企业境外放款额度管理（上限为所有者权益30%）。根据“汇综发〔2017〕108号”文，“企业作为担保人（或作为银行内保外贷业务的反担保人）发生担保履约的，履约额应纳入该企业境外放款额度登记和管理。”文件中提到的“企业境外放款额度”指的是多少呢？我们来看相关规定，根据“汇发〔2017〕3号”文，“实施本外币全口径境外放款管理。境内机构办理境外放款业务，本币境外放款余额与外币境外放款余额合计最高不得超过其上年度经审计财务报表中所有者权益的30%。”内保外贷履约额被纳入企业境外放款额度管理，两种业务的合计上限不能超过所有者权益的30%，这比此前的规定更加趋紧。虽然外汇局并未规定超过上限的内保外贷履约行为如何处理，但是若超过了上述限额，预计该履约行为将受到更加严格的管理以及可能的处罚，甚至根本无法履约。

第二，重点审查还款来源，避免内保外贷履约。“29号文”规定，“担保人、债务人不得在明知或应知担保履约义务确定发生的情况下签订跨境担保合同”。因此，国内银行在开立保函前，一定要严格审查客户的真实需求，提高警惕性，避免使见索即付银行保函成为非法资金出境的通道。那么，如何识破“明知或应知担保履约义务确定发生”呢？“29号文”提出，“担保人办理内保外贷业务时，应对债务人主体资格、担保项下资金用途、预计的还款资金来源、担保履约的可能性及相关交易背景进行审核”。在本案例中，对境外借款人还款能力和还款意愿的审查，是境内银行内保外贷业务尽职调查的重中之重，是防止发生保函履约的重要风险审查要素。特别是本案例中的B公司属于境内A公司为了完成收购事项，而在境外设立的特殊目的公司（即“SPV公司”）。因此，SPV公司的还款来源必须让国内银行足够信服。国内银行要科学、全面地论证此收购项目的未来市场前景，做好未来现金流预测，从并购后两公司的融合、企业未来的成长性、后续通过发债等方式进一步募资的可行性、国内公司收益作为补充还款来源的可操作性等诸多方面开展尽职调查，在充分认可这些因素对未来还款能力的支撑的前提下，方可办理内保外贷。SPV公司的审查，还有一个监管方面的手续。本案例中，跨境并购的实施主体是国内企业在境外设立的公司。若中国企业在境外设立公司，需要商务主管部门签发《境外投资批准证书》。商务部门会重点在境外公司的投资结构、投资经营范围、目的国家和地区地相关限制（比如外交关系、政治经济环境、法律环境、营商环境等）等方面予以审查。商业银行办理本笔内保外贷业务前，应要求企业提供SPV公司的《境外投资批准证书》。

第三，设置完善的风险缓释措施。除了审慎评估借款人的还款能力外，商业银行还应综合设置多种风险缓释措施，切实降低保函履约风险发生的概率。比如在本案例中，银团贷款的担保条件中除了融资性保函，还可以要求企业提供境外项目资产抵押、标的公司股权质押等进一步增信。实际上，“外贷”的还款保障，不应该仅依靠“内保”，还要通过对项目总体风险的科学评估和多种风险缓释措施的设计，综合地把控融资整体风险，进而降低保函的履约率。特别对于跨境并购等项目，因投资回收期长、投资回报率存在不确定性，商业银行要求企业提供抵/质押等担保措施，作为保函的有效补充，显得格外重要。在当前形势下，监管机构对于内保外贷履约管理趋严。根据监管规定，在内保外贷履约时，银行须先使用自有资金对外付款，不得以企业的反担保资金直接购汇履约。这意味着，即使在全额人民币保证金质押的内保外贷业务中，保函履约对外赔付后，若不能及时处置客户保证金，商业银行仍可能面临保函业务垫款甚至不良贷款。这相当于给银行加了“紧箍咒”，银行必须严格评估境外借款人具备还款能力和还款意愿，并设置完备的抵/质押等担保方式，形成完善的风险缓释屏障，以避免发生内保外贷履约。

第四，巧妙设计结构性融资方案，解决企业融资需求。本案例中，内保外贷与银团贷款的巧妙结合，为客户提供融资支持。具有以下几个优点：（1）通常而言，保函业务中的保函开立银行和受益银行不能为同一法人，否则依合同法“债混同原理”，保函的债权债务关系被消灭。本案例中，境内C银行作为保函开立银行，同时作为银团贷款的放款银行，是否不具有担保效力呢？事实上，在本案例的内保外贷中，保函开立银行为境内C银行，保函受益人为银团贷款的银团D代理行，从而避免了由于开立银行与受益人是同一法人而导致保函无效的法律后果。由此可见，银团代理行D的存在，不仅仅是执行跨境并购银团贷款中的本息发放、还本付息等职能，还担当了内保外贷业务中保函的受益人的角色，巧妙地规避了“债混同”的问题。（2）境内C银行开立100%贷款金额（贷款本金及利息）的保函，为整笔银团贷款提供担保；同时又发放了90%份额的银团贷款。从授信风险实质来看，境内C银行承担了全部贷款的信用风险，而不仅仅是90%的授信风险。国内银行要清醒地认识到这一风险实质。（3）从风险资本占用来看，境内C银行在开立融资性保函时，按照100%保函金额计算风险资产占用；当其发放银团90%份额贷款时，因该笔贷款有了对应金额的融资性保函的全覆盖（即全额风险缓释），因此，不再占用风险资产。所以，C银行并不存在风险资产重复计算的问题，这是本融资结构的巧妙之处。国内银行在计量风险资产时要注意这一问题。

三、融资性内保外贷支持境外退市案例

M公司是中国的一家知名专用器械生产企业。21世纪初，借助美国资本市场的力量，在纽交所上市后，公司每年营收和利润都保持稳定增长。该公司的营收多半来自中国国内市场。近期，M公司希望从美国退市，重新回归中国A股。理由是：中美资本市场对公司的估值差异较大。该美国上市公司的市盈率大约为10几倍，而同期在国内上市的同类型企业的平均市盈率为50多倍，因此，公司在美国资本市场的市值就偏低。

于是，M公司宣布启动私有化进程。公司的几位高管共同提出“初步非约束性建议书”，组成“买方集团”，以每股20美元的价格从其他股东手里收购公司的所有流通股，从而实现私有化。完成海外退市后，M公司通过资产整合，最终实现在中国A股上市。在这个“中概股”境外退市的过程中，国内商业银行通过内保外贷的方式，帮助其获取境外融资，从而完成了收购小股东股份的私有化动作。

通过上述案例可知，商业银行应重点从以下三个方面完成业务审查：

第一，内保外贷的融资需求分析。这个内保外贷案例中的资金需求，是境外私有化进程中，大股东向小股东回购股份的资金缺口。近年来，赴海外上市的中资企业越来越多，有些已经成长为具有国际影响力的公司，比如百度和京东。对于中资企业而言，在境外上市还是在A股上市，完全是其基于对境内外资本市场和自身经营模式、融资需求等因素的综合考量，进行自主选择和动态调整的企业行为。有些中资企业在创业初期可能未必符合中国资本市场的上市标准，那么，它选择先在境外上市；随着企业的经营和需求的变化，不乏一些优秀的企业，选择在海外退市，返回A股上市。一般而言，

中国企业的境外退市分为三个阶段。第一个阶段为私有化退市。上市公司实际控制人组建“买方集团”，通过“股权/债权/股权+债权”的方式进行融资，收购其他投资者的股票。交易完成后，上市公司变为私人公司，从交易所退市。第二个阶段为资产整合。确定境内拟上市主体，拆除VIE架构，拟上市主体进行资产整合，同时将持有境外主体的股权进行下翻，调整为持有境内拟上市主体的股权。第三个阶段为境内上市。境内拟上市主体引入战略投资者、管理层和员工持股计划，并通过借壳上市、IPO等方式实现境内上市。本案例中的内保外贷资金，主要用于支持第一阶段的融资需求。因而商业银行的尽职调查工作也应主要围绕此阶段进行深入分析。商业银行应重点分析其退市动机、境外资本市场相关监管规定、在美国的股价、收购溢价、实际资金缺口、融资规模、融资期限等因素，以内保外贷的方式帮助企业在境外实现融资。

第二，内保外贷的还款来源分析。因国内监管机构对于银行内保外贷的履约管理日趋严格，因此，做好境外退市项目的还款来源分析，便显得尤为重要。境外退市项目的还款来源分析，本质上还是对项目商业合理性的分析。比如，退市后引入新的战略投资者，这是一个重要的资金来源。若战略投资者看好此公司未来发展前景，自然愿意出资入股。再比如，公司经营活动产生的利润本身也是一个重要的还款来源。不过需要指出的是，本案例中的M公司的主要盈利在中国境内，而“外贷”的还款来源则来自境外。因此，境内产生的利润很难直接起到偿还“外贷”的作用。

第三，内保外贷的资金回流分析。若本案例发生在“汇发〔2017〕3号”发布之前，当境外公司的50%以上资产在境内时，不能申请办理内保外贷业务，属于“29号文”明确限制的资金“间接回流”境内行为。但2017年年初，“汇发〔2017〕3号”发布后，允许内保外贷项下的“外贷”资金回流境内，上述“间接回流”的限制也便取消了。因此，2017年以后，中概股回归境内的项目，可以向境内银行申请办理内保外贷业务，而无需顾虑境外公司的50%以上资产在境内的情形。

第四节　内保外贷创新发展

一、产品替代

有没有哪种融资产品能够替代内保外贷？这个问题的提出，要从近年来一个备受瞩目的话题“资金出境”谈起。

近年来，中国政府“扩流入、控流出”外汇政策，有效地改善了中国的国际收支状况，特别是对很多国内企业的非理性资金出境起到了一定的抑制作用。作为遏制非理性对外投资的政策组合拳，多个中央部委最早在2016年12月的四部委答记者问予以明确规范管理。发改委、商务部、人民银行、外汇局四部委在答记者问中表示，中国政府注意到中国企业非理性对外投资行为，主要集中在房地产、酒店、影视、娱乐等，表现形式有“母小子大”“快设快出”“大额非主业”对外投资等方式。中国政府将把完善中长期制度建设和短期相机调控结合起来，在推进对外投资便利化的同时防范对外投资风险，完善和规范市场秩序，促进对外投资健康有序发展，保持国际收支基本平衡。2016年12月，国家发改委发布《关于调整境外收购或竞标项目信息报告报送格式的通知（发改办外资〔2016〕2613号）》。根据《通知》的要求，除了意向性文件和决策性文件外，企业还需提交经审计的财务报表和项目尽职调查报告，目的是有利于加强真实性、合规性审查，更深入地评估境外投资项目的合理性。2017年两会期间，时任人民银行行长周小川先生表示，中国企业去海外投资酒店、俱乐部等，对中国并没有好处。那么，周行长为什么说这些领域对中国没有好处呢？我们发现，这些行业和领域存在以下特征：一方面，它们不能带来中国稀缺的资源和先进技术；另一方面，它们也不能扩大就业和增加财政收入。在严格的政策组合拳之下，2017年上半年，中国的非理性对外投资得到了有效的遏制，投资额迅速下滑。但是，开放透明的经济体显然不应该靠对资本的行政干预来大幅度影响市场主体的自主行为。因此，一些监管部门的表态透露出积极的信号，比如，2017年7月31日，商务部副部长表示，中国政府鼓励有实力、有条件的企业“走出去”的政策没有变，也不会变。特别是对于“一带一路”建设、国际产能合作，对于有利于国内产业结构升级的对外投资，我们是支持的。2017年8月初，外汇局也表态，网传中国政府开展对外投资方面的内保外贷业务的检查是不实的。2017年8月中旬，《国家发改委、商务部、人民银行、外交部关于进一步引导和规范境外投资方向的指导意见》正式发布，非常明确地将境外投资分为三大类——鼓励类、限制类、禁止类。其中，鼓励类包括基础设施、产能和装备、高新技术、能源资源、农业、服务业。笔者认为，鼓励类的行业，多是“一带一路”建设所聚焦的领域，应该是中国企业和银行未来重点发展的对外投资方向。2017年12月，我国正式发布《企业境外投资管理办法》（中华人民共和国国家发展和改革委员会令第11号）（以下简称“11号令”），不仅对中国企业的境外投资行为具有重要的影响，同样给商业银行的内保外贷业务、银行境外贷款业务、企业境外放款业务、银团贷款业务等融资业务带来深远影响。

在梳理了“资金出境”话题及“中国对外投资政策”之后，我们来看内保外贷的替代产品有哪些，以及这些替代产品是否存在合理性。有一种观点认为，在“108号”文对内保外贷的管理越来越严之后，可以用企业境外放款、银行境外贷款、银团贷款来替代内保外贷。下面来分析这几种产品替代内保外贷的现实性与合理性。

（一）企业境外放款

用企业境外放款替代内保外贷的做法由来已久，并非2017年“汇综发〔2017〕108号”文之后才提出这种观点。

首先，什么是企业境外放款呢？早在2016年，中国人民银行《关于进一步明确境内企业人民币境外放款业务有关事项的通知》（银发〔2016〕306号）便给出了明确定义，指境内企业（金融机构除外，即“放款人”）在核准额度内，以合同约定的金额、利率和期限，为境外与其具有股权关联关系的企业（股权关联关系企业为具有直接或间接持股关系的两方，包括但不限于母对子、子对母、母对孙、孙对母等，或由同一家母公司直接或间接持股的两家企业，如兄弟企业，即“借款人”）提供资金。从定义中可见，企业境外放款业务，并非银行的资产业务，而是一项中间业务。内保外贷起码还是银行的一笔表外资产业务。企业境外放款业务则根本不计入银行的表内或表外资产，因此，银行对它的管理一直以来并没有很严格。银行在企业境外放款业务中的审核标准，可参照中国人民银行《关于进一步明确境内企业人民币境外放款业务有关事项的通知》（银发〔2016〕306号）中的规定，比如：“经办行需严格审核境外借款人的经营规模是否与借款规模相适应，以及境外借款资金的实际用途，确保境外放款用途的真实性和合理性”。

其次，为何通过企业境外放款替代内保外贷的做法由来已久？从上述定义可以看出，企业境外放款是境内企业对境外企业的债权，并非银行的资产业务。因此，银行往往做了必要的审查，留存企业间的借款合同后，便为境内企业向境外企业汇出资金。这种灵活性，使得它天然地成为了内保外贷的替代品。特别是在内保外贷履约管理没那么严格的年代，当内保外贷的境外借款人存在还款困难时，为了避免内保外贷的保函履约，境内企业向其境外关联公司发放一笔境外放款，暂时缓解了境外公司的燃眉之急。

然而，这种产品替代的做法和逻辑，在2017年之后变得没那么容易。根据“汇发〔2017〕3号”文，“实施本外币全口径境外放款管理。境内机构办理境外放款业务，本币境外放款余额与外币境外放款余额合计最高不得超过其上年度经审计财务报表中所有者权益的30%。”该政策把人民币和外币的企业境外放款额度统一纳入全口径管理，是额度趋紧的含义。更为严格的监管，当属2017年发改委“11号令”，它给企业境外放款业务带来更加严格的审查要求：境内银行在为境内企业办理资金划转前，仍应严格审核借款合同中规定的贷款资金用途，如涉及“11号令”中定义的境外投资行为，需审核企业相关核准文件或备案通知书。特别是若贷款资金涉及“国内投资主体通过其控制的境外企业开展的境外投资行为”，更应该对境外企业进一步投资行为的资金使用开展尽调，避免违背“11号令”的相关规定。

由此可见，在当今的监管背景下，简单地以企业境外放款来规避内保外贷履约的做法，是存在瑕疵的。银行在办理境内企业境外放款业务时，绝不应该把它应用为内保外贷的替代品或保函履约时的应急之选，而是应该严格按照“了解客户、了解业务、尽职审查”的展业原则，履行尽职审查责任，确保客户身份及业务背景真实、合规。具体包括严格审查境外放款资金来源及应用是否存在可疑信息，包括但不限于汇出资金规模与企业经营规模不符，境外企业资金使用与其经营范围不符；通过有效途径，确认客户非洗钱、恐怖融资、逃税等方面的控制性客户；不存在境外放款资金汇出及汇回较频繁的可疑行为；对于交易背景存疑、大额高频交易等异常情况和业务，应执行更严格的单证审核标准，强化尽职审查措施，对企业提交的交易单证的真实性及其与外汇收支的一致性进行合理审查等。

（二）银行境外贷款（含银团贷款）

近年来，随着出口买方信贷、跨境并购贷款、NRA账户融资等银行境外贷款业务的快速发展，国内商业银行开始关注此类信贷业务的展业规范。2018年，全国外汇市场自律机制正式发布《银行境外贷款外汇业务展业规范》，从客户识别、客户分类、业务审核、风险提示、持续监控、银行境外贷款业务办理流程等方面制定了详细的规范性要求。当境外贷款由一家银行来放贷，便是单一贷款；当境外贷款由多家银行筹组银团，便是银团贷款。从外汇业务展业规范角度而言，并无实质性差异。

“汇综发〔2017〕108号”文对内保外贷的要求趋严。有些银行认为，“汇综发〔2017〕108号”文发布之前，通过内保外贷支持的跨境并购等中长期项目，可否以银行境外贷款（含银团贷款）来替代呢？笔者认为很难。

首先，监管逻辑一致。发改委“11号令”对两种业务的合规性要求一致。“11号令”第二条规定，“中华人民共和国境内企业直接或间接通过其控制的境外企业，以投入资产、权益或提供融资、担保等方式，获得境外所有权、控制权、经营管理权及其他相关权益的投资活动。”从文字表面来看，这个定义的主语是企业，因此“融资、担保”的提供者是企业，即“企业境外放款、企业内保外贷”。但是笔者认为，不能简单将“融资”理解为境内外企业间的放款，也不能简单将“担保”理解为企业内保外贷。理由有二：其一，境外投资项目金额大、期限长，仅靠企业自身的融资、担保能力，往往不能撬动此类项目。其二，“11号令”第五十七条规定，“金融企业为属于核准、备案管理范围但未取得核准文件或备案通知书的项目提供融资、担保的，由国家发展改革委通报该违规行为，并商请有关金融监管部门依法依规处罚该金融企业及有关责任人。”可见，由银行提供的境外贷款和银行内保外贷，也应遵循“11号令”的管辖。

正是因为“11号令”多次并行提及“融资、担保”，因此，国内银行无论是以内保外贷（表外业务），还是以境外贷款（表内业务）来支持企业开展境外投资项目，应遵循同样的监管标准。

其次，业务逻辑一致。具体而言，资金用途以及还款来源的尽调要求一致。在内保外贷业务中，境外银行为境外投资行为所提供的“外贷”，因投资项目往往周期较长，项目自身的现金流很难在一年期内产生贷款的还款来源。而外汇局“汇综发〔2017〕108号”文要求国内担保银行严格审查境外还款能力和还款意愿，即“签订担保合同时，债务人自身是否具备足够的清偿能力或可预期的还款资金来源。”因此，基于境外投资项目的一年期内保外贷业务，很难再开展。那么，中长期内保外贷是否能顺利开展呢？要想回答这个问题，我们先来看银行境外贷款（含银团贷款）的业务逻辑。在银行境外贷款（含银团贷款）业务中，国内银行会根据国内企业所参与的境外项目的投资回收期，评估项目收益和风险，确定合理的贷款期限，此类贷款一般是中长期贷款。由此可见，境外投资项目自身的特点，使得一年期内保外贷和一年期银行境外贷款并不是合适的融资方式。过去那种以一年期内保外贷支持境外投资项目，待保函到期后续作授信，滚动支持“外贷”的行为，是不符合外汇局“汇综发〔2017〕108号”文对于境外还款来源要求的。如果一家银行能够认可一家企业的境外投资项目，则应该通过中长期的授信，以中长期内保外贷或者中长期银行贷款（含银团贷款）直接来支持企业。若银行对于中长期内保外贷的授信较难通过，或者银行认为该笔中长期内保外贷业务并不能够完全符合“汇综发〔2017〕108号”文的规定，转而希望以中长期银行贷款来替代内保外贷，这种做法是行不通的。因为两者的业务逻辑是一致的，不能以表外业务内保外贷来支持的项目，也不能通过表内业务中长期银行贷款（含银团贷款）来支持。

需要特别指出的是，发改委“11号令”生效后，无论是内保外贷，还是银行境外贷款（含银团），均需要严格遵循“11号令”中更加宽泛的“境外投资行为”的定义，要求国内企业履行发改委的核准/备案手续。笔者认为，重点要看内保外贷业务的“外贷”、境外贷款（含银团）的资金用途。在贷前调查过程中，严格区分贷款资金的用途是用于股权，还是债权。若为股权，涉及“11 号令”定义的境外投资（新建、增资等），需要让客户履行核准/备案手续；若为债权，则不需要。在贷后管理过程中，国内银行需要在贷前调查的基础上，进一步按照“11 号令”审查资金支付路径，补足贷前调查工作中可能存在的疏漏。比如，在贷前调查过程中，客户声明贷款资金用于境外公司流动性需求，不涉及对外投资行为。但贷后管理过程中，若发现该笔流动资金贷款支付至第三国关联公司，很可能就属于“11 号令”中关于“通过其控制的境外公司开展的境外投资行为”，要求企业向发改委办理核准手续（敏感类项目）或履行告知义务（3 亿美元及以上非敏感项目）。

二、内保外贷与出口买方信贷的产品组合

外汇局“汇综发〔2017〕108 号”文新规的出台，体现了监管部门完善内保外贷外汇监管、规范业务发展的决心。商业银行应该深刻领悟政策意图，不要谋求通过其他产品来替代内保外贷，进而规避“汇综发〔2017〕108 号”文的监管，而是应该遵循合规实需原则、支持实体经济“走出去”，推进内保外贷业务健康发展，比如积极探讨产品组合创新。通过创新结构性融资方案，发挥内保外贷在跨境融资中的积极促进作用。

在市场经济因素更为复杂、跨境融资需求更趋旺盛的新时代，内保外贷应该有所作为。商业银行可以通过内保外贷与跨境银团贷款、出口信贷等业务的整合联动，创新结构性融资方案，积极服务“走出去”企业拓展海外市场，推进“一带一路”建设和金融创新。随着“一带一路”倡议的持续推进，中国企业“走出去”的步伐显著加快，已经从简单的“中国制造”出口，转变为以“境外投资”拉动对外工程总承包、商品出口、劳务输出等复合型开放新局面。中国企业通过境外投资、对外工程承包来参与“一带一路”建设的热情高涨。以下为通过内保外贷与出口买方信贷的产品组合创新，来支持境外投资带动对外工程承包的案例。

中国某企业通过境外投资的方式与东道国企业在当地成立合资公司，参

与当地一个矿产项目的勘探、开发和生产。在项目实施的前期，首先要进行勘探等相关工作，需要有一定的前期费用，比如勘探费、市场调研费、渠道费、规划设计费、土地费等。在项目的施工建设阶段，中国承包商与项目业主签署 EPC 工程总承包合同。在项目总投资额中，前期费用占比 40%，工程承包合同金额占比 60%。商业银行可通过内保外贷与出口信贷相结合的结构性融资安排，分别为40%和60%部分来解决融资，支持企业“稳健出海”。具体而言，按照 OECD（经合组织）《官方支持出口信贷的安排》（简称“君子协定”）的国际惯例，国内银行在官方出口信用机构（ECA）提供中长期出口信用保险的基础上，提供出口买方信贷，融资金额上限为工程总承包合同额的 85%。买方信贷的借款人为境外业主，放款银行按照中国银保监会“三个办法、一个指引”的要求，遵循贷款资金“受托支付”原则，将贷款支付给借款人的交易对手，即中国的总承包商。对于总投资额 40%部分的前期费用，国内银行可联络境外银行，通过内保外贷的方式在境外获取流动性支持，由境外银行在项目所在地实现放款。这样就将内保外贷与出口信贷结合起来，更加灵活地满足企业在境外项目投资、开发建设过程中多样化的融资需求。

从上述案例中可以看出以下两个方面好处：一方面，商业银行可根据项目资金的具体用途，选择不同的融资产品，为客户提供定制化的融资服务方案，解决客户多样化的资金需求；另一方面，不同的融资产品，也可有效地分散国内银行在产品集中度和客户集中度方面的风险。

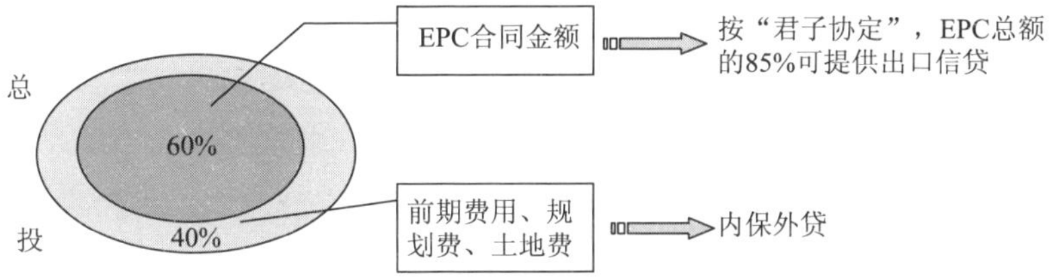

图 1-8 内保外贷与出口买方信贷的产品组合

由此可见，在支持企业“走出去”的过程中，商业银行在合规和风险可控的前提下，根据企业实需来设计结构化的融资方案，内保外贷与其他融资产品的组合创新大有可为。

第二章　新时代“外保内贷”新解

第一节　外保内贷的概念

一、产品结构

外保内贷的产品结构包含境外提供担保、境内获得贷款。按照外汇局的标准定义，外保内贷指的是“担保人注册地在境外，债务人和债权人注册地均在境内的跨境担保”。简而言之，是在境外银行（或企业）提供担保的前提下，境内银行向境内企业提供贷款或授信额度，详见图 2-1。从提供跨境担保的主体身份来划分，外保内贷可有以下两种形式：企业担保下的外保内贷和银行担保下的外保内贷。

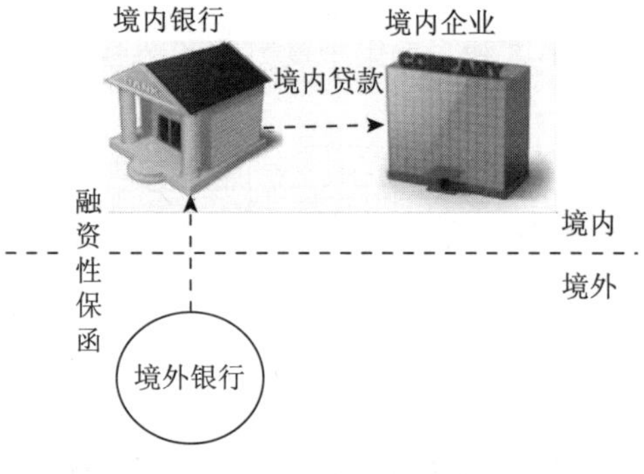

图 2-1　外保内贷的一般融资结构图

（一）企业担保下的外保内贷业务

由于中国资本市场对公司上市的标准要求较高，所以一些有条件的中资企业选择在中国香港、美国等地上市。比如，IT 领域的一些民族品牌企业的母公司均是中国香港、美国上市公司，注册地在境外，因此，这些集团的境内子公司便是外商投资企业。这些子公司的经营活动大多在国内，有境内融资需求。

虽然境外上市母公司的实力较强，但境内子公司众多，每家子公司资质又各有不同，其中一些轻资产的子公司，较难获得银行授信。在这种情况下，通过外保内贷，由其母公司与境内银行签署《保证合同》，境内子公司就可按规定通过自身外债额度，获得境内银行融资。这种外保内贷业务模式，有效盘活了企业的境外资产，实现了境内公司的融资。

（二）银行担保下的外保内贷业务

若境外公司资质一般，境内银行较难接受一般境外企业提供的法人担保。因此，外保内贷更为常见的做法是：境内企业凭一家境外银行开具的融资性保函或备用信用证，向境内商业银行申请本外币贷款或有约束力的授信额度，即银行担保下的外保内贷业务。

对于大多数国内商业银行而言，凭境外银行的保函或备用信用证为境内企业提供融资的业务，属于低风险业务。但多年来，由于政策限制，仅外商投资企业能够向商业银行申请办理外保内贷业务，因此，这类业务的市场规模相对有限。“29 号文”取消了外保内贷业务的境内企业主体资格的限制，所有的中资企业都可办理外保内贷，这为外保内贷业务需求的增长创造了空间。

二、产品优势

外保内贷通过境内外的业务联动，具有以下优势：一是对于希望盘活境外资产以实现境内融资的企业，以及在境外拥有大量外币资金的企业，可通过向境外银行提供资产抵质押的方式，请境外银行出具融资性保函或备用信用证，用于境内企业的境内融资。二是当境内银行受贷款规模限制，无法为境内企业提供贷款等表内融资时，在接受境外保函或备用信用证的前提下，为境内企业提供表外授信额度，从而办理开立信用证等表外融资业务。三是在银行“资产荒”背景下，外保内贷为境内银行的信贷资产投放提供了一个新的途径，而且，以境外银行融资性保函或备用信用证作为担保，境内银行的信贷投放具有较低的风险。

三、监管政策

在2014年6月以前，根据外汇局的监管政策，外保内贷的境内借款人只能为外商投资企业，因此，这项业务的受众很少。2014年，“29号文”通过大幅度的简政放权，给了市场主体极大的业务自由度，由此也为市场主体带来更多的业务机会。“29号文”主要在以下三个方面实现了外保内贷业务的简政放权。

一是放松授信主体的限制。“29号文”将内贷的授信主体，由原来的外资企业扩展至“境内注册经营的非金融机构”（含内资和外资）。应该说，主体资格限制的放松，是外保内贷业务得以快速发展的最重要的因素。

二是“内贷”的范围非常宽泛。“贷”不仅仅限于“本外币贷款（不包括委托贷款）”，还可以是“有约束力的授信额度”。这个授信额度，是境内银行给予境内企业的授信，既可以办理表内授信额度，也可以办理开立信用证、开立保函等表外授信额度。比如，开立信用证属于一项表外授信额度，基于信用证进一步实现买方融资、卖方融资等表内授信，企业同样可以从银行获得实实在在的资金支持。

三是履约额度上限的提高。根据“29号文”的规定，“境内债务人因外保内贷项下担保履约形成的对外负债，其未偿本金余额不得超过其上年度末经审计的净资产数额。超出上述限额的，须占用其自身的外债额度；外债额度仍然不够的，按未经批准擅自对外借款进行处理。”在人民银行对境内企业外债实施全口径跨境融资宏观审慎管理之后，上述外保内贷的履约行为直接纳入全口径外债余额管理。外汇局的解释原文是“在9号文政策框架下，企业自主借用外债更加便利，而且规模（净资产2倍）也比较宽松，因此，境内企业由于外保内贷履约形成的对外负债，应直接占用该企业跨境融资风险加权余额，不再额外给予其他额度。”因此，外保内贷履约额与境内企业已借未偿还外债，合计不超过其上年末经审计净资产的2倍。

根据“29号文”的规定，“发生外保内贷履约的，金融机构可直接与境外担保人办理担保履约收款。”若境内银行发现其履约额超过了企业的额度上限。一般情况，为保护国内银行债权，外汇局可能先行对国内企业进行处罚后，再允许“外保”的保函履约，履约资金入境用于偿还“内贷”。

第二节　外保内贷银行实务

一、融资需求分析

在外保内贷业务中，企业要承担的总融资成本包括两个部分：境外保函手续费和境内贷款利息。这两个部分成本加总后的总成本往往较高。境内企业愿意承担较高的总融资成本而向商业银行申请办理外保内贷业务，必然有其深层次的原因。因此，银行客户经理必须深入地了解客户的实际融资需求和对融资成本的承受能力。从银行实践来看，客户申请外保内贷业务的资金需求可以分为两大类：合理的融资需求和不合理的融资需求。

（一）合理的融资需求

这类合理需求的外保内贷业务，能有效地借助跨境担保资本项目“可兑换”的东风，盘活境外资产，实现境内融资。（1）境内企业希望在境内申请银行贷款，但无法在境内提供相应的抵/质押担保，而其主要抵/质押资源在境外，因此，境外银行在其境外关联公司提供相应担保的前提下，为其出具融资性保函或备用信用证，以便于境内企业实现境内融资。（2）境内企业在境外拥有大量外币资金，将外币存款质押给境外银行，请境外银行出具融资性保函或备用信用证，用于境内企业实现境内融资。（3）境内商业银行受贷款规模限制，无法为境内企业提供表内融资，在接受境外保函或备用信用证的前提下，为企业办理有约束力的授信额度，在该授信额度下，为客户提供表外融资（比如开立信用证、叙做间接福费廷业务等）。

（二）不合理的融资需求

境内企业在境内银行的授信额度已经占满，也无法进一步提供相应的抵/

质押资源，而企业为了获得新增授信，宁愿支付高额的担保费，获取境外银行保函或备用信用证支持，以便获得境内融资。这种外保内贷业务，突破了企业正常的风险承受能力，容易导致银行的授信风险。因此，商业银行必须引起警觉。

二、银行实务要点

在银行实务中，商业银行应该有效甄别企业合理的融资需求和不合理的融资需求，在遵循外汇监管规定的前提下，遵循展业规范，合理合规办理外保内贷业务。

一是要分清部门职责，多部门联动审查。从本质上看，外保内贷业务属于贷款业务。公司银行部门应该承担主要的贷前调查责任，客户经理要认真分析客户真实的资金需求、还款能力和对融资成本的承受能力。但鉴于外保内贷业务又不同于一般的流动资金贷款或固定资产贷款，所以国际业务部门/贸易金融部门也应发挥专业能力，从外汇政策、涉外保函（或备用信用证）文本等角度，提示客户经理把握相关风险。另外，法律部门还应对保函文本中可能涉及的涉外法律问题出具专业意见，各部门协同完成贷前调查工作。

二是要严格授信审查，不因保函或备用信用证而降低授信标准。对于境内一般流动资金贷款业务，如果客户能够提供其他银行的融资性保函作为担保，客户经理往往会放松对借款人第一还款来源的审查，而将其作为低风险业务来承办。但是，对于外保内贷业务，国际业务部门/贸易金融部门有必要提示客户经理，虽然此类业务属于低风险业务，但是不能放松对第一还款来源的审查。如果境内借款主体资质太差，而仅凭境外银行保函或备用信用证来向商业银行申请贷款，易导致贷款到期无法偿还，进而造成保函履约和境外资金入境还款。若境外资金属于非法资金，境内银行还要承担相应的反洗钱职责。

三是要加强额度审查。在外保内贷业务贷前调查过程中，一项重要的工作就是要确保在未来出现保函履约时，履约金额与该企业已借未还外债之和，不能超过该企业的跨境融资风险加权余额上限。如果在出现保函履约时，上述额度无法覆盖保函履约金额，商业银行将陷于被动。客观地说，国内银行在受理外保内贷前，对此额度的尽职调查工作难度较大。除了查询人行征信系统外，更重要的是，要求国内企业提供其在国内所有银行已经办理但未结清的外保内贷余额以及外债余额。在此额度基础上，若本行为其新办理一笔外保内贷业务，应确保新增之后的该企业所有外保内贷业务余额，不应超过上述额度上限。即便如此，在贷后管理过程中，也应动态观测企业是否会在其他银行新增外保内贷业务以及外债业务。从实务角度看，真正受理如此大额度（净资产的2倍）外保内贷业务的现象并不多见。而且即便受理了较多的外保内贷业务，如果保函不履约，也便不会超过额度上限。因此，银行可通过定量和定性分析相结合，合理把控，相机抉择。

四是要按照“展业三原则”加强贷前审查。目前，监管规定虽然大幅度取消对跨境担保业务的事前审批，基本实现了跨境担保领域的资本项目可兑换，但也特别强调商业银行要严格履行业务审查的职责。所以商业银行必须按照了解你的客户、了解你的客户的业务和尽职审查“展业三原则”的要求，履行好对外保内贷业务的审查职责。商业银行必须加强贷前审查，将可能违规的风险隐患遏制在贷款发放之前。贷前审查主要包括：境内客户的融资需求是否在其正常生产、经营合理范围之内；境内客户与境外保函开立申请人之间的关系；境内企业是否有足够的、可靠的还款来源；企业在其他银行开展外保内贷业务已经占用的额度；通过多种途径和手段开展境外资金反洗钱审查。一旦在这些审查过程中发现疑点，商业银行应该提高警惕性，避免企业将保函履约作为境外资金流入境内的通道。

商业银行客户经理在办理外保内贷业务时，不仅要提高跨境资金反洗钱审查的警觉性和警惕性，还要提高对此类业务可能存在的境内商业欺诈的警惕性。比如，在与客户讨论备用信用证格式文本的过程中，境外银行正式开出保函或备用信用证之前，不要轻易为国内客户出具贷款意向函或承诺函，以避免此类函件被用于国内企业间商务交易的保证书，引起商务纠纷或更为严重的商务欺诈，使境内商业银行卷入到不必要的麻烦之中。

综上，外保内贷业务为境内企业融资提供了新的可选择方案。商业银行应该在有效识别企业合理融资需求和科学防范风险的前提下，积极、稳健地开展业务，切实帮助境内企业解决融资难问题。

第三节　外保内贷案例解析

一、企业外保内贷

S 公司是一家在香港注册并上市的中国民营企业，主要从事中国境内 IT 产品的分销业务，同时为客户提供信息技术解决方案及服务。S 公司的境内子公司 T 公司属于外商投资企业，是为中国内地客户提供产品和服务的实体。T 公司与全球几百家先进的信息产品和技术服务提供商开展广泛合作，进口大量的产品和技术，进而分销给中国的最终客户。

T 公司每年大量的进口采购需求需要银行融资支持。但是，T 公司的财务报表具有典型的分销商特点，即资产负债表符合“轻资产”特征，较难获取境内银行的贷款支持。商业银行在分析了该企业的特点后，认为其符合外保内贷的融资特征，便为其办理了外保内贷业务。首先，由于其境外母公司 S 公司在香港资本市场的声誉较好，国内银行接受其作为担保人，与 S 公司签署了《法人保证合同》（遵循中国法），并要求 S 公司在香港履行公告义务，同时聘请香港法律师和中国法律师对担保事项分别出具法律意见书。其次，国内银行与 T 公司签署《借款合同》，为其提供 3 亿元人民币贷款，以支持其分销业务的资金周转。国内银行要求 T 公司提供进口采购合同，并根据采购合同金额发放对应金额的人民币贷款。贷款发放后，将资金购汇付出至境外销售方，实现了贷款资金的“受托支付”。

在上述案例中，商业银行应注重以下要点：一是分析合理的融资需求，确保第一还款来源可靠。T 公司的分销业务模式中，上下游供货渠道通畅，还款来源有保障；资金需求合理，且有充足的商务合同可供测算其资金缺口。二是境外担保实力足够，且符合法律规定。境外母公司的资信评级较高，具有提供“外保”的能力，且法律手续齐备。三是商业银行在签署《保证合同》后，按照“29 号文”的外汇管理规定，“境内债务人从事外保内贷业务，由发放贷款或提供授信额度的境内金融机构向外汇局集中报送外保内贷业务相关数据。”四是履约上限审查。该公司系第一次在银行办理外保内贷业务，本笔贷款金额远远小于其净资产的 2 倍，因此，未来一旦发生担保履约，不会超过其额度上限。

二、NRA 账户外保内贷

J 公司是在北京注册的互联网信息服务提供商。其单一股东 Z 公司是注册地在香港的法人公司。该民营互联网创业公司通过搭建 VIE 结构，以“协议控制”的方式控制境内运营实体的业务和财务。由于其商业模式的成功和未来成长性预测较好，该公司已经在境外完成了多轮融资，因此，在境外的资金非常充裕。由于 J 公司的实际业务运营在国内，因此，需要境内银行的流动性资金支持。

境内银行在分析了 J 公司的资金需求之后，为其推荐了外保内贷业务模式，即由其境外母公司 Z 公司在境内银行开立外币 NRA 账户（称做“非居民账户”）并以 2 亿美元存款办理质押，在此基础上，境内银行为 J 公司提供 2 亿美元等值人民币的流动资金贷款，用于企业正常的日常经营周转。

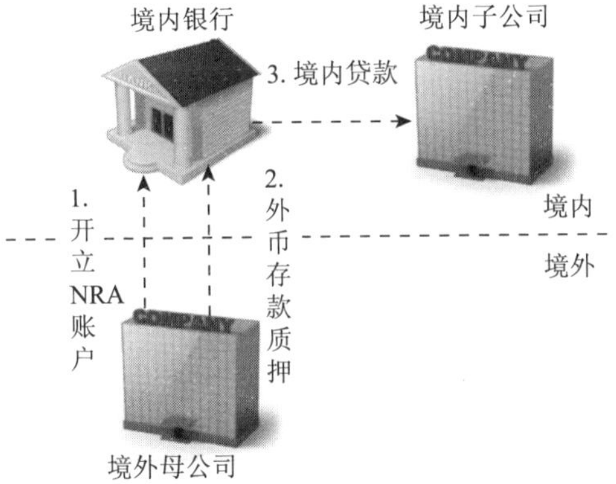

图 2-2　NRA 账户外保内贷的融资结构

案例中提到的外保内贷业务实践中，境内银行需关注如下要点：

一是外币 NRA 账户外保内贷的定义。NRA 账户，也称非居民账户，即境外机构在境内银行开立的外币账户。根据《国家外汇管理局关于境外机构境内外汇账户管理有关问题的通知》（汇发〔2009〕29 号），“本通知所称境外机构是指在境外（含中国香港、澳门和台湾地区）合法注册成立的机构”。

“境内银行为境外机构开立外汇账户时，应当在外汇账户前统一标注 NRA（NON-RESIDENT ACCOUNT），即 NRA+外汇账户号码”。《国家外汇管理局关于境外机构境内外汇账户管理有关问题的通知》（汇发〔2009〕29 号）进一步规定，“境外机构境内外汇账户资金余额，以其作为境内机构从境内银行获得贷款的质押物的，按照境内贷款境外担保外汇管理规定办理。”也就是说，NRA 账户质押的出质人（即担保人）在境外，债权人和债务人均在境内，符合《跨境担保外汇管理规定》（汇发〔2014〕29 号）中的“外、内、内”结构，因此，按照外保内贷进行外汇管理。

二是 NRA 账户外保内贷的办理要点。第一，审查境内借款人 J 公司的外保内贷限额。按照监管规定，境内借款人的外保内贷未来履约时，与其已借未偿还外债之和，不能超过其上年年末经审计净资产的 2 倍。因此，客户经理应该履行尽职调查义务，核查 J 公司的跨境融资风险加权余额占用情况，确保 J 公司外债额度能够覆盖其已通过境内其他金融机构获得的外保内贷项下表内外授信已提用金额与本次 2 亿美元，以及其全部已借未偿还外债之总和，并在贷后管理过程中动态关注借款人跨境融资风险加权余额变化情况，确保贷款余额不超过客户跨境融资风险加权余额。第二，确保账户资金合法。境内银行应该严格落实《中华人民共和国反洗钱法》《金融机构大额交易和可疑交易报告管理办法》（中国人民银行令〔2006〕第 2 号）等反洗钱、反恐融资要求，确保 NRA 账户资金来源合法合规。第三，错币种外汇合规风险管理。“汇发〔2017〕3 号”仅放开了自贸区内外币 NRA 账户的结汇限制，若非自贸区内的外币 NRA 账户，则仍需执行《国家外汇管理局关于境外机构境内外汇账户管理有关问题的通知》（汇发〔2009〕29 号）中“未经注册所在地国家外汇管理局分局、管理部批准，不得从境外机构境内外汇账户存取外币现钞，不得直接或者变相将该外汇账户内资金结汇”的监管规定。因此，商业银行在受理外币 NRA 账户质押后的境内人民币融资业务（错币种外保内贷）时，需要特别注意潜在的政策合规风险。比如本案例中，境外 NRA 账户的资金是美元，而境内贷款币种是人民币，即存在上述政策风险。一旦出现境内客户无法偿还人民币贷款，而需处置外币 NRA 质押存款时，存在外币 NRA 帐户存款可能无法顺利结汇的政策风险。因此，建议进行充分的事前监管沟通，从严审核借款人第一还款来源可行性，方可受理错币种业务。如到期时J公司无法还款，银行向境内划转外币NRA账户质押资金时，因质押资金与贷款币种不一致，J公司需向外汇管理局办理外债登记，境内银行需向外管局申请履约外币结汇，得到批准后方可结汇并归还贷款。第四，错币种业务汇率风险管理。境内银行的人民币贷款本息及费用，是以NRA账户中的外币存款作为质押物的。因此，汇率的波动可能影响质押率。境内银行应盯市，确保质押率不超过某一比例（比如90%），在贷款存续期内，若因美元贬值导致任何时点质押物本金不能覆盖人民币贷款的本金、利息及相关费用，境内银行应要求客户及时补充保证金或提前偿还贷款。第五，外部监管合规性管理。境内银行应按规定及时向外汇局资本项目系统报送外保内贷业务数据，以及向国际收支申报系统报送NRA账户收付信息等。外保内贷项下人民币流动资金贷款用途、还款来源、贷款资金“受托支付”等，应严格按照银保监会《流动资金贷款管理暂行办法》管理。

第三章 “其他形式的跨境担保”融资产品创新

第一节 “其他形式的跨境担保”的概念

一、产品结构

除了内保外贷和外保内贷之外，其他所有的涉及跨境担保的业务，全部归为“其他形式的跨境担保”。也就是说，如果一个跨境担保业务，不符合“内、外、外”和“外、内、内”的结构，那么，便归属为“其他形式的跨境担保”范畴。

由此可见，基于“其他形式跨境担保”的融资产品结构非常多、非常复杂。如与内保外贷业务堪称“孪兄弟”的内保直贷业务等。“29号文”简单列举了几种情形，包括但不限于：①担保人在境内、债务人与债权人分属境内或境外的跨境担保；②担保人在境外、债务人与债权人分属境内或境外的跨境担保；③担保当事各方均在境内，担保物权登记地在境外的跨境担保；④担保当事各方均在境外，担保物权登记地在境内的跨境担保。

多样性和复杂性决定了“其他形式跨境担保”在促进跨境融资产品创新方面，发挥了特别积极的作用。它丰富了跨境融资的产品和手段，对对外贸易、跨境投融资起到重要的促进作用。

二、产品优势

“29号文”实现了对“其他形式跨境担保”的资本项目可兑换，因此，境内外市场主体有非常大的自主权和非常多的方式来开展跨境融资创新，可以充分利用境内外资产抵质押、法人保证等多种方式，设计出多种融资结构，极大地促进客户的对外贸易和投资便利化。境内商业银行可利用“29号文”带来的政策便利，以境内客户为抓手，在风险可控的前提下，提供形式多样的跨境结算服务、跨境融资产品、外汇政策咨询等综合金融服务，并获取可观的业务收益。

三、监管政策

“29号文”规定，“其他形式跨境担保是指除前述内保外贷和外保内贷以外的其他跨境担保情形。”“29号文”基本上实现了我国在跨境担保领域的资本项目可兑换。究其原因，内保外贷和外保内贷还存在一定程度的外汇管制，而其他形式跨境担保无需外汇局审批如下事项：

第一，自行签订跨境担保合同。“境内机构提供或接受除内保外贷和外保内贷以外的其他形式跨境担保，在符合境内外法律法规和本规定的前提下，可自行签订跨境担保合同。”

第二，无需到外汇局办理登记。“除外汇局另有明确规定外，担保人、债务人不需要就其他形式跨境担保到外汇局办理登记或备案。”

第三，自行办理担保履约。“境内机构办理其他形式跨境担保，可自行办理担保履约。担保项下对外债权债务需要事前审批或核准，或因担保履约发生对外债权债务变动的，应按规定办理相关审批或登记手续。”这句话可以概括为“担保不批、主债务要批”。也就是说，“其他形式跨境担保”的担保事项本身不需要审批、可自行履约，但是基于担保的主债务还是要遵循现行的对外债权债务的审批或核准要求。即，“29号文”放开外汇管制的是担保，而不是对外债权债务的外汇管制。

第四，物权要批。根据“29号文”第二十二条规定的“担保人与债权人之间因提供抵押、质押等物权担保而产生的跨境收支和交易事项，已存在限制或程序性外汇管理规定的，应当符合规定。”由此可见，当“其他形式跨境担保”的担保品涉及物权担保时，行使抵押权导致资产所有权跨境转移，需要事前审批和登记的，应当获得审批和登记。

第二节 “其他形式的跨境担保”案例解析

一、“内保直贷”

境内公司M是境内银行Z的优质授信客户，授信额度充足。但是由于境内人民币贷款的资金成本较高，且银行Z的贷款规模有限，因此，银行Z主动联系境外银行K，通过“内保直贷”的业务模式，为客户公司M从境外银行K借入一笔美元贷款，并结汇成人民币使用。这个“内保”便是境内银行Z占用境内公司M授信额度，开立的以境外银行K为受益人的融资性保函；“直贷”也称做“跨境贷”，指的是境外银行K直接为境内公司M发放的跨境贷款。未来贷款到期时，公司M需要向境外银行K偿还美元。因而，公司M有汇率风险管理的需求。于是，银行Z为公司M办理了外汇期权组合产品锁定汇率。在这项业务中，公司M的财务成本包括：境外银行K的美元贷款利息、境内银行Z的保函费以及锁汇成本，三项成本加总后，低于同时期境内的人民币流动资金贷款成本。因此，此业务为客户节约了财务成本。

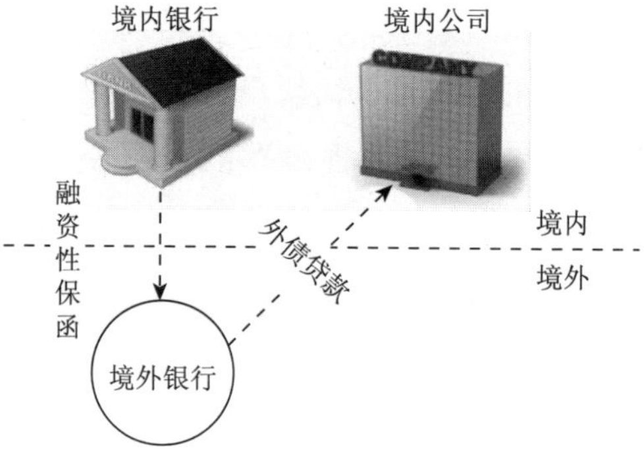

图3-1 “内保直贷”融资结构图

本案例是一个境内银行、境外银行、境内企业“三赢”的产品，需要掌握的知识点主要有以下三点：

第一，内保直贷业务的概念。内保直贷是指国内银行应境内客户的申请出具涉外保函，向境外金融机构承诺，当被担保人（通常情况下就是境内申请人）未按有关合同偿还债务时，由境内银行偿还此担保项下的债务，该项债务通常为境外金融机构提供给境内借款人的普通贷款。简而言之，内保直贷就是在境内银行出具融资性保函的基础上，境外银行直接为境内企业提供跨境贷款。由此可见，境内企业应该具备获得境外贷款（即外债）的资质。2016年，我国放开对注册地在境内的中资企业借入外债的限制，《中国人民银行关于在全国范围内实施全口径跨境融资宏观审慎管理的通知》（银发〔2016〕132号）允许中资企业借入外债并结汇使用，因此，内保直贷便借助该政策东风，帮助境内企业客户引入海外低成本资金，满足境内经营等用款需求，取得了较快发展。截至2018年3月末，我国全口径（含本外币）外债余额为18435亿美元，较上年年末增长1329亿美元，增幅为7.8%。其中，中长期外债余额占比为36%，短期外债余额占比为64%；从币种结构看，本币外债余额占比34%，外币外债余额占比66%；在外币登记外债余额中美元债务占比为81%，是绝对的外债借款主要货币。境外金融机构的短期（一年以内）美元借款是目前外债的主要组成部分。

第二，内保直贷业务的优势。由于境内外、本外币贷款利差的存在，加之境内各商业银行表内贷款额度日趋紧张，内保直贷较好地满足了境内客户的融资需求。除房地产及政府融资类平台客户之外，境内的中资、外资企业均可向银行申请该业务。一方面，内保直贷较好地满足了境内企业的流动资金贷款需求，且融资成本较国内人民币贷款更低。这些企业客户一般在境内银行已经拥有了授信额度，但是境内银行贷款规模有限，因此，企业获取表内贷款的难度较大、贷款利率通常也要上浮。企业可以转而提用该银行授信额度，向境内银行申请开立融资性保函，进而获取境外银行的跨境直贷。境内商业银行在该客户的外债额度内，审核外债及其结汇所得人民币资金用途，为其办理内保直贷业务。境内银行需确保贷款只能用于企业自身经营范围内的经常项下支出，除另有明确规定外，不得直接或间接用于证券投资；不得用于建设、购买非自用房地产；除担保公司外，不得用于抵押或质押发放人民币贷款。另一方面，内保直贷还能帮助境内企业获取境外较低的信贷资金，用于归还境内其他银行的贷款。若跨境直贷的融资成本低于境内企业现存的与其他银行的贷款成本，则境内企业可将借入的外债资金用于偿还他行贷款。受理内保直贷的境内银行需要核实境内企业与其他银行现存融资协议的债权债务关系是否清晰、明确，原贷款的业务背景是什么，是否用于支持借款人的主营业务，是否涉及外债政策所禁入的房地产或政府融资平台等等。在符合外债政策的前提下，可为境内企业办理内保直贷业务，用于偿还他行贷款。

第三，内保直贷业务的收益。内保直贷是“三赢”的产品，对于境外银行而言，以境内银行的全额融资性保函作为担保品来进行信贷投放，属于低风险业务，同时赚钱了利息收入；对境内客户而言，获取了境外低成本资金；对于境内银行而言，解决了其表内信贷规模紧张的问题，实现了表外授信投放，同时获取了丰厚的非利息收入。具体而言，①境内银行向客户收取了保函手续费；②境内银行为客户提供外债相关的配套金融服务，包括：协助境内客户在签订融资合同后，且不晚于提款前 3 个工作日内向外汇局办理备案；备案后，为客户开立外债专户，以用于提款、结售汇、还款等。③境内银行发挥自身在外汇资金产品方面的优势，择机为境内企业提供远期、掉期或期权等外汇资金产品，帮助客户规避汇率风险的同时，银行也赚取了中间业务收入。

二、境内物权担保，境外银行为境外企业放款

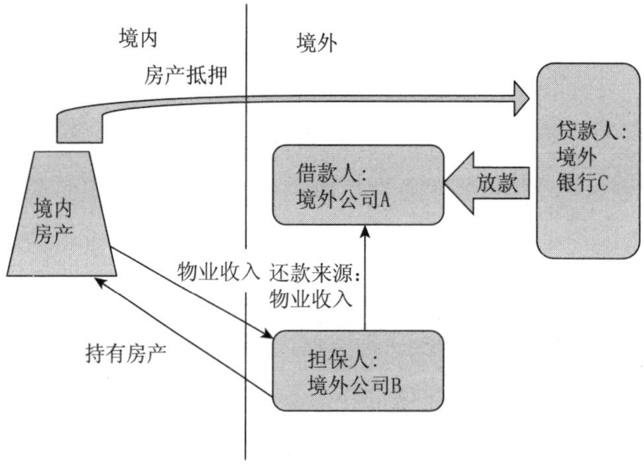

图 3-2　境内物权担保，境外银行为境外企业放款

中国某跨国企业集团在全球开展经营活动，其境外公司遍布全球多个国家。现该集团的境外公司A需要在当地获取银行流动资金贷款支持，以便开展当地的生产经营活动。由于境外公司A本身的资产负债表及公司历史业绩使其较难获得当地银行授信额度，因此，该集团在当地的另外一家境外公司B以其持有的中国境内的房地产提供抵押，帮助公司A获取了境外银行C的贷款支持。集团为了支持境外公司A做大做强，优化财务报表，该笔贷款的还款来源并不以公司A的经营现金流作为第一还款来源，而是以抵押房产的物业收入汇至境外，用于偿还贷款。该业务模式充分利用跨境担保新规带来的政策便利，利用基于跨境物权担保的境外融资，扶持了跨国公司的海外经营。

上述案例给我们的启示如下：

第一，巧妙运用跨境物权担保。“29号文”中专门有一章“物权担保的外汇管理”。我们知道，跨境担保中的“保”不仅仅是银行保函，还可以是抵押、质押、法人保证等担保方式，比如本案例中的担保品便是房地产抵押这一“跨境物权担保”。那么，物权担保在本案例的跨境融资中是否有效呢？根据“29号文”第二十一条规定的“外汇局不对担保当事各方设定担保物权的合法性进行审查。担保当事各方应自行确认担保合同内容符合境内外相关法律法规和行业主管部门的规定。”通常而言，担保当事各方应自行确认以下事项符合相关法律法规，包括但不限于：（一）设定抵押（质押）权的财产或权利是否符合法律规定的范围；（二）设定抵押（质押）权在法律上是否存在强制登记要求；（三）设定抵押（质押）权是否需要前置部门的审批、登记或备案；（四）设定抵押（质押）权之前是否应当对抵押或质押物进行价值评估或是否允许超额抵押（质押）等；（五）在实现抵押（质押）权时，国家相关部门是否对抵押（质押）财产或权利的转让或变现存在限制性规定。在本案例中，中国法律对于境外所有权人持有的中国境内房地产设定抵押权，不存在法律上的禁止性规定，行政主管部门也不对抵押权证的登记设置障碍。因此，本案例中的境外银行认可了该房产抵押，进而在境外为A公司发放了流动资金贷款。

第二，还款资金顺利出境。房产的持有人是境外公司B，而借款人是境外公司A，因此，境内物业收入需最终进入公司A账户，以便偿还境外银行C的贷款。为此，境外公司A和公司B均需要在境内银行开立人民币NRA账户（即非居民银行账户）。这里需要掌握人民币NRA账户收的相关监管规定。根据人民银行的相关规定，人民币NRA账户的国际收支包括跨境货物贸易、服务贸易、收益及经常转移等经常项目的境内人民币结算收入及支出；也包括政策明确允许或经批准的资本项目人民币收入及支出。境内商业银行为境外法人的NRA账户办理经常项下或资本项下的收支时，需要严格按照外汇管理相关办法审核资金用途，依据相关合同、发票等文件，逐笔办理资金汇划。比如本案例中，境外公司B在境内获取的物业收入，在提供了物业服务合同、完税证明等材料并经境内银行审核后，并取得当地外汇局的批准，境内商业银行可以将资金汇至其人民币NRA账户。这属于境外公司B的人民币NRA账户自中国境内的收款。之后，款项再由公司B的NRA账户汇至公司A的NRA账户，最终用于偿还境外银行的贷款。

第三，物权担保的处置及资金出境。一旦境外贷款不能按时偿还，境外银行C能否顺利处置中国的房地产，并顺利实现资金出境呢？正如前文所述，按照“29号文”规定，外汇局不对担保当事各方设定担保物权的合法性进行审查。那么，在实现抵押（质押）权时，外汇局也遵循了同样的监管逻辑，担保各相关主体只要确认，国家相关部门是否对抵押（质押）财产存在限制性规定，便可顺利处置物权担保，实现对融资的代偿。具体而言，“29号文”第二十二条规定，“担保人与债权人之间因提供抵押、质押等物权担保而产生的跨境收支和交易事项，已存在限制或程序性外汇管理规定的，应当符合规定。”“除另有明确规定外，担保人或债权人申请汇出或收取担保财产处置收益时，可直接向境内银行提出申请；在银行审核担保履约真实性、合规性并留存必要材料后，担保人或债权人可以办理相关购汇、结汇和跨境收支。”由此可见，外汇局对物权担保的可实现性，给予了较大的空间，商业银行即可审核担保履约及办理资金跨境收支。本案例中，境内商业银行在审核境外贷款未能按时偿还、需处置境内房产抵押权用于偿还境外债务的前提下，可办理担保资金的汇出手续。

三、境内担保，境内银行为境内外企业放款

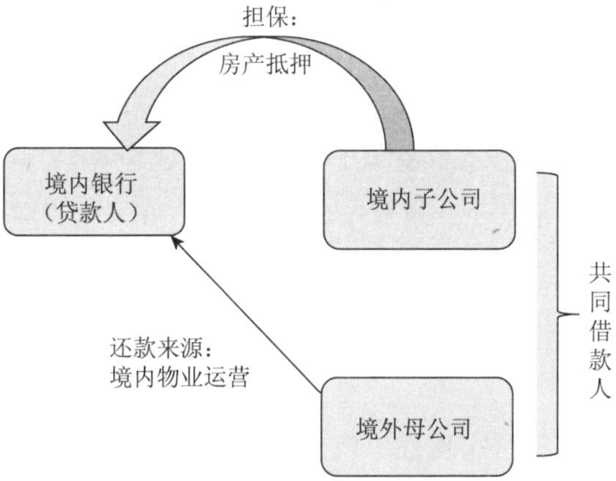

图 3-3 境内担保，境内银行为境内外企业放款

本案例中，中国某跨国集团公司的境外母公司和境外子公司希望共同作为借款人，向中国境内的某商业银行申请人民币贷款，贷款的担保拟由境内子公司持有的境内房产提供抵押，贷款的还款来源是境外母公司持有的境内物业运营的收入。那么，该笔融资能否达成交易？商业银行需要开展如下尽职调查工作：

第一，共同借款人的政策合规性。我国《贷款通则》中没有关于借款人国籍的要求。其他相关法律法规，也没有“境外机构与境内机构不能作为共同借款人”的强制性规定。因此，境外母公司的法人资格可以向境内银行申请贷款。那么，境内商业银行直接为境外法人提供贷款的政策依据是什么？根据《中国人民银行关于境内银行业金融机构境外项目人民币贷款的指导意见》（银发〔2011〕255 号），允许国内商业银行对境外项目提供跨境人民币贷款。“境外项目”是指境内机构“走出去”过程中开展的各类项目，包括但不限于境外直接投资、对外承包工程以及出口买方信贷等。在贷款的发放过程中，境内银行可以为境外借款人开立人民币 NRA 账户，用于放款。因此，本案例中的借款人和贷款人资质准入，符合相关法律和政策规定。

第二，还款资金的国际收支合规性。还款资金的来源是境外母公司持有

的境内物业的收入，因此，这里涉及人民币NRA账户的收支问题，具体而言，是NRA账户“先收后支”。案例十中提及，按照监管规定，商业银行办理人民币NRA的国际收支，需要分清属于经常项目，还是属于资本项目。本案例中，存在先后两次资金汇划，首先是境内物业运营的收入款项汇出到境外母公司在境内银行开立的人民币NRA账户，这属于境外母公司NRA账户在经常项目下的收入（服务贸易项下收款）。然后是NRA账户支出款项到境内银行用于境内贷款的还款，这属于境外母公司NRA账户在资本项目下的支出（资本项目项下的贷款还本付息）。境内商业银行在办理人民币NRA账户“先收后支”的过程中，应审核服务合同、贷款合同等相关文件，确保资金汇划符合监管规定。

第三，物权担保的可实现性。按照“29号文”，外汇局不对担保当事各方设定担保物权的合法性进行审查，在实现抵押（质押）权时，也遵循了同样的监管逻辑，担保各相关主体只要确认，国家相关部门是否对抵押（质押）财产存在限制性规定，便可顺利处置物权担保，实现对融资的代偿。本案例中，境内房产的所有权人是境内公司，抵押权人是境内银行，借款人是境外公司和境内公司组成的共同借款人。处置该抵押房产用于偿还银行贷款，不存在法律上和行政上的障碍，因此，该物权担保是可以实现的。

第四章　融资新产品——NRA 账户

第一节　“NRA 账户”基本概念

NRA 账户，全称 NON-RESIDENT ACCOUNT，翻译为非居民银行账户，即境外机构（非居民）在我国境内银行开立的账户。目前，境外机构可以在境内银行开立外币 NRA 账户，也可以开立跨境人民币 NRA 账户。

根据 2009 年发布的《国家外汇管理局关于境外机构境内外汇账户管理有关问题的通知》（汇发〔2009〕29 号），本通知中所称的境外机构是指在境外（含中国香港、澳门和台湾地区）合法注册成立的机构。“境内银行为境外机构开立外汇账户时，应当在外汇账户前统一标注 NRA（NON-RESIDENT ACCOUNT），即 NRA+外汇账户号码”。

根据 2010 年人民银行印发的《境外机构人民币银行结算账户管理办法》（银发〔2010〕249 号），“境外机构在中国境内银行业金融机构开立的人民币银行结算账户（简称银行结算账户）适用本办法”。“境外机构依法办理人民币资金收付，可以申请在银行开立银行结算账户，用于依法开展的各项跨境人民币业务。银行在编制境外机构人民币银行结算账户的账号时，应统一加前缀‘NRA’。”随后，2012 年人民银行发布了《关于境外机构人民币银行结算账户开立和使用有关问题的通知》（银发〔2012〕183 号），《通知》对人民币 NRA 账户的开立及相关管理进行了详细的说明。

第二节 “NRA 账户”监管政策

一、本外币“NRA 账户”监管政策概览

境内商业银行开展本外币 NRA 账户相关业务，必须严格遵循相关监管政策。因监管机构不同，外币 NRA 账户和人民币 NRA 账户的监管政策有一定的差异性，详见表 4-1。

表 4-1 本外币 NRA 账户相关监管政策对照

监管内容	外币 NRA	依据文件	人民币 NRA	依据文件
开户主体	在境外（含中国香港、澳门和台湾地区）合法注册成立的机构	《国家外汇管理局关于境外机构境内外汇账户管理有关问题的通知》（汇发〔2009〕29 号）	在境外（含中国香港、澳门和台湾地区）合法注册成立的机构	《境外机构人民币银行结算账户管理办法》（银发〔2010〕249 号）
融资	未提及，上海、宁波等地有相关地方性监管文件，允许融资。	无全国性文件	境内结算银行可以向境外企业提供人民币贸易融资，融资金额以试点企业与境外企业之间的贸易合同金额为限。	《跨境贸易人民币结算试点管理办法实施细则》（银发〔2009〕212 号）
			本意见所称“境外项目”是指境内机构“走出去”过程中开展的各类境外投资和其他合作项目，包括但不限于境外直接投资、对外承包工程以及出口买方信贷等。 银行可以为境外借款人开立人民币银行结算账户，对该账户的管理执行《境外机构人民币银行结算账户管理办法》（银发〔2010〕249 号）相关规定。银行也可以通过借款人在境外代理行开立的相应账户办理境外项目人民币贷款业务。	《中国人民银行关于境内银行业金融机构境外项目人民币贷款的指导意见》（银发〔2011〕255 号）

续表

监管内容	外币 NRA	依据文件	人民币 NRA	依据文件
融资	未提及，上海、宁波等地有相关地方性监管文件，允许融资。		境外机构可将人民币结算账户资金用作境内质押境内融资。	《关于境外机构人民币银行结算账户开立和使用有关问题的通知》（银发〔2012〕183 号）
外债管理	以下业务类型不纳入跨境融资风险加权余额计算：……境外主体存放在金融机构的本外币存款	《中国人民银行关于全口径跨境融资宏观审慎管理有关事宜的通知》（银发〔2017〕9 号）	以下业务类型不纳入跨境融资风险加权余额计算：……境外主体存放在金融机构的本外币存款。	《中国人民银行关于全口径跨境融资宏观审慎管理有关事宜的通知》（银发〔2017〕9 号）
结售汇	未经注册所在地国家外汇管理局分局、管理部批准，不得从境外机构境内外汇账户存取外币现钞，不得直接或者变相将该外汇账户内资金结汇。/允许自由贸易试验区内境外机构境内外汇账户结汇。	《国家外汇管理局关于境外机构境内外汇账户管理有关问题的通知》（汇发〔2009〕29 号）/《国家外汇管理局关于进一步推进外汇管理改革完善真实合规性审核的通知》（汇发〔2017〕3 号）	履行相应手续后，境外机构人民币银行结算账户内的资金可购汇汇出。	《关于境外机构人民币银行结算账户开立和使用有关问题的通知》（银发〔2012〕183 号）
质押担保	境外机构境内外汇账户资金余额，除国家外汇管理局另有规定外，应当纳入境内银行短期外债指标管理，以其作为境内机构从境内银行获得贷款的质押物的，按照境内贷款项下境外担保外汇管理规定办理。	《国家外汇管理局关于境外机构境内外汇账户管理有关问题的通知》（汇发〔2009〕29 号）	境外机构人民币银行结算账户为活期存款账户。境外机构可将人民币结算账户资金用作境内质押境内融资。	《关于境外机构人民币银行结算账户开立和使用有关问题的通知》（银发〔2012〕183 号）

续表

监管内容	外币 NRA	依据文件	人民币 NRA	依据文件
利率安排	未提及，一般按照 LIBOR 加点计算		境外机构（含境外央行类机构、境外主权类机构）在中国境内银行业金融机构开立的人民币银行结算账户内的资金，可以转存为定期存款，利率按中国人民银行相关规定执行。	《中国人民银行办公厅关于调整境外机构人民币银行结算账户资金使用有关事宜的通知》（银办发〔2016〕15 号）

2017 年年初，中国人民银行和国家外汇管理局相继出台了《中国人民银行关于全口径跨境融资宏观审慎管理有关事宜的通知》（银发〔2017〕9 号）和《国家外汇管理局关于进一步推进外汇管理改革完善真实合规性审核的通知》（汇发〔2017〕3 号）。“银发〔2017〕9 号”鼓励从国外借入外债，对于曾经占用跨境融资余额的外币 NRA 存款，明确规定纳入豁免项，商业银行无需每天控制 NRA 账户余额，这是简政放权的具体举措；“汇发〔2017〕3 号”允许自由贸易试验区内境外机构境内外汇 NRA 账户结汇。监管新政为 NRA 账户提供了更多的业务机会。

二、融资业务监管政策

市场最为关心的当属基于 NRA 账户的融资业务。下面分析其政策合规性，即开立本外币 NRA 账户的境外法人，从境内银行获取融资的监管政策合规性。从本质上看，以 NRA 账户为载体的境外法人融资业务，是境内银行向境外提供商业贷款的业务。《外汇管理条例》第 20 条规定，银行业金融机构在经批准的经营范围内可以直接向境外提供商业贷款。向境外提供商业贷款，应当按照国务院外汇管理部门的规定办理登记。也就说，无论外汇 NRA 账户还是人民币 NRA 账户，基于该账户的境外法人向国内银行申请融资，首先要看融资银行是否已经获得中国银保监会批准的“直接向境外提供商业贷款”的牌照。由此可联想到，拥有离岸银行牌照的招商银行、平安银行、交通银行和浦发银行四家银行可以为境外法人直接提供商业贷款。那么，除此之外，大多数没有离岸牌照的境内银行，可否直接向境外法人提供商业贷款呢？在实务中，有两类贷款业务，无需受此限制，即跨境银团贷款和出口买方信贷。除了这两种业务之外，境内银行若直接为境外法人提供商业贷款，则需事先获得银保监会的经营许可。比如，由法人银行向银保监会申请该资质。现实中，仅有少数国有银行的总行以境内外分行间通过全球授信为境外客户提供尽职调查和贷后管理为由，向银保监会申请过该资质。大多数银行并未申请该资质，那么，是否基于 NRA 账户的境外法人业务，便无政策依据，从而很难开展呢？并非如此。

目前，国内银行的主要客户群体仍为在中国注册的企业，因此，为境外法人提供融资服务，也主要聚焦与境内“走出去”企业相关的境外企业客户（基于 NRA 账户）。“走出去”战略是我国产品、服务、资本和人员走出国门参与全球化竞争和国际化经营的发展战略。为了充分利用境内外“两个市场”和“两种资源”，便利跨境结算、加强集团对“走出去”的资金管理和财务控制，大量“走出去”企业的海外公司愿意在境内商业银行开立 NRA 账户，打通境内外资金管理，提高集团财务管理水平。境内商业银行也愿意基于境内外公司之间的进出口贸易、对外工程项目总承包与劳务合作或投资安排，提供相应的结算、融资等一站式服务。因此，在现实中，基于 NRA 账户的融资业务广泛开展，监管政策也针对此有一些便利性政策，主要体现在以下几方面。

1. 人民币 NRA 账户

目前，关于国内银行为境外法人（基于人民币 NRA 账户）提供贸易融资及项目融资的政策依据有两个文件。一是《跨境贸易人民币结算试点管理办法实施细则》（银发〔2009〕212 号）规定，境内结算银行可以向境外企业提供人民币贸易融资，融资金额以试点企业与境外企业之间的贸易合同金额为限。二是《中国人民银行关于境内银行业金融机构境外项目人民币贷款的指导意见》（银发〔2011〕255 号）。该文件允许国内商业银行对境外项目提供跨境人民币贷款。境外项目是指境内机构“走出去”过程中开展的各类境外投资和其他合作项目，包括但不限于境外直接投资、对外承包工程以及出口买方信贷等。根据这一政策，国内商业银行可以为“走出去”项目的境外借款人开立人民币 NRA 账户，并为其提供跨境人民币贷款。由于该文件是人民银行总行的政策，因此各地商业银行在开展此类融资业务前，一定到当地监管部门提前沟通相关政策细节，获准同意后方可办理。在广州自贸区等明确允许开展跨境人民币境外贷款的地区，可在自贸区范围内自由开展此类业务。比如，根据人民银行深圳市中心支行《关于支持中国（广东）自由贸易试验区前海蛇口片区扩大人民币跨境使用的通知》（深人银发〔2016〕57 号）第七条的规定，人民银行深圳市中心支行“鼓励和支持区内银行基于实际需要和审慎原则向境外机构和境外项目发放人民币贷款。区内银行发放境外人民币贷款，应严格审查借款人资信和项目背景，确保资金使用符合要求。”

此外，《关于境外机构人民币银行结算账户开立和使用有关问题的通知》（银发〔2012〕183 号）规定，“境外机构可将人民币结算账户资金用作境内质押境内融资。”这为人民币 NAR 账户存款质押后办理境内融资业务，提供了比较明确的监管依据。

2. 外汇 NRA 账户

关于国内银行为境外法人（外汇 NRA 账户）提供外币融资的业务，目前，全国性的政策并未涉及。但是在上海、宁波等试点城市，都有明确的允许境内银行基于外汇 NRA 账户提供外币融资的政策依据。因此，该类融资业务有利地促进了当地“走出去”企业的跨境贸易和项目融资。在其他地区开展外币 NRA 账户相关融资业务前，商业银行应前往当地银监会、外管局等监管机构进行沟通报备，在获准同意后方可办理融资业务。

第三节 “NRA 账户”案例解析

一、进口贸易融资案例

境内公司 A 自其海外贸易平台公司 B 进口一批货物，这是一种非常常见的进口贸易模式。为了实现进口贸易融资，进口商通常会请商业银行为其开立进口信用证。本案例中，进口商公司 A 可向境内商业银行 C 申请开立信用证，受益人为境外平台公司 B（公司 B 在境内银行 C 开立 NRA 账户）。在出口商公司 B 发货并交单后，开证行 C 银行承兑该信用证。于是受益人的银行

（本案中同样是境内银行 C）为受益人（境外公司 B）提供福费廷融资。在这种基于同一家银行 C“自开自贴”信用证的福费廷融资业务中，福费廷买入行 C 银行后续通常会再将福费廷资产转卖给境外银行 D，从而达到利用境外低成本资金的目的。如果以托收为结算方式，境内银行 C 在为票据保付加签后，首先买断 NRA 客户（境外公司 B）的应收账款，再进一步联系买断银行作为最终出资银行。图 4-1 展示了基于托收结算方式的 NRA 福费廷转卖业务流程。

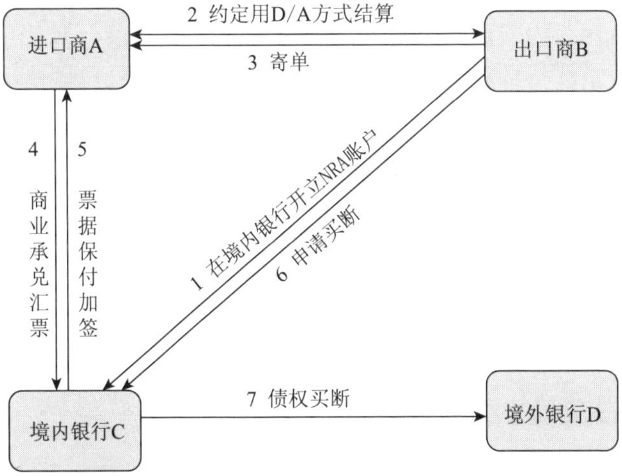

图 4-1　以 NRA 福费廷转卖实现进口贸易融资

本案例借助 NRA 账户福费廷，实现了进口贸易融资。它给我们的启示如下：第一，福费廷既能支持出口，也能支持进口。通常而言，福费廷是一种出口贸易融资产品，指的是银行或专业福费廷公司对出口商的应收账款，提供无追索权贴现或买入的一种融资服务。此种融资服务也称做“买断”业务，银行或专业福费廷公司在“买断”出口商的应收账款后，若到期未能从债务人处获得付款则无权向已获得融资的出口商追索，但欺诈例外，即如果出口商所售的债权是非法的或非合格的债权，则融资人对出口商享有追索权。大多数情况下，这种应收债权以汇票、本票等为载体来体现，并通常有银行、保险公司或政府机构提供到期付款保证声明。比如本案例中“买断”的债权，便由境内银行 C 保付加签。既然是一种常见的出口融资产品，为何本案将福费廷用于进口贸易融资？那是因为，本案例中的NRA客户（出口商公司B）是境内进口商A公司的境外关联公司。进口商和出口商寻求了同一家银行的支持，即境内银行C既是进口开证银行，也是出口贴现银行，从而叙做了“自开自贴”信用证。基于该信用证的“自开自贴”福费廷业务，实际上是银行C基于自身到期付款保证的无追索权贴现业务。因此，银行C通常会在福费廷二级市场上，继续寻求另外一家银行作为最终出资人，来买断该笔应收债权。本案巧妙运用“自开自贴”福费廷转卖业务，为境外NRA客户提供了融资服务，有效地支持了NRA客户的境内关联公司的进口贸易。第二，境内银行既不占用表内资产，也不占用表外资产。境内银行C当天买入应收账款后，随即卖出给境外银行D。因此，在同一个会计日，境内银行C并不将该笔业务计入自身的表内资产或者表外资产。从本质上，境内银行C撮合了境外银行D为进口贸易提供了融资，这属于银行C的中间业务。当然，作为开证行的银行C，在开证之时计入了一笔表外资产（后转为承兑）。该业务在不占用国内银行资产的同时，为国内银行带来了开证费、承兑费等中间业务收入，是符合现代银行发展方向的“轻资产”业务。

二、出口贸易表外融资案例

本案例与案例十二有诸多相似之处。一是，两个案例均运用NRA福费廷转卖来实现融资，案例十二中开立NRA账户的是出口商，本案例中开立NRA账户的是进口商。二是，两个案例均是境内企业与其境外贸易平台公司之间的国际贸易。案例十二是境内企业自境外平台公司进口货物，而本案例是境内企业向境外平台公司出口货物。三是，两个案例均是“自开自贴”信用证，即信用证的买断行和信用证的开证行均为中国境内同一家商业银行。四是，两个案例的结算方式，同样都是既可选择用信用证来结算，也可以选择用托收来结算。

在本案例中，国内出口商A在新加坡设立销售平台公司B，出口商A首先将货物出口至公司B，再由公司B销售至欧美等地的最终用户。在这种商业模式下，境外销售平台公司B在国内商业银行开立NRA账户，并由其境内母公司A提供担保或占用银行授信额度，或者直接使用NRA账户资金质押，以获取国内银行的开立信用证授信额度。于是，国内银行作为信用证开立银行，接受开证申请人——境外平台公司 B 的申请，开立以国内出口商 A 为受益人的国际信用证。在出口商 A 公司（信用证受益人）发货、交单后，信用证的开证行予以承兑，信用证受益人公司 A 向同一家境内银行申请福费廷业务，即“自开自贴”信用证。国内福费廷买断行进而在境内、外寻找提供资金的最终买断行，从而为出口商 A 公司提供了资金融通。

本案例中的融资模式主要有以下优势：第一，国内银行为境外法人（NRA 客户）提供表外授信（开立信用证），而非表内授信支持，这节约了国内银行的贷款规模。第二，国内银行利用其境内、境外代理行渠道，帮助国内出口商寻求福费廷最终买断行的资金支持，实现了出口商的提前收汇。第三，出口商将应收账款卖断给银行，节约了其管理未来出口应收账款的成本，美化了企业财务报表。第四，福费廷转卖业务基于银行金融机构间的同业授信额度，福费廷二级市场较为发达。可动态观测融资价格，多方询价，择机选择境内、外低成本资金，有效地降低“走出去”企业的财务费用。

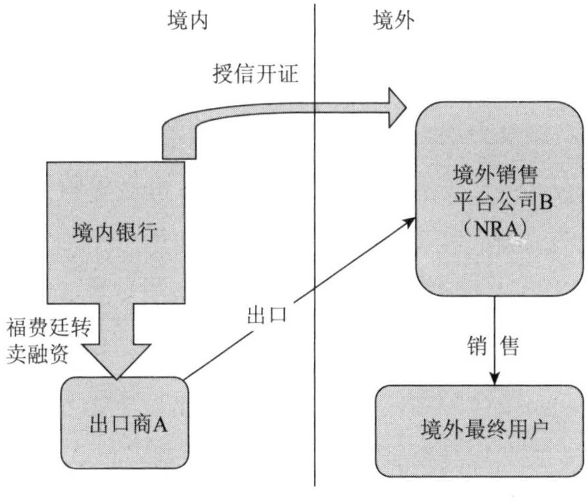

图 4-2 以 NRA 福费廷转卖实现出口贸易融资

三、出口贸易表内融资案例

本案例与案例十三基于同样的商务合同背景和同样的融资诉求，即国内出口商A通过境外销售平台公司B向境外最终用户销售商品，企业希望为出口贸易进行融资。不同于案例十三的表外融资模式，本案例直接采用表内融资模式，即国内商业银行直接为境外平台公司B发放一笔应收账款融资款项。

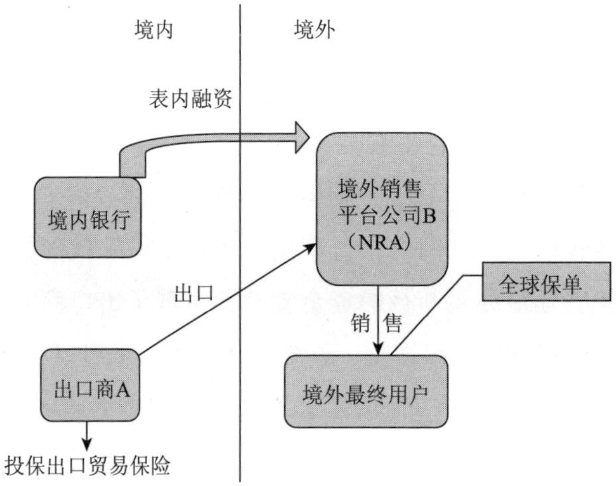

图4-3　以NRA账户实现出口贸易表内融资

本案例中，新加坡平台公司B出口至欧美最终用户的产品，系采购自中国境内生产商A公司。为了防范最终用户拖欠货款的风险，公司A在中国境内向中国出口信用保险公司申请投保短期出口信用保险。中国出口信用保险公司是支持中国的货物、技术和服务等出口的政策性保险公司，而公司A出口的产品属于“中国制造”，其国产化比率满足中国出口信用保险公司的承保要求。于是，中国出口信用保险公司在收取保费后，正式出具短期出口信用保险，保障境外公司B自最终用户的应收款项安全。该保险产品承诺，保险公司将补偿出口企业按合同约定或信用证约定出口货物后，因政治风险或商业风险发生而导致的直接损失。该保单属于“全球保单”，保障中国出口商通过其境外平台公司开展全球贸易中的应收款安全，是政策性保险公司支持“中国制造”、促进贸易便利化的具体表现。有了该保险的风险缓释，境外公司B在境内银行开立NRA账户，并将保单项下的赔款权益转让给银行后，境内银行为公司B发放了一笔贸易融资。该笔贸易融资基于境外公司B出口至欧美最终用户的贸易流和资金流，符合贸易融资“自偿性”特征，同时有政策性保险作为增信措施，受到融资银行的青睐。

本案例给我们的启示主要有：第一，离岸贸易融资的难点与痛点。贸易融资业务之所以作为商业银行一项较低风险的信贷品种，就是因为贸易融资具有自偿性特点。这种自偿性基于贸易流和资金流的匹配，商业银行通过掌控货权凭证，有效地控制贸易流进而资金流，用于偿还银行的融资。在银行实务中，贸易融资业务与国际结算业务相结合，每一笔融资都有相应的交易背景，银行通过单证环节可以对交易进行监控，特别是代表货权的单据往往通过银行转递，银行通过控制货权单据，掌握了货权单据所代表的销售款项，并以此作为贸易融资的第一还款来源。上述自偿性得以实现的一个重要前提，便是进口商或出口商至少有一家注册地在中国境内，商业银行通过对境内企业开展 KYC 尽职调查工作进而提供贸易融资授信额度。若进口商和出口商均不在中国境内，即离岸贸易，能否获得境内银行的贸易融资呢？一般而言，离岸贸易的客户以及货物流、资金流均在境外，境内银行较难开展客户资信调研、贸易背景审查和控制贸易项下回款，贸易融资的自偿性也就无从谈起。这便是离岸贸易融资的难点和痛点。第二，巧妙利用“全球保单”化解离岸贸易融资难题。对于交易双方均为境外公司的离岸贸易，若国内银行为此直接提供融资，较难把控风险。实务中，国内银行往往会借助第三方的增信，为 NRA 客户提供离岸贸易融资。本案例中，境内银行为境外平台公司（NRA 客户）提供的贸易融资，主要是基于境内公司与境外公司的股权关系以及可靠的贸易背景，而非纯粹意义上的买卖双方均在境外的离岸贸易。而且，在中国出口信用保险公司作为第三方提供增信的基础上，商业银行受让了保险的赔款权益，大大地降低了离岸贸易融资的风险。

四、境外工程融资案例

本案例与案例十四同样有诸多相似之处。第一，两个案例均基于中国出口信用保险公司的全球保单，作为银行融资的第三方增信手段。案例十四是短期出口信用保险，而本案例是出口特险。第二，两个案例均采用境内公司在境外设立子公司开展国际化经营的模式。案例十四是贸易平台公司，本案例则是工程承包公司。第三，两个案例均采用境外公司在境内银行开立 NRA

账户，并获取境内银行表内贷款的融资模式。

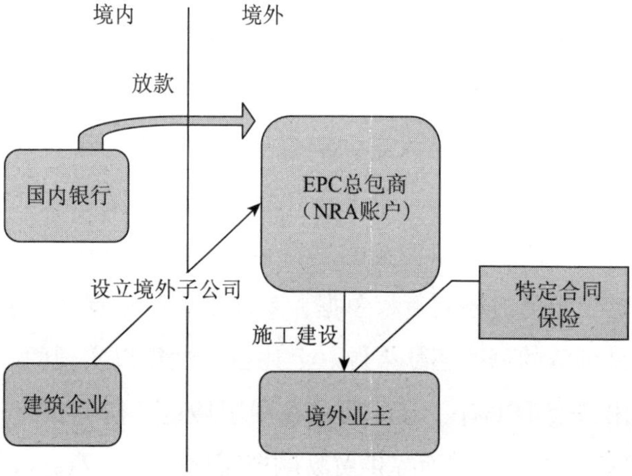

图 4-4　以 NRA 账户实现境外工程表内融资

我国某建筑公司在境外某国开展工程承包业务，为了便于承揽工程，该公司在当地注册了一个子公司。该境外子公司与境外业主签署了 EPC 合同，作为 EPC 总承包商来负责项目的设计、采购、施工建设及售后维保等工作。因该公司在当地注册时间较短，且由于工程承包行业的特点，公司属于“轻资产”公司，较难获取当地银行的授信支持。于是，该公司寻求境内母公司的支持，由于境内母公司资信较好，因此，寻求境内银行和中国出口信用保险公司的支持。中国出口信用保险公司出具“特定合同保险”，承担境外工程承包合同项下因政治风险或商业风险导致的应收账款损失。在此基础上，EPC 总承包商来境内银行开立 NRA 账户，境内银行为其发放了一笔“特险融资”。

通过本案例得到如下启示：第一，国际工程承包的商务模式。本案例中所采用的在项目所在国设立子公司，通过子公司来承揽境外工程项目的商务模式，在实务中时有发生。之所以由境外子公司作为 EPC 合同的总包方，可能出于多方面的考虑。比如，境外项目所在国的法律可能会要求，工程项目的投标公司必须为当地注册的法人。再比如，我国企业在全球开展工程承包业务，会在全球设立多家子公司，各境外子公司可以直接营销并承揽项目，中建公司便是这种模式的成功典范。还比如，跨国公司出于全球税收和利润的考虑，也会通过在各个国家设立子公司开展业务的模式。第二，“特险融资”助力境外工程承包合同的实施。在我国银行的跨境金融实务中，囿于全球授信的难度，国内银行较难直接为境外法人的工程项目提供融资。本案例中，在中国出口信用保险公司提供特定合同保险的前提下，境内银行为境外项目公司直接提供融资，化解了境外项目公司在当地的融资难问题。“特定合同保险”是中国出口信用保险公司为中国出口企业提供的、承担其出口商务合同项下因政治风险和商业风险导致的应收账款损失的保险产品，商务合同项下的出口标的物通常为机电产品、成套设备、高新技术产品等资本性货物、大宗贸易商品，或者境外承包工程以及与之相关的服务。本案例中，由于被保险人和项目业主均在境外，该保单属于全球保单，中国出口信用保险会对境外项目公司与境内公司的股权关系、EPC 合同的中国成分比例、业务背景等因素进行把关，进而出具保单。境内商业银行在保单基础上，进一步履行 KYC 职责后为 NRA 客户提供融资，为“走出去”企业海外项目的资金融通提供了便利，详见图 4-5。

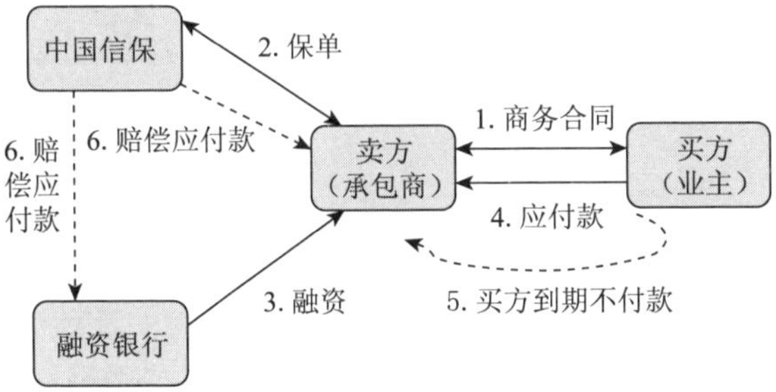

图 4-5　“特定合同保险”融资结构图

第四节　“NRA+”政策动向与业务实践

一、“NRA+”最新政策动向

2017 年 9 月，广东省人民政府发布了《广东省人民政府办公厅关于进一步推广使用 NRA 账户的通知》（粤办函〔2017〕569 号），通知指出广东省争取在中国（广东）自贸试验区内以“NRA+”为特殊记号开展本外币跨境业务创新试点。通知中提到，“近期，经深入调研和充分论证，并与国家有关部委沟通，我省明确进一步推广使用境外机构境内银行结算账户（NRA 账户）。”

本次广东省政府新政，是继 2017 年年初《中国人民银行关于全口径跨境融资宏观审慎管理有关事宜的通知》（银发〔2017〕9 号）将曾经占用跨境融资余额的外币 NRA 存款纳入豁免项，以及《国家外汇管理局关于进一步推进外汇管理改革完善真实合规性审核的通知》（汇发〔2017〕3 号）允许自由贸易试验区内外币 NRA 账户结汇后，进一步针对 NRA 账户的简政放权和推动金融创新的举措。星星之火可以燎原，新政或将以 NRA 账户和 NRA+账户为依托的本外币一体化跨境融资业务带来新的发展机遇。

在十九大期间，国家外汇局局长潘功胜表示，坚持国家对外开放战略不动摇，跨境贸易和投资便利化水平将继续提升。NRA+账户的创新方向适应国家提高对外开放水平，特别是促进跨境贸易和投资便利化水平的大方向，在扩大资本项目可兑换、跨境投融资本外币一体化管理、支持“一带一路”建设金融创新方面，采取务实有效的举措，以达到先行先试、引领创新方向的目的。

根据广东新政的总体要求，围绕粤港澳大湾区建设、深化粤港澳金融合作，将探索在本外币 NRA+账户相关融资业务、结售汇及外汇衍生品、本外币跨境资产转让、跨境资金池等方面陆续推出一系列改革举措和金融创新方案。而在这些金融创新中，融资业务作为最重要的一种金融资源运用方式，将备受瞩目。

二、“NRA+”业务创新实践

作为 NRA+账户创新的基础，NRA 账户已历经近十年的发展。广东省新政一方面肯定了 NRA 账户成熟的管理模式和运营机制，并倡导“积极引导、推动企业、金融机构等开设 NRA 账户，运用 NRA 账户开展跨境金融业务”；另一方面，要求“广州、深圳、珠海等市政府对下一步拟争取开展 NRA+账户试点创新业务的意见建议，请报送省金融办汇总研究。”

因此，作为国内银行向境外机构提供服务的主流体系，NRA 账户体系近年来得到了监管机构和市场主体的认可，围绕该体系的相关金融服务也取得了一定的发展。但是由于现有监管政策不够细化、本外币 NRA 账户的监管政策不同、政策的区域性特点明显等原因，此类业务并未在全国范围和大多数银行普遍开展。随着“一带一路”倡议带来的外币跨境融资需求增长，打通境内外、本外币、离在岸的融资通道，已成为推动 NRA+账户金融监管改革的现实需求。广东省 NRA+账户新政后的试点工作已陆续在广州、深圳等地开展，当地银行为境外法人提供贸易融资、流动资金贷款、并购贷款等业务正在探索中逐笔开展、积累经验、不断完善。在图 4-6 中，境外公司 B 是境内公司 A 的关联公司，境外公司 B 在境内银行开立 NRA+账户，依托境内公司 A 在境内银行的授信额度，或者提供法人保证、抵押、质押等担保方式，获取境内银行对境外公司 B 的本外币融资支持。这种业务创新实践，有效地解决了境外企业在境外授信难题。融资用途多样化，贷款可用于日常经营、境外项目、国际贸易、工程建设以及跨境并购等；融资币种本外币一体化，企业可根据实际情况选择人民币或外币贷款，降低汇率风险；企业还可以根据项目金额大小和实际需要，联络多家银行组建跨境银团。

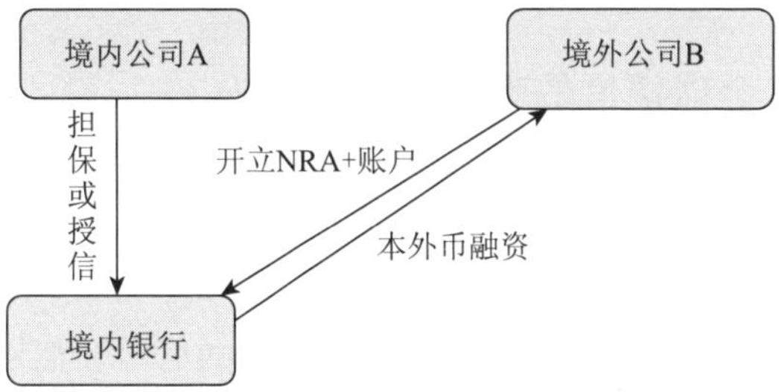

图 4-6 “NRA+”融资业务创新实践

这种先行先试的作用，对于推动本外币 NRA 账户监管一体化，以及基于本外币 NRA+账户的融资业务发展，具有重要的示范意义。更进一步，随着融资业务的创新发展，进而探索基于本外币 NRA+账户的跨境资产转让，以拓宽市场主体的资产跨境流转渠道，这将是中国在资本项目可兑换的改革方向上迈出更加坚实的一步。

第五节 NRA 业务展望

一、机遇：境外贷款的机遇

从本质上看，以 NRA 账户为载体的境外法人融资业务，是境内银行向境外提供商业贷款的业务。自“一带一路”倡议提出以来，中国的“走出去”企业的步伐明显加快。相应地，中国银行业在海外大举放贷，逐浪“一带一路”带来的新增长机遇。据华尔街日报报道，2016 年，中国四大行中的三家银行首次实现海外放贷额增幅高于国内企业贷款增幅。

2017 年，全国外汇市场自律机制秘书处曾联合《中国货币市场》和《中国外汇》举办“外汇展业原则”专题宣传，对境内商业银行的境外贷款业务给予关注。2018 年，全国外汇市场自律机制正式发布《银行境外贷款外汇业务展业规范》，从客户识别、客户分类、业务审核、风险提示、持续监控、银行境外贷款业务办理流程等方面制定了详细的规范性要求。可见，对于方兴未艾、潜力巨大的银行境外贷款业务，中国的官方和市场主体均给予了高度重视并表现出了较大兴趣。

二、挑战：全球授信的难点

从本章中介绍的国内商业银行目前所开展的基于 NRA 账户的银行境外贷款业务来看，国内银行为境外法人所提供的授信往往是基于贸易或工程背景的“跟单业务”，并且都是基于第三方金融机构的信用（信用证承兑银行或中国出口信用保险公司）。随着中国企业“走出去”步伐加快和中资银行全球化战略布局加快，基于“走出去”企业整个集团的信用、跨境交易记录和跨境交易背景等综合考量，进而提供授信品种更加丰富的“全球授信”业务，亟待取得实质性突破。简单而言，未来的境外法人 NRA 授信业务，应当从简单的“跟单业务”拓展至流动资金贷款、项目融资等广义的授信业务。

“全球授信”是境内银行对境外法人（非居民）直接给予授信支持，主要用于服务中资企业全球化战略布局，帮助其海外投资、海外销售、境外承包工程等业务，获取境内、境外两个市场的优质信贷资源。目前，国内商业银行的全球授信步伐一直比较缓慢，主要是因为存在诸多授信难点：一是对境外客户的 KYC 难度较大。境内银行较难开展境外法人的尽职调查（包括但不限于银行账户、商业记录、商业信誉等）。拥有较多海外分行的国有大行在这方面比中小股份制银行更有优势，但同样面临对当地营商环境的熟悉程度不够、对借款人综合调查的手段有限、开展难度较大等多重制约因素。二是境内外会计准则不一致。即便是在中国香港，其会计准则与国内商业银行所熟悉的中国内地会计准则存在差异，因此，国内银行对境外企业财务状况的评估，也存在一定难度。三是法律环境不同。各国法律存在差异。国内银行需聘用熟悉境外当地法律的律师事务所开展必要的法律审查工作，协助完成尽职调查，确保业务合法性。四是担保品处置难。由于不熟悉境外当地的法律法规和行政监管规定，国内银行对于境外房地产抵押、境外法人保证、机器设备抵押、公司股权质押、保险权益转让等担保品的接受程度不高。即便接受这些担保品，国内银行对于担保品的核保、贷后管理以及未来可能的处置等工作，都存在较大的难度。

尽管面临诸多困难，但国内银行探索“全球授信”的步伐从未停歇。比如，国有银行借助其遍布全球的海外分行逐步探索“全球授信”，通过境外分行协助完成尽职调查，境内、外分行通过直接切分客户授信额度等方式，开展了一些业务合作，但规模仍有限。本章中所列举的利用境外法人 NRA 账户开展贸易融资的探索，算是“全球授信”实践中风险较低的一类业务。该类业务主要依托 NRA 客户与境内客户的股权或其他关联关系，基于企业境内、外业务联动的贸易流，稳健开展表内外授信，不失为现阶段商业银行在“全球授信”领域的一项有益探索。

第五章　境外贷款业务新蓝海

第一节　境外贷款业务的历史性机遇

一、形势新变化

根据中国商务部的统计数据，自 2013 年“一带一路”倡议提出以来，我国每年对外投资额和对外工程承包新签合同额均保持同比较快增长。从数量级来看，中国每年对外新签工程承包合同额约 2000 余亿美元，每年新增对外投资额约 1000 余亿美元，对外工程承包新增合同额是对外投资新增额的 2 倍多。从图 5-1 可以看到，自 2016 年年底中国政府开始整顿非理性对外投资行为以来，我国企业的非理性对外投资行为得到遏制；2017 年，我国境内投资者共对全球 174 个国家和地区的 6236 家境外企业新增非金融类直接投资 1246. 3 亿美元，同比下降 32%。与此形成对比的是，多年来，我国对外工程承包新签合同额一直维持平稳增长态势。2017 年，我国对外承包工程业务新签合同额 2652. 8 亿美元，同比增长 8. 7%。2017 年，我国对外承包工程业务完成营业额 1685. 9 亿美元，同比增长 5. 8%。尤其引人注目的是，我国对“一带一路”沿线国家的对外承包工程增长迅猛，占我国对外工程承包市场的半壁江山。2017 年 1—10 月，我国在“一带一路”沿线国家新签对外承包工程合同额 1020. 7 亿美元，占同期我国所有对外承包工程合同总额的 55. 4%，同比增长 21%；完成营业额 575. 2 亿美元，占同期总额的 48. 5%，同比增长 9. 1%。

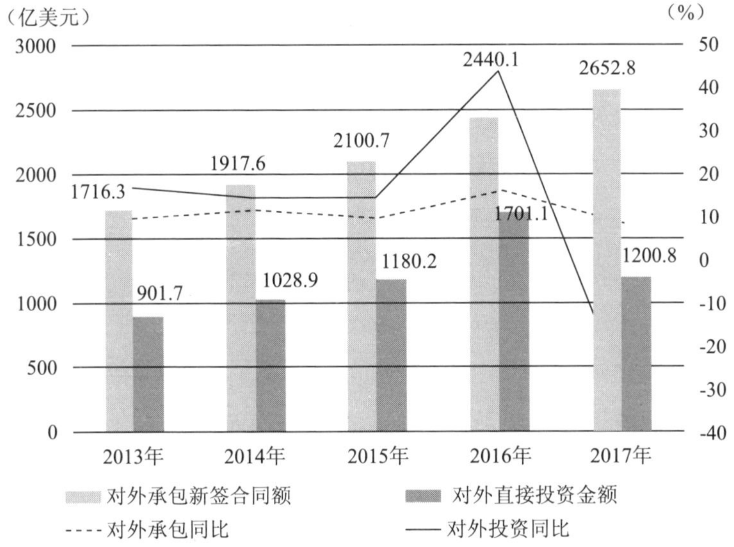

图 5-1　2013—2017 年我国对外承包工程与对外直接投资对照

上述对外投资和对外承包工程数据来自于我国商务部的统计口径。实际上，对外投资和对外承包工程密不可分。特别是近年来，随着“一带一路”倡议稳步推进，中资企业“走出去”步伐明显加快，中国的“走出去”已经从简单的“中国制造”出口和对外承包工程，转变为以“海外投资”拉动对外工程总承包、商品出口、劳务输出等复合型开放新局面。原因很简单，很多东道国的项目业主，更希望中国的项目承建方能够以一定的股本金参与到项目中来。作为境外项目股东的中方投资者和承建方，在项目建成后较长时期的运营期内，能够更加积极的以主人翁身份深度介入生产经营活动。中国企业在海外投资建厂、采矿、建设电站等项目中，投资回收期长、国别风险不确定、资金需求大。因此，在项目前期的技术可行性、经济可行性论证，以及项目设计、采购、施工及运营的全生命周期，中国企业更加科学、审慎和稳健实施该项目。这有利于“一带一路”行稳致远，提升中国作为负责任大国的国际形象。

据亚洲开发银行测算，未来 8~10 年，仅在基础设施建设方面，亚洲每年资金需求将达 7300 亿美元，世界银行的测算更高达 8000 亿美元。而亚洲开发银行和世界银行这两家最大的国际金融机构，每年在亚洲基础设施的投资总额仅约300亿美元。目前，亚洲已经成为世界经济增长的重要引擎，但仍然面临诸多挑战，亚洲地区大多数是发展中国家和新兴经济体，经济建设和社会发展资金需求缺口大、融资需求层次多、可持续性要求高。

巨大的缺口带来巨大的商机。经过40年的发展，中国在基础设施建设方面已经积累了非常多的成功经验，在公路、桥梁、隧道、铁路等方面的工程建造能力在世界上首屈一指。如何将中国的优势对接国际工程承包市场的巨大需求？“一带一路”倡议给出了答案。从五年的实践来看，在基础设施互联互通、国际产能合作等方面，“一带一路”建设已经取得了举世瞩目的早期成果。反映在业务数据上，便是上文数据所展现出来的我国对外工程承包市场的稳步增长，特别是对“一带一路”沿线国家对外工程承包市场的快速增长。相应地，对外工程承包项目的增长，势必给商业银行的境外贷款业务带来巨大的历史性机遇。诸如中老铁路、肯尼亚蒙巴萨至内罗毕铁路、巴基斯坦瓜达尔港、中国—中亚天然气管道、埃塞俄比亚亚的斯亚贝巴—吉布提铁路等众多基础设施互联互通、国际产能合作等项目，都离不开中国的银行融资。“一带一路”倡议的几个重点领域都是商业银行境外贷款业务所重点支持的行业，包括基础设施互联互通（铁路、公路、机场、管线、通信网络）；经贸合作（大型设备出口、经贸合作区建设）；产业投资合作（装备制造业走出去、优势产能转移、农业走出去）；能源资源合作（油气、电力、煤炭、矿产资源）等。随着“一带一路”倡议不断深入人心，中国的对外工程承包市场方兴未艾，越来越多的境外项目亟待实施，商业银行的境外贷款业务前景广阔。

二、政策新动态

中国对外工程承包的蓬勃发展，离不开国家政策的支持，特别是商务部多次简政放权，不断释放政策利好，为中国对外工程承包市场持续注入增长活力。这些政策便利主要有：

一是取消主体资格审批。2017年9月27日，《商务部关于废止和修改部分规章的决定》（商务部令2017年第3号）以及2017年9月27日《商务部办公厅、海关总署办公厅、质检总局办公厅关于做好对外承包工程资格审批取消后有关政策衔接工作的通知》正式取消了对外承包工程资格审批，企业初次从事对外承包工程业务，通过“走出去”公共服务平台或商务部业务系统统一平台，上传企业基本信息，获得平台用户名及密码。

二是加强事中事后监管。取消主体资格审批后，2017 年 10 月 26 日《对外投资合作“双随机一公开”监管工作细则（试行）》要求对境外投资、对外承包工程、对外劳务合作开展随机抽查。比如，对外工程承包检查包括：①对外承包工程企业是否足额缴纳备用金；②对外承包工程企业是否及时报告业务开展情况、报送统计资料；③对外承包工程企业在境外与业主签订合同后，是否及时向驻外使（领）馆报告登记；④对外承包工程企业是否建立健全并严格执行工程质量和安全生产管理制度；⑤根据管理需要确定的其他事项。

三是取消项目核准。2017 年 11 月 22 日，商务部办公厅印发《关于做好对外承包工程项目备案管理的通知》（商办合函〔2017〕455 号）。该文件正式取消了适用多年的对外承包工程项目“投（议）标核准制”，对一般项目实行备案管理，通过“商务部业务系统统一平台——对外投资合作信息服务——对外承包工程数据库系统”在线填报《对外承包工程项目备案表》进行报备。文件自 2017 年 12 月 1 日起施行，作为中国对外经济合作领域的一项重要的“简政放权”措施，取消对外承包工程项目“投（议）标核准制”，具有重要的意义。

如何评价中国政府对外工程承包领域“简政放权”所释放的政策利好呢？

首先，敢于“放权”，是监管者心中有底的表现。作为中国“走出去”战略的重要组成部分，对外承包工程是我国企业参与国际市场竞争与合作的一种主要形式。中国政府对此类业务的战略意义和业务特征理解非常深刻，对其监管逻辑和监管手段也非常成熟。在多年的业务实践中，无论是商务主管部门、外交部、我驻外使馆经济商务参赞处、中国对外承包工程商会，还是中国出口信用保险公司、各家工程承包企业、各家融资银行，都比较熟悉监管规则。境外工程承包项目，离不开我国官方和行业协会的政策监管和行业导向，离不开政策性保险公司的保驾护航，更离不开商业银行的融资支持。每一个项目的成功实施，都经过了这些相关参与方的严格把关和深度参与，因此，对外工程承包市场是一个比较成熟的市场，遵循比较规范的操作惯例。

商务部取消“投（议）标核准制”，体现了监管者的监管自信和对市场有序发展的信心。基于多年的业务监管实践，我们有理由相信，简政放权措施不会出现“一管就死、一放就乱”的局面，而是会形成以“放权”促发展的良性发展趋势。

其次，简政放权是支持“一带一路”建设的重要举措。基础设施互联互通，是“一带一路”倡议的重要组成部分。越来越多的中国企业积极投身到“一带一路”沿线国家的基础设施建设中去，为改善当地基础设施水平、提高当地人民福祉、增进两国人民友谊发挥了重要的桥梁作用。商务部是我国对外承包工程的业务主管部门，通过取消“投（议）标核准制”来简化中国企业参与境外项目招（投）标的流程，缩短行政审批/核准/备案时间，这在一定程度上增强了中国企业的竞标能力，提高了获取项目的可能性，有利于进一步巩固中资企业在国际工程承包市场上的优势地位，带动更多优质的中国产品和服务在“一带一路”沿线国家和地区生根发芽。

最后，简政放权并不意味着准入门槛降低。对外投资与对外工程承包是紧密联系、不可分割的两类业务，两者相互补充、相互促进，共同推动“一带一路”建设，深化国际产能合作。中国企业的“走出去”已经由传统的货物、服务出口，转化为“以对外投资拉动对外工程承包”的复合型对外开放新局面。早在2014年，国家发改委就对境外投资项目的核准和备案管理工作进行了大幅度的“简政放权”，给予市场主体更多的自主选择权和更宽松的监管环境。2017年8月，针对近年来一些盲目、非理性对外投资现象频发的现状，监管层进一步出台了明确的指导意见，及时遏制不合理投资行为。那么，本次对外工程承包领域的核准制改为备案制，是否会发生类似的现象？笔者认为，大可不必担忧。一方面，境外工程的中标是否，更多地取决于中国企业的实力，而非中国的投（议）标行政许可制度。中国政府放松对中国企业参与境外工程项目招（投）标的行政监管，确实增加了中国企业中标的几率，但境外业主在评标过程中，更看重承包商的施工资质、股东背景、海外项目经验、获取融资的能力等硬实力。中资企业的内在基本功，才是能否中标的关键。因此，商务部的简政放权，并不会造成中国对外工程承包市场良莠不齐、鱼龙混杂的盲目增长局面。另一方面，简政放权后的事后监管措施，为新的备案制保驾护航。对外承包工程关于东道国当地民生，也是中国经济外交的重要内容，代表了中国作为负责任大国的国际形象。多年来，中国监管层为应对海外施工项目竞标过程中资企业间低价盲目竞争而形成的协调机制，为防范和解决工程质量问题而作出的外交努力等，都体现了“外交无小事、商务无小事”的大国担当。商务部本次施行的备案制，同样对诸如施工企业资质、近2年境外主要业绩、国别地区分布情况、近3年受奖励与处罚情况、发生重大质量和安全事故情况、发生劳务纠纷情况等具体情况予以把关，并对备案的项目开展“双随机、一公开”抽查（随机抽取检查对象、随机选派执法检查人员、及时公开抽查情况和查处结果），切实保障对外工程承包市场健康、有序发展。

由此可见，中国的对外工程承包市场是一个比较成熟的市场。商务部通过“简政放权”释放政策利好，鼓励中国的“走出去”企业积极拓展国际工程承包市场，支持“一带一路”建设。未来市场前景非常广阔，必然给商业银行的境外贷款业务带来巨大的历史机遇。

三、“一带一路”金融创新

2016年8月，中央推进“一带一路”建设工作座谈会明确提出，“一带一路”建设是我国今后相当长时期对外开放和对外合作的管总规划。“管总规划”的定位，表明了“一带一路”建设在对外开放和对外合作中的统领性特征。站在改革开放40周年的“新时代”历史方位上，我们必须清晰地认识到，“一带一路”在未来的对外开放和对外合作中起统领作用，具有战略性的全局意义。

2017年7月召开的第五次全国金融工作会议进一步明确要求，推进“一带一路”建设金融创新，搞好相关制度设计。在通篇强调“金融安全”的本次全国金融工作会议中，作为唯一一处提到的“金融创新”，实属不易。同时，也充分说明了中央对于金融支持“一带一路”建设的高度重视。可以理解为，这是“管总规划”在金融领域贯彻落实、发挥金融在“一带一路”建设中引领作用的具体要求。银行业金融机构、出口信用保险机构和“走出去”企业都应该深入研究“一带一路”金融创新的体制机制、产品结构和操作流程，切实发挥各方合力，开创新时代“一带一路”金融创新的新局面。

（一）金融支持“一带一路”建设的模式

自1919年英国政府成立出口信用担保（ECGD）为本国出口提供信用保险和担保服务以来，一百年间出口信用保险在全球各国生根发芽、蓬勃发展，极大地促进了各国出口贸易的发展和全球经济发展。时至今日，全球各主要国家均已经成立了官方出口信用保险机构（ECA），并通过与融资银行、出口企业合作，以“出口信贷+中长期出口信用保险”的方式，支持本国出口企业对外输出资本性货物、成套设备和在境外开展各类工程项目。为了更好地支持我国“走出去”企业开拓国际市场，在加入WTO后不久，我国政府于2001年12月成立了中国出口信用保险公司（以下简称“中信保公司”）。作为我国的官方出口信用保险机构（ECA），中信保公司受国家委托，独家开办中长期出口信用保险业务。

在中信保公司提供中长期出口信用保险的基础上，国内银行为中国“走出去”项目提供出口信贷融资支持，是当前及未来较长一段时期金融支持“一带一路”建设的主流模式。中信保公司作为国家推进“一带一路”建设工作领导小组成员单位，通过积极扩大出口信用保险覆盖面，为我国货物、技术、服务出口，以及海外工程承包、海外投资项目提供全方位风险保障，在支持“一带一路”建设、促进国际产能合作、培育国际经济合作和竞争新优势、推动经济结构优化等方面发挥了不可替代的作用。在这种主流模式下，融资银行所提供出口信贷的类型，取决于中信保公司承保的中长期出口信用保险类型，主要有出口买方信贷保险、出口卖方信贷保险、出口延付合同再融资保险、海外融资租赁保险四个保险品种。中长期出口信用保险的期限通常不超过15年。在这几种保险类型中，最常应用于“一带一路”建设项目的便是出口买方信贷保险和和基于该保险由银行提供的出口买方信贷。

除了中长期出口信用保险，为了适应近年来中国投资者广泛开展对外投资和国际经济合作的新形势，特别是对外投资拉动境外工程承包的新局面，中信保公司还提供相应的政策性保险险种——海外投资保险。海外投资保险为中国的投资者及金融机构因投资境外东道国发生的征收、汇兑限制、战争及政治暴乱、违约等政治风险造成的经济损失而提供风险保障，承保业务的保险期限不超过20年。在海外投资保险的基础上，中国的商业银行为境外投资项目提供融资，也成为一种金融支持“一带一路”建设的新兴模式。

从业务数据来看（详见图5-2），“一带一路”倡议提出以来的2013—2017年，中信保公司的中长期项目险和海外投资保险承保额每年均保持持续增长。这与国家高度重视中长期险项目密不可分。在《国务院关于促进外贸回稳向好的若干意见》（国发〔2016〕27号）的“第一条　充分发挥出口信用保险作用”中提到，“在风险可控的前提下，抓紧评估和支持一批中长期险项目。”中信保总公司贯彻落实国务院要求，加大了对各分公司项目险业务的考核力度，要求各地在重视短期贸易险的同时，要提升中长期项目险的比重。在很多省份，中信保公司还积极协调省、市两级财政，给予当地企业的海外投资保险保费补贴，降低了企业的保费负担。这些举措都较好地促进了中长期项目险和海外投资保险的普及和推广。

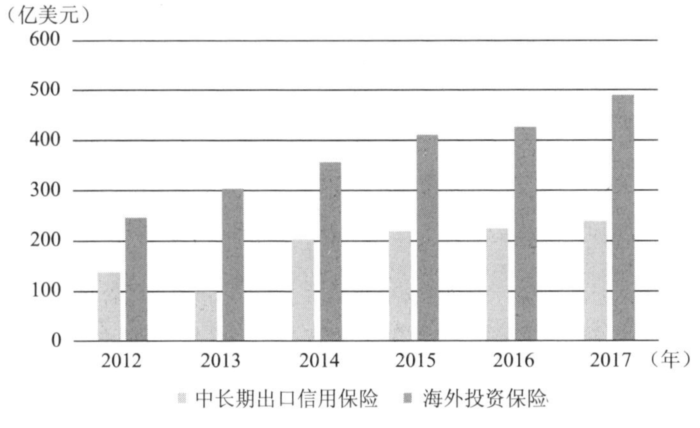

图5-2　2012—2017年中信保公司中长期项目险和海外投资保险历年承保额

2018年9月10日，中国出口信用保险机构政策性职能履行评估报告在京发布。2013年以来，国务院发展研究中心和中信保公司共同开展出口信用保险政策性职能履行评估课题研究。根据该报告，2017年中信保公司出口信用保险拉动我国出口金额超过6000亿美元，占同期出口总额的26.6%，对GDP的贡献率为4.9%。对“一带一路”建设支持作用突出，对企业面向沿线国家的出口和投资的承保金额达1298.5亿美元。在支持企业开拓市场方面，中信保公司出口信用保险对我国向新兴市场出口的覆盖面达23.74%，同比提高0.92个百分点；对新兴市场业务的承保金额占全年出口信用保险承保金额的46.60%，同比提高0.89个百分点。

（二）推进“一带一路”建设金融创新的必要性

自2013年“一带一路”倡议提出以来，国内主要银行、中信保公司和“走出去”企业紧密合作，不断丰富政策性保险产品结构、融资方案设计，推动了一大批具有影响力的境外项目落地，正在逐步形成具有中国特色的“一带一路”融资新局面。但是我们仍应该看到，“一带一路”建设任重道远，当前金融支持力度还有很大的提升空间，所以中央要求推进“一带一路”建设金融创新、搞好相关制度设计，仍具有时代紧迫性和较强的现实指导意义。

首先，金融引领作用仍显不足。

“兵马未动，粮草先行”。“一带一路”建设项目往往合同金额较大、实施周期较长，离不开中长期融资支持。在很多重大项目决策和开展境外实质性工作前，实施企业必须提前与国内金融机构就融资方案达成一致。有时候，能否获得银行融资，甚至成为“走出去”企业能否中标境外项目的决定性因素。从当前中信保公司和商业银行为“一带一路”项目提供金融服务的现状来看，金融发挥了很好的先导和引领作用，在很多项目上与“走出去”企业形成了较好的协同，推动了境外项目开拓和商务工作开展。但由于境外项目的复杂性，也有很多企业表示，金融的先导、引领和支持作用发挥得还不够充分，对“一带一路”建设的整体金融服务水平需要进一步提升。因此，金融服务如何更加主动地发挥对“走出去”项目的引领作用，以跨境金融撬动境外项目，成为摆在国内金融机构面前的重要课题。

其次，金融资源的区域分布不平衡。

一方面，“一带一路”融资支持存在明显的区域不平衡性。国内银行为“走出去”企业提供的出口信贷支持主要集中在北京、上海、广东等几个经济发达省区市。在很多省份，特别是中西部省份，很多银行的省级分行对于如何利用好出口信用保险资源和信贷资金支持当地企业“走出去”缺乏业务经验，这与全国各地“走出去”企业广泛参与“一带一路”建设的局面不符。有些具备良好施工资质和丰富境外项目实施经验的地方国有企业和民营企业，多年来与境外业主签署“现汇合同”开展对外工程承包项目，未能获得出口信贷支持，制约了企业的发展。出口信贷未能广泛开展，成为很多地区“走出去”企业获取境外项目和开展国际化经营的瓶颈。另一方面，出口信用保险资源分布也略有不均衡。在“一带一路”倡议提出初期，中信保公司在北京的三个总部营业部每年为“走出去”项目提供的中长期出口信用保险承保额，约占全国七八成。近几年来，中信保公司加大对各省市营业机构的业务培训和指导，并抽调总部经验丰富的干部员工到中西部地区工作，这一局面有所改观。很多中西部省市的营业机构在培育了一批优质境外项目的同时，也培养出了一批涉外业务人才，为未来更好支持当地企业参与“一带一路”建设奠定了基础。但与北京总部和发达省区市营业机构相比，中西部机构的人员力量仍显单薄，业务经验有待丰富。

最后，金融风险管控能力需持续提升。

出口信贷金融服务方案的提供方是国内承贷银行和中信保公司，因而金融风险管控主要是贷款的信用风险和保险的赔付风险。以“一带一路”建设项目中应用最多的出口买方信贷为例，中信保公司承担境外项目所在国的政治风险以及借款人拖欠银行贷款、借款人破产解散的商业风险，赔偿比例一般为损失金额的95%，银行只保留5%的风险敞口，实际上是中信保公司承担了该笔贷款的绝大部分风险。这对中信保公司的国别风险以及境外项目的商务风险管控能力提出了较大的考验。由于项目实施地在境外，所面临的政治环境、法律环境、营商环境等存在很多不可控因素；无论是中信保公司，还是国内融资银行，对项目实施过程中的风险管控措施和手段，远不及境内项目。在“一带一路”建设中，中信保公司和融资银行通力协作，持续提高金融风险管控能力，是金融创新不可忽视的一个重要方面。

第二节 境外贷款的主要产品概览

一、主要融资产品及用途

商业银行境外贷款属于商业性质的信贷资金。信贷品种包括流动资金贷款、跨境并购贷款、出口信贷、基于海外投资保险的融资等。本章重点介绍近年来发展较快、支持“一带一路”建设的融资品种，即出口信贷和基于海外投资保险的融资。我们先从2018年9月中非合作论坛北京峰会上，中国政府宣布的600亿美元中非合作资金安排谈起。

（一）从中非合作600亿美元谈起

中国国家主席习近平在主旨讲话中提出，中国愿同非洲国家密切配合，未来3年和今后一段时间重点实施“八大行动”，涵盖产业促进、设施联通、贸易便利、绿色发展、能力建设、健康卫生、人文交流以及和平安全。为推动“八大行动”顺利实施，习近平宣布，中国愿以政府援助、金融机构和企业投融资等方式，再向非洲提供600亿美元支持。

融资难一直是制约非洲经济发展的重要因素。本次北京峰会上宣布的600亿美元资金支持，主要包括四类资金，分别是：提供150亿美元的无偿援助、无息贷款和优惠贷款；提供200亿美元的信贷资金额度；支持设立100亿美元的中非开发性金融专项资金和50亿美元的自非洲进口贸易融资专项资金；推动中国企业未来3年对非洲投资不少于100亿美元。

接下来，针对上述四类资金进行重点分析。按照资金性质属于债权还是股权，可以分为两大类：信贷资金和投资资金。前两种属于具有融资性质的信贷资金，即中国资金方对非洲的债权。第三种专项资金，可能既包括股权也包括债权。第四种则属于中国企业对非洲的股权投资。

第一类，150亿美元具有援助性质的资金。结合一个小案例便能讲清楚这个问题。近日，南太平洋岛国汤加首相兼外长波西瓦就曾提出一个诉求，想让中国政府免除中国进出口银行对它的1.17亿美元贷款，即“主权债务减免”。一般而言，中国政府对外提供的援助贷款主要包括无息贷款和优惠贷款，其中优惠贷款是通过政策性银行——中国进出口银行来具体管理的，包括贷款的发放和本息回收等。本次北京峰会上中国政府拟对非洲提供的第一种类型150亿美元资金便是对外援助性质的，包括无偿援助、无息贷款和优惠贷款。但是，这150亿美元对外援助，就一定能够减免吗？当然不是。比如，汤加政府要求减免的债务，系中国进出口银行为其提供的优惠贷款。一般而言，按照国际惯例和外援政策，中国的债务减免只针对最不发达国家，且只针对无息贷款。因此，汤加政府欠中国进出口银行的优惠贷款不在减免范围内。同理，本次峰会600亿美元中的第一类150亿美元对外援助资金，未来也不是轻易就能减免的。

第二类，200亿美元信贷资金额度，在四类资金中规模最大，属于纯商业性质的信贷资金，由借贷双方按照市场原则，在平等自愿、价格公允的基础上，商洽而定。此类信贷业务中，即便借款人是主权国家的政府，即“主权信用贷款”，也要遵循市场规则，“有借有还、再借不难”。“主权信用贷款”是什么？具体而言，中国的商业银行在支持中国“走出去”企业开展的很多境外项目中，可直接向东道国政府提供“主权信用贷款”，比如某国财政部直接向我国商业银行申请主权信用贷款，贷款资金用于中国“走出去”企业为该国实施的基础设施建设项目。特别是“一带一路”倡议提出以来，中国的商业银行积极开展出口买方信贷业务，很多出口买方信贷融资协议的借款人便是境外主权国家的政府。这种主权信用贷款的利率，由借贷双方按照市场原则商定，通常要高于上述具有援助性质的无息贷款和优惠贷款。出口买方信贷，日益成为中国银行界支持“一带一路”项目的主流模式。第二种类型的200亿美元信贷资金额度中，预计大部分通过出口买方信贷的形式实现。在出口买方信贷业务中，中国的官方出口信用机构（ECA）——中信保公司发挥着至关重要的作用。中信保公司为中国的银行提供出口买方信贷保险，保险标的便是中国的银行为境外借款人（可以是主权政府，也可以是私人企业）发放的出口买方信贷本金及利息。因此，出口买方信贷被中国的银行界认为是风险较低的一类中长期融资方式。我们有理由预计，伴随着中信保公司的承保进度，中资银行将积极参与第二类型的200亿美元信贷资金投放，并有可能成为600亿美元资金盘子中最快得以落实

的部分。（注：2017年，中信保公司承保的包括出口买方信贷保险在内的中长期出口信用保险高达239亿美元）

第三类，150亿美元专项资金是中非双方广泛合作的“开发性金融”。其中100亿美元“中非开发性金融专项资金”拟由国家开发银行具体承办，将采取市场化、国际化运作，相关项目需通过国开行贷款评审，成熟一个运作一个，不对具体国家和行业设定额度计划。专项资金将通过公司贷款、项目融资、非洲中小企业专项贷款、中非基金投资、融资租赁等多种方式，重点支持非洲基础设施、工业化、装备制造、中小企业发展等领域的重大项目。因此资金性质可能既包括股权资金，也包括债权资金。此外，2018年9月5日，国家开发银行联合非洲的16家银行成立了“中非银联体”，并在京签署了《中非金融合作银联体成立协议》，标志着中国与非洲间首个多边金融合作机制成立。此举被认为是金融界落实中非论坛北京峰会的重要成果，对未来非洲的开发建设，提供金融支持。国家开发银行在非洲业务经验比较丰富。早在2006年的中非论坛北京峰会上，中国政府便宣布设立中非发展基金，由国家开发银行承办，基金初始设计规模50亿美元。2015年中非论坛约翰内斯堡峰会宣布增资至100亿美元。中非发展基金是中国第一支专注于对非投资的股权基金。由此可见，国家开发银行在推动中国企业赴非洲投资和融资方面，发挥了积极作用。本次北京峰会期间，国家开发银行再次牵头与非洲的16家银行成立联合体，相信定会对未来非洲的建设起到更大的促进作用。

第四类，属于股权资金。未来3年，中国企业将陆续赴非洲开展100亿美元投资。众所周知，债权融资属于“欠债还钱、天经地义”，但是股权投资属于“投资有风险、风险须自担”，100亿美元属于中国企业的股权资金。近年来，中国企业“对外投资”趋于理性和成熟，对投资项目的评估也更加关注经济可行性，更加重视对东道国社会、环境等诸多方面的影响。中国企业作为投资方，与非洲东道国一道，共同参与当地的项目建设和后续运营，提升非洲人民福祉，充分体现了中国作为负责任大国的态度。

综上，600亿美元资金既有股权又有债权，堪称中非双方合作的互惠互利之举。这四类资金，基本囊括了当前跨境金融支持“一带一路”建设的主要模式。本章中介绍的银行境外贷款业务属于债权资金，即上述第一种和第二种类型。而第一种贷款具有援助性质，主要由政策性机构来实施。所以，本章重点介绍的境外贷款便聚焦于第二类信贷资金，即商业性质的信贷资金。

（二）境外贷款品种及用途

商业银行境外贷款属于商业性质的信贷资金。在我国银行界开展的诸多境外贷款品种中，出口信贷和海外投资项目的融资近年来发展较快，日益成为支持“一带一路”建设的主要融资品种。本章将在第三节介绍出口信贷，第四节介绍海外投资项目的融资。这两个信贷品种绝大多数基于中信保公司项目险产品的中长期信用保险和海外投资保险（详见图 5-3）。

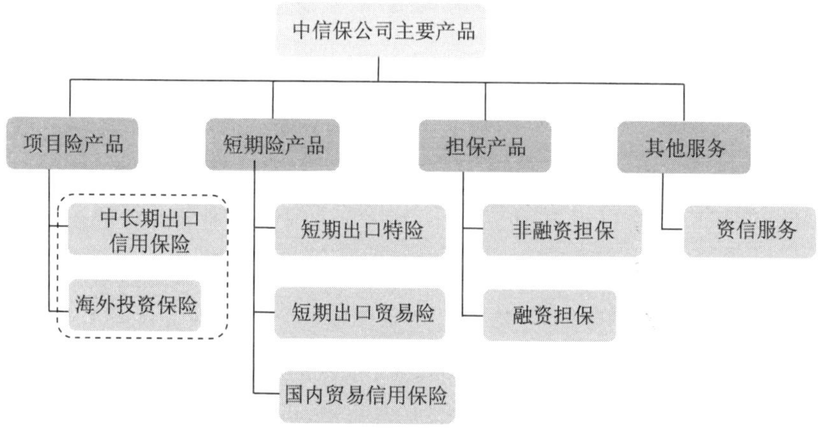

图 5-3　中信保公司主要产品

出口信贷（Export Credit）是一种国际信贷方式。它是一国政府为支持和扩大本国大型设备等产品的出口和对外工程承包项目，对出口方给予利息补贴、提供出口信用保险及信贷担保等方式，鼓励本国的银行或非银行金融机构对本国的出口方或外国的进口方（或其银行）提供利率较低的贷款，以解决本国出口方资金周转困难或满足国外进口方支付货款需要的一种国际信贷方式。从广义上讲，出口信贷分为出口买方信贷和出口卖方信贷。出口买方信贷的借款人是境外买方（进口方）；出口卖方信贷的借款人是国内卖方（出口方）。国际上，在一个国家的出口信贷发展初期，卖方信贷占比较高，因为融资银行和借款人都在本国国内，方便操作。随着出口信贷的成熟，目前大多数发达国家的买方信贷占比已经达到90%~100%。在20世纪90年代中国出口信贷起步阶段，卖方信贷占比90%以上；截至2007年年底，中国出口信用保险公司承保下的出口买方信贷已超过出口信贷总额的50%。目前，出口买方信贷已经成为我国银行界出口信贷的主流，占据绝大部分市场份额。

早在1978年，经济合作与发展组织（OECD）就出版了第一版《官方支持出口信贷的安排》（简称“君子协定”），成为各国官方出口信用机构（Export Credit Agency，简称“ECA”）支持本国出口、商业银行开展出口信贷业务遵循的国际惯例。因此，出口信贷也称作“ECA贷款”。中国唯一的官方出口信用保险机构——中国出口信用保险公司便是专营中长期出口信用保险的机构。中国银行业所开展的出口信贷业务，通常都基于中信保公司的中长期出口信用保险。中长期出口信用保险是中信保公司主营业务中项目险板块最重要的险种（详见图5-3）。目前，中长期出口信用保险分为四个险种：出口买方信贷保险、出口卖方信贷保险、出口延期付款合同再融资保险和海外融资租赁保险（详见图5-4）。因此，中国银行业所开展的出口信贷业务也主要是上述四个品种，以第一种出口买方信贷最为常见，是当前出口信贷市场的绝对主流。出口卖方信贷虽然操作便利，但是在人民币升值背景下，汇率损失将由出口企业承担，且增加出口企业的资产负债率，因而近些年开展并不多。出口延期付款合同再融资保险与海外融资租赁保险属于中信保公司近年来新推出的产品，目前并未在大多数银行和全国范围普遍开展。比如，海外融资租赁保险主要在广州、深圳等地区开展。

海外投资项目的融资，主要有跨境并购贷款和基于中信保公司海外投资保险的融资两种形式。先看第一种形式的贷款。所谓跨境并购贷款，是指中国境内的银行向国内的并购方或其在境外设立的实体提供融资，用于收购境外目标公司的股权或资产。理论上讲，若并购项目本身的现金流（即第一还款来源）足够覆盖银行贷款本息，那么融资银行可以不要境内的担保，这就是纯粹的项目融资。但现实情况是，由于境外项目的复杂性，纯项目融资并不多，而通常采用的融资结构中，第二还款来源仍较为重要，比如境内提供法人保证、房产抵押、股票质押、个人连带责任保证担保等。在并购贷款中，由于资金方境内银行提供了融资，因此，一般会要求企业将买过来的境外公司股权和项目资产全部质押/抵押给银行。如果是投资到高风险国家，银行往往还会要求企业投保中信保公司的海外投资险，以规避战争、暴乱、征收、汇兑限制、政府违约等政治事件。接下来看第二种形式的贷款。基于中信保公司海外投资保险的融资，所支持的境外投资行为，要比跨境并购贷款更加广泛。根据《商业银行并购贷款风险管理指引》的通知（银监发〔2015〕5号），“本指引所称并购，是指境内并购方企业通过受让现有股权、认购新增股权，或收购资产、承接债务等方式以实现合并或实际控制已设立并持续经营的目标企业或资产的交易行为。”也就是说，跨境并购贷款只能支持收购境外已经设立并持续经营的标的公司，而基于中信保公司海外投资保险的融资，除了可以支持并购交易外，还可以支持新设公司，比如中方投资者直接投资建厂、购买矿权并开发、与境外业主合资新建电站等。海外投资保险是中信保公司专门用于支持中国对外投资项目的政策性保险。中长期项目保险主要用于支持中国的产品出口或工程承包或融资租赁，可以理解为简单的产品、服务出口，对应着国际收支账户的经常项目。而海外投资保险所支持的项目，必须有中国投资者的股权在其中，对应着国际收支账户的资本项目。海外投资保险又分为股权保险和债权保险，其中债权保险又分为股东债权保险和金融机构债权保险。（详见图5-4）

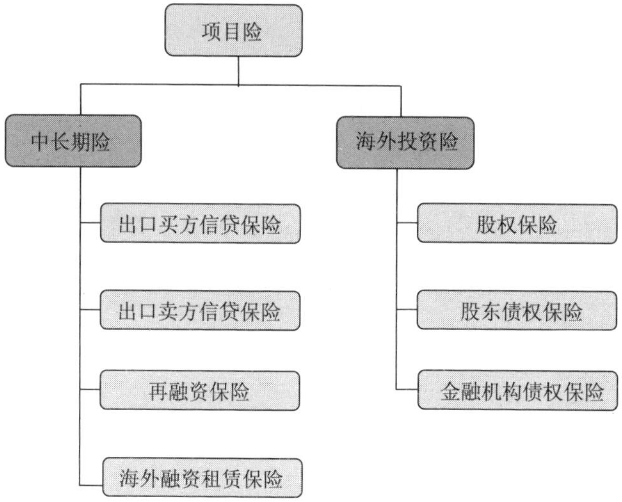

图5-4　项目险主要产品

下面的表5-1对境外贷款的品种和用途进行了简要的总结和归纳。通过这些贷款品种，中国的商业银行为中国“走出去”企业的境外项目提供融资支持，行业分布以电力生产和供应业（约占44%）、土木工程建筑业（约占15%）和交通运输设备（车辆、船舶）制造（约占14%）为主，其余一些占比不足10%的行业主要有专用设备制造业以及电子信息设备及产品制造业等。

表5-1　境外贷款品种及用途

境外贷款品种	对应保险品种	贷款用途
出口信贷	出口买方信贷保险	银行等金融机构直接向境外借款人提供融资，以支持境外业主在项目建设中应付中国承包商的工程款，或支持境外进口商购买中国货物所需货款。银行将贷款资金支付给中国的出口商或承包商。中信保公司承保银行贷款本息的还款风险，促进银行贷款发放。
	出口卖方信贷保险	出口商与进口商签署中长期延付型商务合同，出口商垫资。中信保公司承保合同垫资款收款风险，促进双方签署合同。银行为出口商发放出口卖方信贷融资。
	出口延付合同再融资保险	续出口卖方信贷保险信贷保险，项目建设完成后，出口商一次性卖断应收款给中国的银行。中信保公司承保应收款债权风险，促进银行买入应收款。
	海外融资租赁保险	在海外租赁方式下，中信保公司向金融机构提供用于保障其应收租金安全的保险产品——海外租赁保险（银行为被保险人）。该保险为银行融资提供了租赁项目所在国政治风险及承租人信用风险的风险保障。基于此，银行为出租人提供融资。
海外投资项目的融资	跨境并购贷款可无需投保	中国境内的银行向国内的并购方或其在境外设立的实体提供融资，用于收购境外目标公司的股权或资产。目标公司是境外已经设立并持续经营的标的公司。
	海外投资保险	海外投资保险保障投资人以股东贷款形式在项目中的债权权益以及金融机构以贷款形式在项目中的债权权益，或保障投资人在项目公司中以所有者权益、未分配利润形式体现等股东权益。基于海外投资保险，银行权衡风险与收益，或要求其他风险缓释措施后，提供融资。

二、主要融资产品对比

从境外贷款的主要产品和用途可以看到，除了并购贷款可以选择不投保中信保公司的保险之外，其他贷款品种均基于保险。因此，保险的保障范围和保障比例对于银行融资的重要性就不言而喻了。下面对项目险的保险品种进行简要比较，详见表5-2。

表5-2 项目险主要品种对比表

<table>
<tr><th colspan="2">保险品种</th><th>保险标的</th><th>被保险人</th><th>保障的损失（损失）</th><th>保障的风险（损因）</th></tr>
<tr><td rowspan="4">中长期出口信用保险</td><td>出口买方信贷保险</td><td>贷款协议（本金及利息）</td><td>贷款行</td><td>贷款行无法收回贷款的损失</td><td rowspan="3">政治风险：汇兑限制、贸易禁运或吊销进口许可证、颁布延期付款令、战争、动乱、恐怖主义行动及保险人认定的其他政治事件。
商业风险：债务人拖欠贷款协议/商务合同项下的应付款；债务人破产、解散。</td></tr>
<tr><td>出口卖方信贷保险</td><td>延付商务合同（延付金额及利息）</td><td>出口方</td><td>出口方无法收汇的损失</td></tr>
<tr><td>出口延付合同再融资保险</td><td>应收款凭证（应收款本金和利息）</td><td>应收账款买断行</td><td>应收账款买断行无法收回应收账款的损失</td></tr>
<tr><td>海外融资租赁保险</td><td>租赁协议/融资合同（应收租金本金及利息）</td><td>出租人/融资银行</td><td>出租人/融资银行无法收回租金的损失</td><td>政治风险：承租方或项目所在国发生战争、征收、汇兑限制等政治事件导致被保险人应收租金或租赁合同终止款发生损失。
商业风险：承租人因不可抗力以外的原因，未能按期向出租人支付《租赁协议》中所约定租金的行为；承租人破产、解散。</td></tr>
<tr><td rowspan="3">海外投资保险</td><td>股权保险</td><td>股权投入（股本及收益）</td><td>股东</td><td>股东投入的损失</td><td>政治风险：征收、汇兑限制（汇出）、战争、违约。</td></tr>
<tr><td>股东债权保险</td><td>股东贷款协议(本金及利息)</td><td>股东</td><td>股东无法收回贷款的损失</td><td>政治风险：征收、汇兑限制（汇出）、战争、违约。</td></tr>
<tr><td>金融机构债权保险</td><td>金融机构贷款协议（本金及利息）</td><td>贷款行</td><td>贷款行无法收回贷款的损失</td><td>政治风险：征收、汇兑限制（汇出）、战争、违约。</td></tr>
</table>

第一，从被保险人性质来看，按照被保险人是企业还是银行，可以分为企业保单和银行保单。出口买方信贷保险、出口延期付款合同再融资保险均属于银行保单；出口卖方信贷保险属于企业保单。海外投资保险和海外租赁

保险既可以购买企业保单，也可以购买银行保单。第二，从保险合同标的来看：属于银行保单的险种，其保险标的是银行的应收款；而属于企业保单的险种，其保险标的便是企业的应收款。具体而言，出口买方信贷保险的标的是银行贷款协议的本金及利息；出口延期付款合同再融资保险的标的是银行的应收款凭证对应的应收款本金及利息；海外投资（债权）保险（金融机构适用）的标的是银行等金融机构贷款项下的本金和利息。而出口卖方信贷保险属于企业保单，其保险标的是出口商在商务合同项下的应收账款。第三，从保险赔付比例来看，凡是银行保单，其最高赔付比率上限可以达到95%，而企业保单最高仅能达到90%。第四，从承保风险来看，中长期项目险的承保风险与海外投资保险的承保风险有所不同。中长期项目险的四个险种，既承保政治风险，也承保商业风险。而海外投资保险仅承保政治风险，并不承保商业风险。原因在于：中长期项目险主要支持中国产品出口和境外承包工程项目，这些属于国际收支账户的经常项目，是中国“走出去”战略所重点支持的产品、劳务、技术服务等出口。政策性保险来承保这些项目的商业风险，可以帮助中国的出口商规避境外债务人拖欠应付款或债务人破产解散的风险。而海外投资保险所支持的中国企业对外投资行为，属于国际收支账户的资本项目，投资有风险、企业需谨慎并自负盈亏，因而政策性保险不应该对企业自主抉择的投资行为兜底。这就是海外投资保险不能承保商业风险的原因。

第三节　出口信贷

一、出口信贷的融资结构及业务优势

广义上，出口信贷可以分为出口买方信贷和出口卖方信贷。出口信贷又称作“ECA贷款”，因此，按照中国ECA——中国出口信用保险公司所提供的中长期出口信用保险的类型，中国银行业所开展的出口信贷可以细分为四类：出口买方信贷、出口卖方信贷、出口延期付款合同再融资、基于海外融资租赁保险的融资。中长期出口信用保险是指中信保公司为重点支持我国大

型单机和成套设备出口项目、对外承包工程项目、服务出口项目，向金融机构、出口企业或租赁公司提供的，承担因政治风险和商业风险导致的融资协议、商务合同或租赁协议项下应收款项损失，保险期限（宽限期+还款期）超过2年的出口信用保险产品。目前，中长期出口信用保险包含四个产品：出口买方信贷保险、出口卖方信贷保险、出口延付合同再融资保险和海外融资租赁保险。

（一）出口买方信贷的融资结构及业务优势

出口买方信贷是指在中国出口信用保险公司对境内银行提供出口买方信贷保险的基础上，由境内银行为境外进口方（进口商/业主）或其银行提供出口信贷，以使出口方实现即期收款的融资方式。保险标的是银行融资本息，被保险人是融资银行，最高赔付比率是95%。

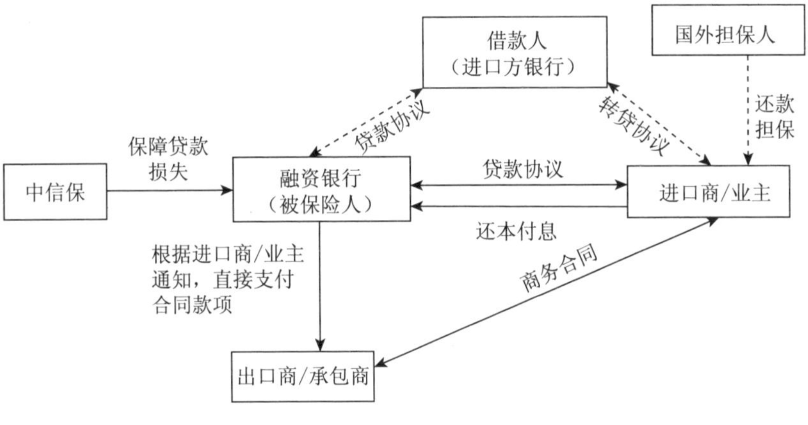

图5-5　出口买方信贷融资结构图

在出口买方信贷融资结构图（图5-5）中，实线部分展现了一般的融资结构：①中国的出口商向境外进口商销售资本性货物，或中国的承包商为境外业主实施一个工程项目。②中信保公司出具出口买方信贷保险，该保险是以贷款银行为被保险人、以贷款协议本息为保险标的政策性保险，它承保两大类风险：政治风险和商业风险。该保险的最高赔付比率为95%，即保障范围是95%政治风险事件和95%商业风险事件，简称“双95”出口买方信贷保险。③在出口买方信贷保险的基础上，融资银行与境外进口商/业主签署出口买方信贷融资协议。④借款人发起提款申请，融资银行审核放款条件并同意发放贷款后，将贷款资金支付给中国出口商/承包商。

图5-5中的虚线部分表示，境外借款人也可以是进口方的银行，然后由进口方银行再与进口商/业主签署转贷协议，获取出口信贷融资。同时，最右侧的虚线表示，出口买方信贷可以有担保人，也可以无担保人（比如财政部直接借款，就无担保人）。担保可以是主权担保、企业法人保证、抵押、质押等中信保公司以及融资银行认可的担保方式。

出口买方信贷业务的优势主要有：

第一，银行授信风险低，风险资本占用低。出口买方信贷保险的保险标的就是借款合同的本息，被保险人是放款银行，因此，该保险为银行债权提供了直接保障，相当于“准法人保证”。从本质上看，该险种是中信保公司以中华人民共和国财政部的名义，来承担境外主权风险和借款人的商业风险。中信保公司自成立以来，在该险种上，从未有过引用除外责任条款而拒赔的案例。按照银保监会关于此类贷款的风险资本计量规则，比如，“双95”出口买方信贷项目的贷款95%部分，因有政策性保险提供风险缓释，因此，整笔贷款仅保险未能覆盖的5%部分占用风险资本，另外95%部分不占用风险资本。这极大地缓解了商业银行风险资本占有压力，因而属于“轻资本消耗型”信贷品种。“双95”出口买方信贷项目是我国银行界公认的最优质出口信贷资产。

第二，贷款期限长，金额大，增强“走出去”企业的竞争力。出口买方信贷期限长达十年甚至十五年，金额从几千万美元到几十亿美元，是人民币贷款所不能比拟的。买方信贷为境外进口商/境外业主提供融资，促成了中国“走出去”企业顺利中标境外项目，增强了中国出口商/承包商的出口竞争力。

第三，买方信贷无需占用出口商在银行授信额度，美化出口商财务报表。出口买方信贷的借款人是境外财政部、境外业主/进口商、境外银行，因此出口商无需向银行举债，也就无需占用出口商在银行的授信额度。该笔贷款不计入出口商的资产负债表，降低了出口商的资产负债率，美化财务报表。

第四，买方信贷加快出口商的资金周转，节省其管理应收账款的费用，规避出口商的汇率风险。

出口商发货或承包商完成一定的工程量后，境外借款人向融资银行申请提款。融资银行发放贷款后，直接支付给国内出口商/承包商，实现了即期收款和结汇。一方面，加速了出口商的资金回笼，节约了其管理未来应收账款的费用。另一方面，贷款资金即期结汇成人民币使用，也规避了未来收汇的汇率波动风险。

第五，出口买方信贷为商业银行带来可观的利息收入、中间业务收入以及存款收益。出口买方信贷的风险资本占用为零，因此，商业银行的利息收益较高。此外，按照国际惯例，融资银行向借款人收取融资安排费和承诺费，中间业务收入约为1%~2.5%。买方信贷的外币贷款资金发放后，直接支付给出口商。这部分外币资金既可以结汇使用，比如办理人民币存款或购买银行理财；也可以办理美元存单或原币划转至非放款银行的企业同名账户中。在美元加息背景下，出口企业可办理美元存单质押，进而请商业银行办理银票、国内证等低风险业务，通过持有外币资产、主动人民币负债，来实现企业资金收益的最大化。

（二）出口卖方信贷的融资结构及业务优势

出口卖方信贷是指在中国出口信用保险公司对出口方提供出口卖方信贷保险的基础上，由银行为出口方提供出口信贷，使出口方获得融资支持以履行相关商务合同的融资方式。待出口商/承包商依照商务合同出口货物或提供服务后，进口商/业主依照商务合同向出口商/承包商支付款项，进而用于偿还银行贷款。保险标的是出口延付合同的应收账款，被保险人是出口方，最高赔付比率是90%。

从出口卖方信贷融资结构图（图5-6）的实线部分可以看到，实际上，出口卖方信贷保险属于企业保单，它是出口方为其延付商务合同的应收款购买的一个风险保障产品。企业保单并不依赖于银行融资，虚线部分展示了若需要融资，可在此保险的基础上，由贷款银行为出口方提供融资。这种融资是以出口方将其在保险项下的赔款权益转让给融资银行作为前提条件。

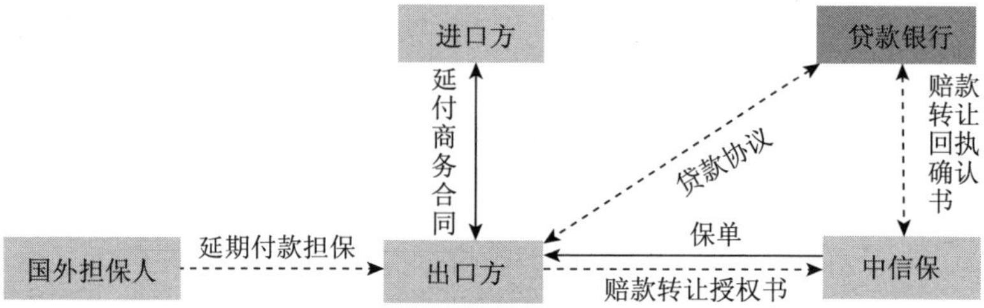

图 5-6　出口卖方信贷融资结构图

出口卖方信贷的优势主要有：

第一，卖方信贷操作简单，有利于项目快速推进。卖方信贷的借款人是出口商，它与融资银行均在国内，便于沟通联络。贷款协议采用中文格式，贷款币种通常采用本币结算。当出口商资信较好时，甚至不需要购买出口卖方信贷保险，而由融资银行直接为出口商放贷，有利于项目的快速推进和落地。

第二，中国承包商主动权大，境外业主容易接受。卖方信贷的融资条件谈判和担保等措施主要由承包商来完成，承包商通过自身举债来为项目融资。通常而言，融资条件、商务条款、技术条款等确定后，承包商顺理成章与业主签订工程总承包合同。由于不需要境外业主举债，业主更倾向于使用卖方信贷，而不是买方信贷。

第三，卖方信贷的用途非常广泛。在我国，受理出口卖方信贷业务最多的是中国进出口银行，且中国进出口银行的卖方信贷很多是不需要出口商购买出口卖方信贷保险的。卖方信贷广泛支持了中国的设备出口、高新技术产品出口、船舶出口、一般机电产品出口、对外工程承包等领域，用途非常广泛。

（三）出口延期付款合同再融资的融资结构及业务优势

出口延期付款合同再融资保险，简称“再融资保险”，指的是在金融机构无追索权地买断出口商务合同项下的中长期应收款后，中信保公司向金融机构提供的、用于保障其资金安全的保险产品。该险种的被保险人是提供融资的金融机构，保险标的是应收款凭证，最高赔付比率为 95%。有了该保险作为风险缓释措施，融资银行无追索权地受让出口方在延期付款合同项下拥有的应收债权，来满足出口方融通资金、实现提前结汇和优化财务报表的需求，详见图5-7。这种出口应收债权融资（无追索权）的必要前提之一是出口方在商务合同项下的应收账款债权已经确立。因此，银行受让应收账款债权后，便将应收债权作为第一还款来源。出口商将应收账款“卖断”给银行，不再占用自身的资产负债表，成功地实现了“出表”，优化了自身的财务报表。我们知道，卖方信贷属于出口商的负债，而买方信贷的借款人在境外，不占用出口商的负债。再融资保险，帮助出口商“出表”，从而实现了“卖贷”的“买贷化”。从这个意义上讲，再融资保险，是基于出口买方信贷保险和出口卖方信贷保险的一个创新。

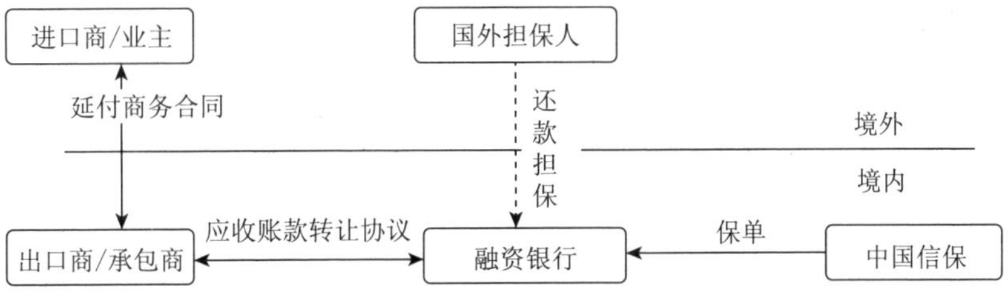

图5-7　出口延期付款合同再融资结构图

出口延付合同再融资的业务优势在于：

第一，该融资产品属于应收债权买断型融资（无追索权），可以起到优化出口方财务报表的作用。该产品帮助出口方提前收汇，且有效地改善了其资产负债结构。特别对于金额较大的工程项目，承包商更青睐于出口延付合同再融资，而非出口卖方信贷。

第二，规避出口方的汇率风险和利率风险。中国承包商在境外实施的项目通常为美元结算，而工程项目往往带动中国产品和设备的出口，因此，前期的投入成本多以人民币计价。出口延付合同再融资，能够帮助出口商提前收取延付合同项下的款项，规避了未来汇率波动可能带来的外汇收入、人民币成本错配的风险。此外，买断型融资若以固定利率定价，可避免浮动利率的波动风险，为出口方锁定了利息支出成本。

第三，再融资保险属于“银行保单”，保险除外责任发生概率低。出口卖方信贷保险属于“企业保单”。因此，在出口卖方信贷保险条款中，若出口方履约、商务合同纠纷等存在瑕疵，进而触发了保险的除外责任条款，中信保公司可能拒赔出口商（即被保险人），进而给银行的卖方信贷带来风险。再融资保险的被保险人是融资银行，银行所买断的应收款债权已经确权，未来发生保险除外责任的风险概率较低，中信保公司拒赔银行的概率较低。

（四）海外融资租赁保险的融资结构及业务优势

海外融资租赁保险与出口买方信贷保险、出口卖方信贷保险以及出口延付合同再融资保险，同属于中长期出口信用保险，均按照政策性保险管理，宗旨均是支持本国产品出口。国际上ECA机构大部分并没有租赁保险产品，它们的融资租赁保险业务由中长期买方信贷或卖方信贷产品承做，经营性租赁保险业务由短期险产品（类似于中信保公司的特定合同保险）承做。2015年，我国将海外融资租赁保险纳入政策性的中长期出口信用保险管理，体现了国家对融资租赁模式支持中国产品出口的认可。该险种有效地支持了我国船舶、飞机、电信设备、石油化工及电子生产设备等租赁物的出口。

中信保公司的海外融资租赁保险，为出租人提供租赁项目所在国政治风险及承租人信用风险的风险保障。该保险承保两类风险：政治风险和承租人违约的商业风险。具体而言，政治风险指的是承租方或项目所在国发生战争、征收、汇兑限制导致被保险人应收租金或租赁合同终止款发生损失。承租人违约风险，是指承租人因不可抗力以外的原因，未能按期向出租人支付《租赁协议》中所约定租金的行为。

该保险可以分为企业保单和银行保单。前者的被保险人为出租人，最高赔偿比例为实际损失的90%。后者的被保险人为银行，最高赔偿比例为实际损失的95%。银行保单又分为两种保单模式："应收租金买断"模式和"信贷协议+应收租金转让"模式。

在被保险人为出租人的企业保单模式下（详见图5-8），中国的出租人先支付货款，从租赁物供应商购买租赁物。然后，出租人再将该租赁物，出租给境外承租人使用。为了保障境外政治风险和承租人不付租金的违约风险，出租人向中信保公司购买了海外融资租赁保险。该保险促进了中国产品以租赁方式向境外的出口，体现了政策性中长期出口信用保险促进中国设备出口的宗旨。

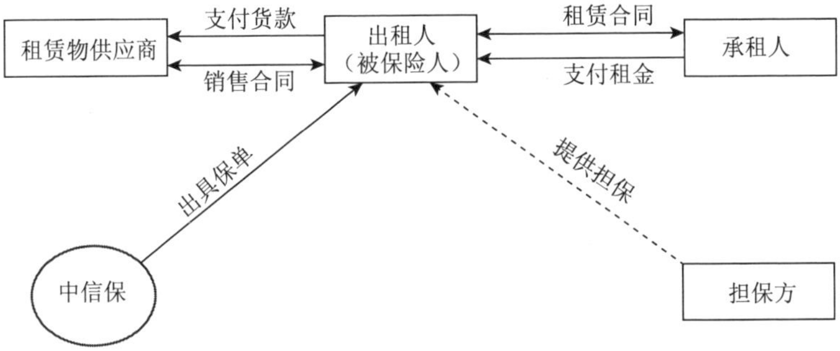

图 5-8　海外融资租赁保险（出租人为被保险人）

在被保险人为银行的“应收租金买断”模式下（详见图 5-9），出租人与租赁物供应商签署销售合同，进而与承租人签署租赁合同。为了支付租赁物采购款，出租人将其在租赁合同项下的应收租金卖断给融资银行。融资银行买断应收租金后，直接向租赁物供应商支付货款，后续逐笔向境外承租人收取租金。租金买断协议得以达成的前提条件，是中信保公司出具了以融资银行为被保险人的海外融资租赁保险，保障境外政治风险及承租人违约风险。

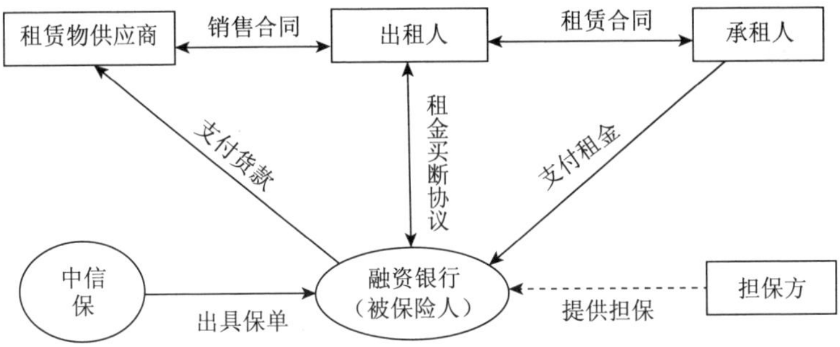

图 5-9　海外融资租赁保险（银行为被保险人）“应收租金买断”模式

在被保险人为银行的“信贷协议+应收租金转让”模式下（详见图 5-10），与上述“应收租金买断”模式的区别是，融资银行向出租人提供的融资并非买断性质的。融资银行与出租人签署贷款协议和租金转让协议。出租人向租赁物供应商支付购货款项，并向承租人收取租金。该模式下的被保险人是融资银行，同样保障政治风险和承租人违约风险。

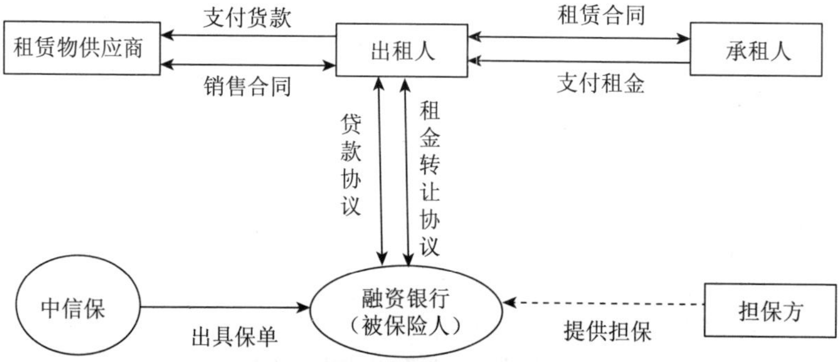

图5-10 海外融资租赁保险（银行为被保险人）“信贷协议+应收租金转让”模式

海外融资租赁保险业务的优势在于：

第一，通过“融资”与“融物”结合，促进中国产品和设备的出口。融资租赁模式，非常适合应用于船舶、飞机、生产设备等领域。通过海外融资租赁保险促进银行融资，有效地支持了设备出口。因此，海外融资租赁保险，与出口买方信贷保险、出口卖方信贷保险、出口延付合同再融资保险一样，均属于促进中国出口的政策性保险，在产品的中国成分、预付款、赔偿比例等方面的政策性要求相同。海外融资保险的保单条款与出口买方信贷保险更接近，均承保商业风险和政治风险，保险除外责任较少。

第二，租赁行业的优势，有利于实现融资，降低融资成本。租赁物一般属于生产设备、运输工具等，其天然属性便属于担保物。因此，基于租赁物来实现银行融资，银行本身就拥有了抵押品。此外，租赁行业还具有税务上的优势，比如投资抵免税收、租金税前扣除、加速折旧处理等，有利于降低融资成本。

二、出口信贷的风险控制

（一）中长期出口信用保险的承保范围

上文中所述中长期出口信用保险的四个险种，是中信保公司为金融机构、出口企业或租赁公司收回融资协议、商务合同或租赁协议项下应收款项提供的风险保障，承保业务的保险期限一般为2~15年。这四个险种所承保的风险事件可以概括为两大类风险，即商业风险和政治风险（详见表5-3）。以出口买方信贷保险为例，中信保公司为被保险人（融资银行）所承保的商业风险便是，债务人（即借款人）宣告破产、倒闭、解散，或借款人拖欠贷款协议项下应付款项（本金及利息）。四个险种中，既有银行保单，又有企业保单。银行保单的赔偿比例上限为95%，而企业保单的赔偿比例上限为90%。以出口买方信贷保险为例，当政治风险和商业风险的赔付比例均为95%时，便称做“双95”出口买方信贷保险。

表5-3　中长期出口信用保险的承保风险和赔偿比例

承保风险	商业风险	债务人宣告破产、倒闭、解散或拖欠商务合同或贷款协议项下应付款项。
	政治风险	债务人所在地政府或还款必经的第三国（或地区）政府禁止或限制债务人以约定货币或其他可自由兑换货币偿还债务。
		债务人所在地政府或还款必经的第三国（或地区）政府颁布延期付款令，致使债务人无法还款。
		债务人所在地政府发生战争、革命、暴乱或保险人认定的其他政治事件。
损失赔偿比例	出口买方信贷保险、出口延付合同再融资保险最高赔偿比例为95%。	
	出口卖方信贷保险项下最高赔偿比例为90%。	
	金融机构（含金融租赁公司）作为被保险人的海外租赁保险最高赔偿比例为95%，非金融机构作为被保险人的海外租赁保险最高赔偿比例为90%。	

（二）中长期出口信用保险的除外责任

保险均有除外责任条款，即保单规定的保险人不负赔偿责任的范围。中长期出口信用保险的除外责任，是指中信保公司不对保险单中未列明的风险事件承担赔偿责任，以及不对由于相关责任方（比如被保险人）的某些过失导致的损失承担赔偿责任。中长期出口信用保险的四个险种的除外责任各不相同。一般而言，银行保单的除外责任较少，而企业保单的除外责任相对较多。比如，出口买方信贷保险的除外责任仅有两条，而出口卖方信贷保险的除外责任有十条之多。

在设计融资结构时，银行和企业应该充分理解除外责任的含义，从而更加准确把握中长期出口信用保险在银行融资结构中的风险缓释作用。在保险的存续期内，被保险人应该勤勉尽职地履行保险单中规定的义务，避免触发除外责任条款。一旦出现除外责任条款中的事件，导致中信保公司拒赔被保险人，则融资银行或企业可能面临经济损失。

以出口买方信贷保险为例，保险单的“第三章　除外责任　第四条　无论本保险单其他条款如何约定，保险人对被保险人由下列原因引起的损失不承担赔偿责任：一、被保险人违反本保险单或贷款协议的约定，或因被保险人的过错致使保险单或贷款协议部分或全部无效；二、本保险条款第二条未列明的事件。”如何理解这两条除外责任条款呢？首先，“本保险条款第二条未列明的事件。”是不言自明的条款，即保险公司并不对保单中所列明的承保范围之外的风险事件，承担赔偿义务。这也是绝大多数保险均遵循的惯例。其次，第一条指的是由于被保险人（即融资银行）的过失导致的事件，引发了保险除外责任。在银行实务中，如何避免被保险人触发此条款呢？笔者认为，至少要做到以下三点：一是被保险人（即融资银行）应该严格按照贷款协议履行各项义务。比如，按照贷款协议约定，基于借款人的认贷材料正常放款，且保留放款相关证明文件和水单；银行若想修改/豁免/变更贷款协议、抵质押协议等，必须书面报中信保公司并获得其同意。二是履行保险单中规定的通知义务，主要体现在两个方面。一方面，对协议的实质性修改和变更、对权益的处置等，银行应征求中信保公司的书面同意；另一方面，银行应就如下事项履行向中信保公司及时通知的义务：提款还款情况、可能引起保险责任的事件、影响担保权益的事件、贷款协议项下的违约行为等。比如出险后，银行应第一时间向中信保公司如实报告项目情况变化和风险，及时报送可能损失通知及索赔。三是银行应就贷款项下担保进行权益主张，并保留书面主张文件。以主权担保的贷款为例，银行应该在形式上完成主张担保权利的动作，若担保人回复“不能代偿”或担保人没有回复，中信保可启动理赔程序。

由于出口买方信贷保险的保险标的是借款合同，被保险人是融资银行，因而相当于“准法人保证”。历史上还未曾出现过因被保险人履行义务存在瑕疵等因素，导致除外责任发生，进而中信保公司拒赔银行的先例。

（三）中长期出口信用保险的索赔与定损核赔

中长期出口信用保险的索赔与定损核赔工作一般分为四个步骤：申请可损、申请索赔、定损核赔、赔付与追偿。第一，申请可损，是指被保险人应在保单规定的期限内，按保险人规定的格式向保险人提交可能损失通知书，提交可能损失通知书是索赔的前提条件。第二，被保险人提交可能损失通知书后可向保险人索赔。被保险人在索赔时，需按保险人提供的《索赔申请书》的格式如实填报损失事项，并负责提供与损失有关的全部证明文件。第三，在收到被保险人的《索赔申请书》及全部证明文件后，保险人将根据保险单的有关规定做出赔偿与否以及赔偿金额的决定。定损核赔工作包括但不限于审核索赔材料、核查被保险人义务履行情况、核查赔付前提条件的落实、判断损因是否属保险责任等。第四，中信保向被保险人进行赔付，并向债务人追偿。

保险的索赔和赔付，直接关系到被保险人的经济利益。所以被保险人应该严格按照保单规定的具体要求，特别是时效要求，履行相关手续。每个险种的时效性要求各不相同，详见表 5-4。

表 5-4　四个险种的索赔对照表

<table>
<tr><th>险种</th><th>申请可损</th><th>申请索赔</th><th>定损核赔</th><th>赔款等待期</th></tr>
<tr><td>出口买方信贷保险</td><td rowspan="4">损失发生日+30 日</td><td>应付款日+12 个月</td><td>收到正式索赔申请和全部证明文件+30 日</td><td>应付款日+90 日/破产发生之日+90 日</td></tr>
<tr><td>出口卖方信贷保险</td><td>损失发生日（出运前）/应付款日（商务合同已完成）+12 个月</td><td colspan="2">损失发生日（出运前）/应付款日（商务合同已完成）+6 个月</td></tr>
<tr><td>出口延付合同融资信贷保险</td><td>赔款等待期期满+12 个月</td><td>收到正式索赔申请和全部证明文件+30 日或赔款等待期满后+30 日</td><td>应付款日+90 日</td></tr>
<tr><td>海外租赁保险</td><td>应付款日+12 个月</td><td>收到正式索赔申请和全部证明文件+60 日</td><td>风险发生日/应付款日+90 日</td></tr>
</table>

以出口买方信贷保险为例。“申请可损”需在损失发生日后 30 日，“申请索赔”应在损失发生日后 12 个月内，中信保公司的“定损核赔”（赔款等待

期）为损失发生日后90日内，详见图5-11。图中的两个问号代表了两个不确定的时间段，第一个是中信保公司出具《理赔意见书》后，银行与中信保就意见书中的权益转让方案达成一致所需的时间；第二个是银行拿到了《赔付通知书》后，仍需要完成权益转让手续，才能于10日后最终获得赔款到账。这两个不确定性，给银行贷款的五级分类带来一定的时间上的压力。虽然中信保公司并未在出口买方信贷保险上有过拒赔先例，但是上述时间的不确定性，正是该保单条款存在的进一步改进的空间。

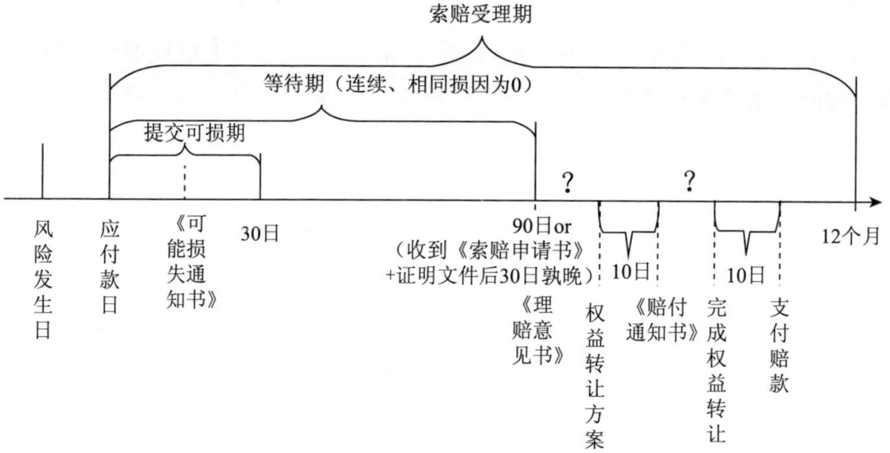

图5-11 出口买方信贷保险的索赔流程图

具体条款的摘要如下：

“第六章 可能损失通知、索赔及定损核赔

第十二条 可能损失通知

一、除非保险人事先书面同意，被保险人应在如下约定的期限内按保险人规定的格式向保险人提交可能损失通知书，提交可能损失通知书是索赔的前提条件：

1. 本保险条款第二条列明的第一项损因事件发生的30日内；

2. 本保险条款第二条列明的其他损因事件已经发生且贷款协议项下的实际损失也已经发生的30日内。

3. 被保险人未能在上述期限内提交可能损失通知的，保险人有权根据情况降低赔偿比例。

二、被保险人提交可能损失通知书后，仍应继续按贷款协议及与还款担保的有关文件，采取一切必要措施减少损失，包括但不限于积极向借款人及担保人主张债权及相关权益、追讨和变现担保物等，并及时向保险人报告进展情况。如被保险人拟实施或正在实施的追讨行为可能对保险人产生不利影响，保险人有权要求被保险人调整其追讨行为，并与保险人保持一致。

第十三条　索赔

一、被保险人提交可能损失通知书后可向保险人索赔。

二、被保险人最迟应在相应的应付款日后12个月内向保险人正式提出索赔。否则，视为被保险人放弃其在保险单项下的索赔权利。

三、被保险人在索赔时，须按保险人提供的《索赔申请书》的格式如实填报损失事项，并负责提供与损失有关的全部证明文件。

……

第十四条　定损核赔

一、在收到被保险人的《索赔申请书》及全部证明文件后，保险人将根据本保险单的有关约定做出赔偿与否以及赔偿金额的决定。

二、保险人将在不晚于下列日期后到者做出是否发生保险责任范围内损因事件的认定并向被保险人出具《理赔意见书》：①等待期届满之日；②收到正式索赔申请和全部证明文件后30日。

三、本保险单项下的等待期为：

1. 本保险条款第二条列明的第一项损因事件发生时，为损因事件发生之日起90日；

2. 本保险条款第二条列明的其他损因事件发生时，为应付款日起90日；

3. 对于连续的、相同的损因事件，等待期为零日。

四、在保险人出具《理赔意见书》后，被保险人应按照保险人的要求转让相应权益；保险人在书面认可被保险人的权益转让方案后10日内应向被保险人出具《赔付通知书》；并在被保险人完成权益转让后10日内支付赔款。

……”

（四）出口信贷的担保品

出口信贷的担保品可以分为人的担保和物的担保两种。人的担保主要是保证担保；物的担保又可以分为三类：不动产担保、股权及有形动产担保、合同权益及应收账款担保。

1. 保证担保

保证担保属于人的担保，是国内银行非常熟悉也经常采用的一种担保方式。在国内贷款业务中，银行经常要求担保人按照《担保法》为贷款提供连带责任保证担保。在跨境贷款业务中，保证担保也是普遍采用的担保方式。若境外项目中，由资信及资产负债状况较好的企业作为担保人提供连带责任保证，对于为该项目提供贷款的银行而言，是非常直接的风险覆盖，因而成为国内放款行较为青睐的一种担保方式。比如，在国内银行为境外借款人提供的出口买方信贷中，国内银行经常要求境外法人为贷款提供保证担保，同时为该笔贷款投保中国出口信用保险公司的出口买方信贷保险，通过“保证+保险”来共同覆盖银行贷款风险。在采用保证担保时，国内银行应重点关注以下要点：

（1）保证人是否已获得有效的公司内部授权和外部授权。关于内部授权，根据不同公司的章程以及相关法律或上市规则的规定，视担保金额的不同，有的需要董事会决议，有的则超过董事会有权批准的范围而需要股东会决议的批准。银行在与担保人签署保证合同前，一定要审查其公司章程，避免出现相关担保未经适当授权的情形。

此外，从外部授权的角度，在审查为出口信贷提供的法人保证时，银行还需要关注以下方面：依据适用的法律，该等保证担保的保证人是否有义务取得相关政府机关审批、备案等外部授权，以及如果该等审批、备案未能适当取得，其法律后果是担保无效还是影响履约，还是仅带来当事方的合规风险。

（2）保证人履约能力。通常而言，对保证人履约能力的审查，是商业银行尽职调查工作非常重要的组成部分，包括担保人资信情况、财务状况、经营管理、对外投资情况及管理层情况等。对于境外担保人的审查，还要结合国别特点，进行必要的法律有效性、监管合规性及执行担保的可实现性等方面的综合审查，确保保证人有能力履行义务且履行行为能够实现。

（3）政府担保和主权豁免。在中国“走出去”企业参与建设的一些发展中国家的政府特许经营项目中，国内银行为项目提供出口信贷等贷款前，会获得东道国政府出具的保函。因为融资主体可以依赖保函的主权信用评级，在很多项目中，政府担保往往对取得银行融资起到决定性的作用。对于银行来说，需重点关注以下因素：政府保函中是否有明确放弃主权豁免的条款；出具保函的政府机构是否已取得相应的政府审批；是否能确保将保函纳入东道国政府审批的财政预算；东道国政府在海外是否有可供执行的资产以及争议解决所在地法律对于主权豁免的立场，等等。

主权豁免作为一项国际法原则，使得除非某国家或政府同意，他国法庭不得接受以其为被告的诉讼，以避免国家、政府或其他政治机构在自身不同意的情形下被诉诸于他国法院。通常而言，主权豁免包括：管辖豁免和执行豁免。管辖豁免，是指未经一国同意，不得在另一国法院或仲裁机构对该国提起仲裁、诉讼或将该国财产作为诉讼标的。执行豁免，指的是即使一国放弃了管辖豁免并败诉，但不经其同意，另一国仍不得扣押其财产，不得强制执行判决。上述两项豁免中，放弃一项豁免，并不意味着放弃另外一项豁免。

主权豁免体现的是国家主权平等原则，因此，各主权国家在外国法院都享有豁免权；外国法院应尊重主权国家的豁免权，不得任意剥夺。但是，在是否行使这一权利的问题上，每个国家有选择的自由，即国家可以放弃豁免，前提是放弃主权豁免必须是该国的自愿行为。

那么，一国通过何种方式来放弃主权豁免呢？可以分为明示或默示两种方式。明示放弃指的是国家事先通过签订条约、协定或合同来放弃豁免，或事后通知外国法院接受其管辖。默示放弃指的是国家通过在外国法院直接提起或者参与诉讼等行为，以表示接受了该法院的管辖。但是，正如上文所述，主权豁免分为管辖豁免和执行豁免。即便一国明示或默示同意外国法院就某一特定行为行使管辖权，也不意味着同意该法院可以予以执行，一国对执行豁免的放弃，必须另行做出明示。

在我国银行为境外借款人提供的出口买方信贷业务中，借款人或保证人有时是主权国家或者代表主权国家的财政部、中央银行等政府机构。在贷款协议中，通常选择仲裁而不是诉讼作为争议解决方式。同样，仲裁也涉及主权豁免的问题。在管辖豁免方面，各国广泛认可的是，主权国家与私人达成仲裁协议，则已经默示放弃了管辖豁免，并且在提起仲裁时国家也不能单方面撤回上述放弃豁免。在实操中，一旦贷款协议中约定了有效的仲裁条款，则主权借款人就默示地放弃了其享有的管辖豁免，仲裁庭也就取得了对相关争议的管辖权。在执行豁免方面，也就是当仲裁庭对争议做出裁决后，一国法院是否可以针对主权借款人的财产来强制执行相关的裁决呢？在实务中，即便主权借款人已经放弃了管辖豁免，若它并没有明示放弃执行豁免，则法院也不能针对其财产去强制执行相关的仲裁裁决。

由此可见，在中国的银行开展主权借款或主权担保类出口买方信贷等业务时，在贷款协议中明确要求借款人明示放弃可能享有的主权豁免，对于保护银行债权具有重要意义。若融资协议中缺少放弃主权豁免的条款，在未来一旦发生争议需要提起仲裁，仲裁庭可能对主权借款人无法取得管辖权。因此，建议要求借款人在贷款协议中明确放弃对任何诉讼或仲裁程序的管辖豁免。进一步，为避免仲裁裁决对借款人不利时，借款人主张执行豁免，融资银行还应该要求借款人在贷款协议中明示放弃执行豁免。

2. 不动产担保

不动产担保属于物的担保，通常包括土地、房产抵押等。国内银行对于境内房地产抵押比较熟悉。对于境外项目，特别是中资企业投资的境外项目，不动产抵押也是经常采用的贷款担保方式。在审查不动产担保品时，国内银行应重点关注：

（1）所在国法律是否有对外国主体享有土地及房产抵押权的限制。若该国法律对于本国房地产提供给境外抵押权人作为担保的情形存在禁止性或限制性规定，则贷款银行一定要委托熟悉当地法律的律师事务所进行尽职调查并提供法律意见，避免未能有效设立抵押权的风险。

（2）当地不动产行政主管部门关于不动产担保应当办理的具体登记手续。比如有些海外项目，其土地的获得方式为租赁国有或皇室土地，因此，无法抵押，只能采取让与担保的方式，而且需要办理相关国有资产或皇室资产管理部门的登记，才能确保贷款发生风险时，国内放款行可以顺利执行该等担保。这类事项需要在项目前期就充分了解清楚，以避免在出口信贷的融资结构设计中未能充分考虑相关细节问题。

（3）相关不动产自身可能带有的特殊情况。如是否位于军事或敏感区域，是否有原住民领地问题（比如在澳洲项目中由于当地法律对原住民权益保护力度高，尤其需要注意该问题），是否同一地块上存在多个项目、因而如需要就某单一项目做担保登记还需拆分证照等。

（4）所在国法律对不动产担保执行的速度和手续等。除了上述不动产担保设置的有效性和合法性问题，担保执行的速度和手续，也是贷款银行需要格外关注的方面。若涉及复杂的诉讼等程序和操作惯例，则可能影响银行处置担保的效率及取得偿付的及时性。

3. 股权及有形动产担保

股权质押及有形动产担保（包括机器设备抵押及存货质押等）属于物的担保，这些担保品即便在中国国内，其担保价值评估、担保物管理和担保物处置尚需银行颇费心思；若在境外，更需银行充分论证其价值、有效性及处置程序等细节问题，主要包括：

（1）确定担保方式。在准备接受海外项目动产担保物之前，国内银行应根据该等担保品的类型和大致情况，并结合当地法律的具体要求完善相关担保。比如针对印尼的动产担保，需要以信托担保（JaminanFidusia/Fiduciary Security）的形式做出，并且需要履行相关登记程序；或者就境外仓库存放的货物，可能需要格外关注当地法律对于仓库签发的仓单（Warehouse Receipt/Warehouse Warrant）性质认定和对处置方式的规定，在不承认仓单作为物权凭证的国家（如新加坡、英国等），可能还需要考虑另行聘用第三方机构对于仓储货物进行定期或不定期的审计或查验等方式辅助管理担保品。

（2）完整多层股权质押。当项目公司股权质押给融资银行时，若公司存在多层股权架构，每一层股权都要质押。这样做的好处是，一方面，若未来需要处置担保物，银行有更多的选择可以去执行多层中的任意一层股权；另一方面，也避免了项目方未经银行同意将其中某一层股权另行质押或转让的情况发生。

（3）聘请担保资产管理人。“一带一路”境外项目往往关系东道国国民福祉，具有经济外交意义。当项目执行不利以至于未能偿还银行贷款时，银行往往不会首先处置土地和房产来变现，而是首先处置股权，由新的管理者来接管项目。这时候，担保资产管理人（Collateral Management Agent）就显得很重要。通过何种方式及程序能够及时聘请到合适的担保资产管理人，也是国内银行在设置担保前应该考虑的重要问题。

4. 合同权益及应收账款担保

此类担保通常包括商务合同权益让与及保险权益让与等，也属于物的担保。“让与担保”不是中国《担保法》下包含的担保方式，但是在国内银行为境外项目提供融资的业务中，基于可设置担保的项目资产类别或当地法律的规定，经常会选择接受让与担保。“让与担保”在日本、德国及英美法系国家早已成为一种重要担保方式，因此，在境内银行为“走出去”企业提供的出口信贷业务中也是一种常见的风险缓释措施。比如，项目业主或承包商可能将 EPC 合同项下工程应收款权益以及工程项目的商业保险权益附条件让与给融资银行，约定银行在发生风险时可以直接取得相关收款权益。此类担保方式，与国内银行所熟悉的传统担保物权在法律构成要件、是否公示及权利实现方式等方面存在较大差异，应重点关注以下方面：

（1）合同中是否有关于限制转让的条款。融资银行在设置担保物权之前，应该聘请熟悉当地法律的律师审查拟进行权益让与的权益所涉及商务合同中，是否有限制转让相关权益的条款，避免担保不能有效设立。

（2）商务合同第三方是否知悉或同意设置担保。以应收账款担保为例，通常而言，为实现权益转让，转让方（一般为借款人）应向合同权利相关方发出转让通知（可抄送银行），合同权利相关方收到转让通知后发回确认回执（可抄送银行）；同时，各方明确仅权益发生移转，转让方在合同项下对合同权利相对方的义务履行不受影响。鉴于该等转让为附条件的让与，即在没有发生违约情形时，合同权利相对方仍需将应收账款的钱款支付给原收款方（即转让方）以履行其在合同项下的支付义务；但是在发生违约情形时，则根据三方事先约定，由合同权利相对方直接向银行履行其在合同项下的义务，直至欠付款项得到完全偿付，或转让方清偿欠付银行的债务从而取回让与的合同权利。

（3）复合型担保（Composite Policy）和连带担保（Joint Policy）。在英美法项下，对于同一保险所覆盖的不同被保险人而言，视各方是否对保险标的享有共同的权益（Common Interest），相关保险可能会被法院认定为复合型或连带型，从而导致某一方对于相关保险条款的违反，可能影响另一方索赔的权利。

（4）保险权益转让中是否指定银行为第一受益人。通常而言，境外工程项目在获取融资时，国内融资银行会要求将工程所投保的商业保险权益转让给银行。在转让保险权益时，有人认为，直接要求将融资银行指定为第一受益人，从表面上看能最大程度地保障银行债权安全。但是，在工程施工过程中，若出现较小的事故导致商业保险出险，保险公司在赔付时将赔款直接付给银行，并不利于承包商/施工方获取款项以进行相应的工程修复和整体施工进度。在实践中，商业银行可以采取变通的保险权益转让方式，即设定一个金额，当出险金额超过此限额时，赔款进入融资银行账户，作为强制提前还款；当出险金额低于限额时，赔款可进入借款人（项目公司）账户，用于修复工程。

（5）保险免赔条款是否对项目公司不利。商业保险通常存在除外责任条款，当触发此条款时，即便被保险人向保险公司索赔，保险公司仍可能拒赔。商业银行在设置保险权益转让前，应该参与境外项目公司与保险公司针对保险条款的谈判，尽量减少不利条款，最大程度保护被保险人利益。

商业银行在出口信贷业务中采用上述四类担保品时，因为担保人和借款人有可能在境外，所以应该按照我国外汇局《跨境担保外汇管理规定》（汇发〔2014〕29号）中的相关跨境担保分类和监管规则，切实履行尽职审查业务，确保业务的外汇监管合规性。

（五）科学管控出口信贷风险

出口信贷是基于ECA出口信用保险、支持企业“走出去”的跨境贷款。因此，融资银行、出口企业和中信保公司应该通力合作，共同管控好风险。

一是要理性看待项目风险。对于通过政策性保险和出口信贷融资支持的

“走出去”项目，要正确看待项目可能的风险，避免陷入两种极端。一方面，应该时刻牢记风险管控，把“防控金融风险、保障金融安全”放在重要位置，增强风险识别、评估、管理和控制能力，持续提升保险和信贷服务“一带一路”建设的能力和水平，避免因保险赔付而给国家财政造成损失和负担。另一方面，也不应草木皆兵，把项目的暂时还款风险误判为永久损失。如果过分在意个别项目的损失，摆不清局部和全局的关系，很可能会错过当前出口信贷发展的历史机遇，影响了“一带一路”建设的推进。

二是要主动管控风险。中信保公司是专业管控国别风险、政治风险和境外借款人、进口方商业风险的官方出口信用机构。但是商业银行不应仅依赖中信保公司的风险判断，还应主动加强对自身贷款的风险识别和集中度管控，对于贷款余额较大的国别和行业，应采取一定的风险管控措施，避免风险累积和放大。同时，中信保公司和商业银行都应该关注借款人债务可持续问题和境外项目的环保问题，在为“一带一路”项目提供金融支持前，应该遵循国家政策，甄别项目是否属于“一带一路”重点国家或重点领域，是否存在项目境外业主过于激进上马大项目而忽视债务清偿能力的问题，是否在政府各部门、企业等不同参与主体之间存在分歧等。只有综合考量各种因素，才能科学地、有效地提供金融服务方案和把控风险，达到贯彻国家意图、发挥政策性保险和商业融资支持作用，稳健地推进“一带一路”建设的目的。

三是出险后“银信企”通力合作，实现国家利益最大化。中信保公司出具政策性保险保单，国内银行为“走出去”企业的境外项目提供融资支持，共同参与“一带一路”建设，是国家利益最大化的体现。中信保公司成立以来，在出口买方信贷保险的索赔案例中，从未有过拒赔融资银行的先例。但在赔付前后，也发生过融资银行消极配合、不愿意投入精力与中信保公司和企业共同减损、止损和追偿欠款的现象。这种现象非常不利于“一带一路”金融创新。未来的金融创新，应该朝着“银信企”三方通力合作、共同实现国家利益最大化的方向推进。一方面，中信保公司必须践行时代赋予的国家使命，更加积极发挥中长期出口信用保险的融资催化剂作用。在保险理赔时，按照保单条款规定，及时定损核赔。对此，中信保公司有必要进一步完善出口买方信贷保险等产品的理赔工作流程，并为商业银行和企业等市场主体进行明确的宣讲，达成观念上的统一认识。另一方面，融资银行和出口企业也应该积极配合中信保公司的理赔等工作，最大限度发挥各自专业性，提供境外项目相关材料并采取必要的手段，把中方手中持有的项目权益发挥最大效能，从而保护国家利益。坚决避免为一己私利而拒绝配合追偿、权益转让、权益处置等工作，从而错失良机，造成实质损失，进而影响到国家利益。对于止损、减损和理赔追偿过程中发生的合理必要的费用，在取得中信保公司同意后，将按照赔偿比例或权益比例在中信保和被保险人之间进行分摊。从本质上看，中信保公司履行国家使命，帮忙“走出去”企业和融资银行共同规避境外风险，“银信企”必须团结一致，共同实现国家利益最大化。

三、出口信贷融资结构的对比

（一）买方信贷与卖方信贷的对比

出口买方信贷与出口卖方信贷各有利弊，企业可以灵活选择这两种融资方式：

第一，借款人不同，国内出口商倾向于买方信贷，而境外业主倾向于卖方信贷。买方信贷的借款人是境外业主（或其银行），卖方信贷的借款人是境内出口商。国内出口商倾向于使用买方信贷，把举债工作交给境外业主，从而降低出口商的资产负债率。但买方信贷的融资谈判工作比较复杂，包含融资条件、担保措施、信用保险等各方面工作，涉及不同的国别、语言、法律环境，且需要境外业主承担银行贷款利息、费用以及担保费、信用保险费等。因而，境外业主更希望出口商采用卖方信贷的方式。卖方信贷由出口商与境内银行通过中文贷款合同来完成，融资安排工作相对简单；但卖方信贷会增加出口商的资产负债率，且通常需要找实力好的单位（比如母公司）为贷款提供担保，增加了企业的融资难度。最终选择买方信贷，还是卖方信贷，取决于买卖双方的谈判地位。

第二，汇率风险承担方不同。出口卖方信贷的借款人即出口商，从境内银行获得人民币融资。出口商在未来分期收取出口延付合同项下外汇款项后，结汇成人民币，偿还银行融资。因此，汇率风险由出口商承担。出口买方信贷对于出口商而言，相当于现汇收款项目，不承担汇率风险。具体而言，出口买方信贷的提款方式为：在施工建设期内，融资银行按照出口承包商在项目中的施工进度，依据境外业主提供的工程量单、监理报告和提款申请等提款材料，发放贷款并支付给中国的出口商，出口商可直接结汇使用。

第三，利率风险不同。出口卖方信贷的利率通常根据中国人民银行公布的人民币贷款基准利率而波动，利率风险由出口商承担。出口买方信贷通常以美元计价，利率风险取决于 LIBOR 的波动，利率风险由境外买方承担。

第四，保险敞口不同。出口买方信贷保险和出口卖方信贷保险的比较，详见表 5-5。买贷保险属于银行保单，卖贷保单属于企业保单。一方面，银行保单（买贷保险）的除外责任很少，中信保拒赔银行的可能性很低；企业保单（卖贷保险）的除外责任条款取决于商务合同的履行，若存在商务欺诈、纠纷等，可能拒赔。另一方面，卖贷保单的最高赔付比例为 90%，另外 10% 需要出口商承担损失；而买贷保单的最高赔付比例为 95%，出口商无需承担 5%敞口风险，出口商只需要协助保险人（中信保公司）、被保险人（融资银行）向境外业主追偿即可。

表 5-5　出口买方信贷保险与出口卖方信贷保险对比表

	出口买方信贷保险	出口卖方信贷保险
被保险人	贷款银行	出口商
保险标的	贷款协议（本息）	商务合同（应收账款）
赔付比率	95%	90%
承保政治风险	汇兑限制、贸易禁运或吊销进口许可证、颁布延期付款令、战争、动乱、恐怖主义行动及保险人认定的其他政治事件	
承保商业风险	债务人拖欠贷款协议/商务合同项下的应付款；债务人破产、解散。	

（二）卖方信贷与出口延付合同再融资的对比

首先，卖方信贷计入出口商资产负债表，出口延付合同再融资不计入出口商资产负债表。两者均是出口商向境内银行申请的融资方式。再融资保险，帮助出口商实现了“出表”，即“卖贷”的“买贷化”，优化了出口商的资产负债表，因此，备受出口商青睐。

其次，利率定价方式不同，出口卖方信贷通常采用浮动利率定价，而出口延付合同再融资通常采用固定利率定价。浮动利率的波动风险，由出口商承担。而出口延付合同再融资，属于出口商“卖断”给银行的行为，在“卖断”期初，银行便向出口商收取了固定的利率，从而实现了融资成本的固化和出口商在财务上的“出表”。此后，银行向境外债务人收取应收账款，出口商不再承担利率风险。

最后，保险敞口不同。卖方信贷保险属于企业保单，再融资保险属于银行保单。从表 5-6 可以看到，出口商作为被保险人时，赔付比率为 90%；而银行作为被保险人时，赔付比率为 95%。再融资保险的拒赔概率较低，这是因为银行买断的应收款是确权之后的，且通常以本票、汇票等应收款凭证的形式存在。票据的“无因性”使得银行所买断的确权后的应收款凭证，在未来中信保公司保险定损核赔时，出现保险除外责任的概率很低。而卖方信贷保险的除外责任与出口商务合同的执行密切相关，因此，发生除外责任的概率较再融资保险要高。

表 5-6　出口卖方信贷保险与出口延付合同再融资保险对比表

	出口卖方信贷保险	出口延付合同再融资保险
被保险人	出口商	融资银行
保险标的	商务合同（应收账款）	应收款凭证
赔付比率	90%	95%
承保政治风险	汇兑限制、贸易禁运或吊销进口许可证、颁布延期付款令、战争、动乱、恐怖主义行动及保险人认定的其他政治事件	
承保商业风险	债务人拖欠贷款协议/商务合同项下的应付款；债务人破产、解散。	

（三）买方信贷保险与海外融资租赁保险的对比

首先，看买方信贷保险与海外融资租赁保险的相似之处。两者同属中长期出口信用保险，旨在促进中国产品和设备的出口。因此，两者在中国成分、预付款、赔偿比例等方面的要求相同；保单条款体例上也非常接近，内容类似，均承保商业风险和政治风险，除外责任少；两者在中信保公司的审批流程相同。这种相似性，体现在两者的融资结构上（图 5-12）非常明显。买方信贷融资结构图中，中国的融资银行为进口商提供融资，进口商需向融资银行分期支付本金及利息；贷款发放后，融资银行将贷款资金支付给出口商，以融资促进了出口商务合同的执行。海外融资租赁模融资结构图中，中国的租赁公司（即出租人）与境外承租人签署融资租赁合同，承租人需分期向出租人支付租金；出租人向租赁物供应商支付租赁物价款以获得所有权，进而以融资租赁的方式促进了中国设备的出口。

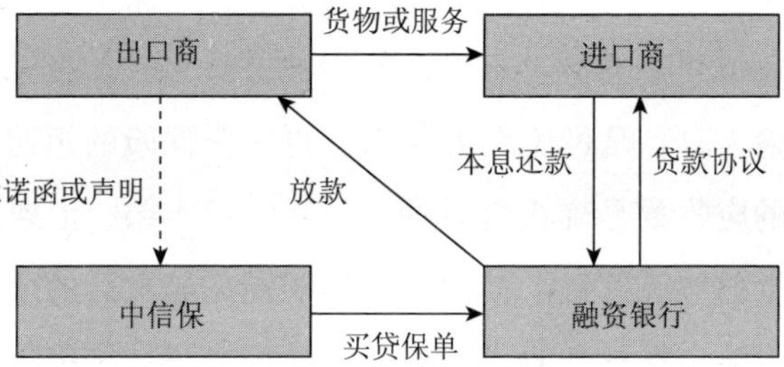

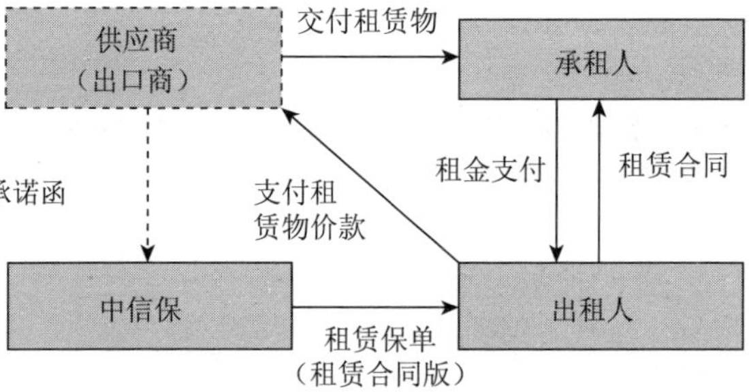

图 5-12　出口买方信贷保险与海外融资租赁保险的对比

其次，看两者的不同之处。租赁保险业务比买方信贷保险更加复杂、操作难度更高。有关租赁的知识体系非常庞杂，在业务实操中需要关注租赁物属性、行业特性、法律、税务等诸多方面。特别是我国租赁业发展处于初级阶段，租赁公司水平参差不齐；租赁物种类繁多，行业规则与景气周期迥异；租赁物取回或处置难度、处置价格差别很大；各国有关租赁的法律法规差别很大。基于此，在海外融资租赁业务中，中信保公司在承保、理赔、追偿等方面也处于不断摸索的阶段，该保险的产品成熟度有待提升。

（四）出口卖方信贷保险与海外融资租赁保险的对比

首先，出口卖方信贷保险与海外融资租赁保险的相似之处。两者同属中长期出口信用保险，旨在促进中国产品和设备的出口。因此，两者在中国成分、预付款、赔偿比例等方面的要求相同；保单条款均承保商业风险和政治风险；两者在中信保公司的审批流程相同。从图5-13可以看到，出口卖方信贷保险与海外融资租赁保险的融资结构图也存在很多相似之处。卖方信贷保险是中信保公司为出口商向进口商销售货物，而提供的应收账款回收的风险保障。海外融资租赁保险是中信保公司为中国出租人向境外承租人出租租赁物，而提供的应收租金回收的风险保障。

其次，两者的不同之处。海外融资租赁保险单的条款更接近出口买方信贷保单的体例，而非卖方信贷保单。从这个意义上讲，租赁保单要比出口卖方信贷保单中的除外责任少。虽然如此，由于租赁行业的复杂性，正如上文所述，开展融资租赁业务，仍需比传统的出口买方信贷或出口卖方信贷业务付出更多的努力。

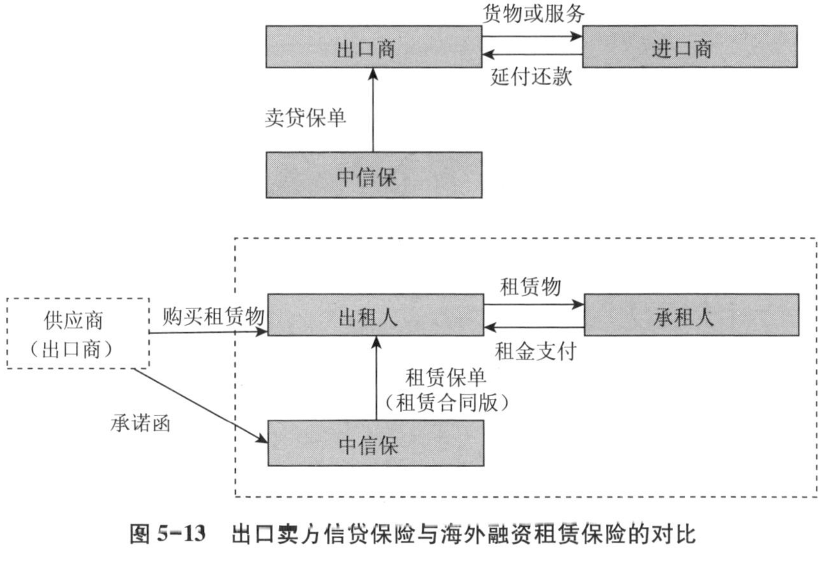

图5-13　出口卖方信贷保险与海外融资租赁保险的对比

（五）再融资保险与海外融资租赁保险的对比

首先，再融资保险与海外融资租赁保险的相似之处。从政策上看，两者同属中长期出口信用保险，旨在促进中国产品和设备的出口。因此，两者在中国成分、预付款、赔偿比例等方面的要求相同；保单条款均承保商业风险和政治风险；两者在中信保公司的审批流程相同。从融资结构上看，两者均促成了买断型融资，帮助中国出口商优化财务报表。如图5-14所示，再融资结构中，融资银行买断出口商在延期付款商务合同中的应收款凭证，进而由中信保公司承保；而融资租赁结构中，融资银行买断出租人在租赁合同中的应收租金，进而由中信保公司承保。两者均在促进出口商设备出口的同时，通过买断型融资，降低了出口商的资产负债率。

其次，两者的不同之处。在银行授信审批过程中，买断型融资比普通贷款的难度要大。再融资保险支持普通的出口模式，而融资租赁保险支持租赁模式的出口行为。由于租赁业务本身的复杂性，商业银行更容易把控前者风险，对后者的审批难度相对较大。

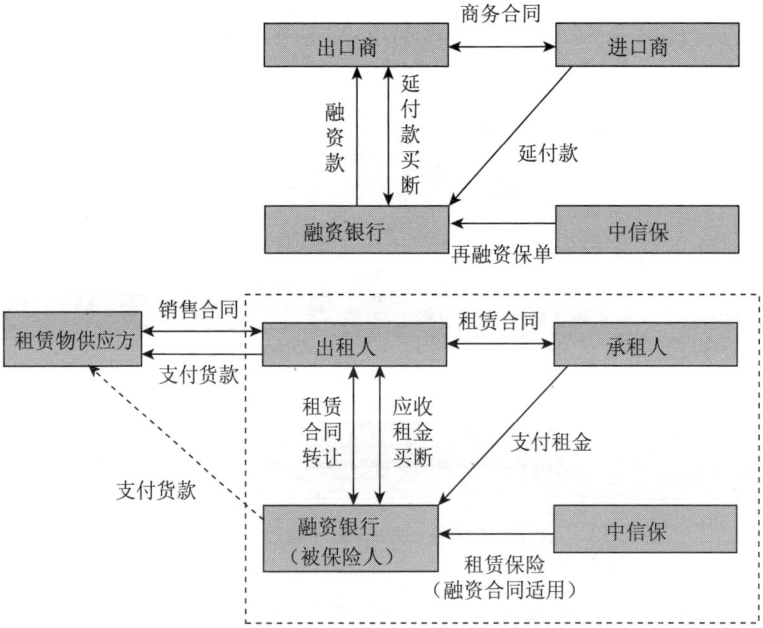

图5-14 再融资保险与海外融资租赁保险的对比

四、出口信贷的评审

（一）中长期出口信用保险的评审标准

中长期出口信用保险属于我国的政策性保险，因此，在承保政策上充分体现了支持中国产品和服务“走出去”的宗旨。项目应符合相关国家法律和法规，符合我国外交、外经、外贸、产业、财政及金融政策。

在实操中，项目应符合中信保公司项目险相关承保政策。准入标准主要体现在申请人、被保险人、中国成分、预付款比例、贷款/延付期限和融资结构等方面。第一，申请人的条件。申请人应是与项目有相关利益的主体。出口买方信贷保险和出口延付合同再融资保险的申请人应是与项目有相关利益的，在中国境内注册的企业法人或境内外金融机构。出口卖方信贷保险的申请人应是与项目有相关利益的，在中国境内注册的企业法人。海外融资租赁保险的申请人应是与项目有相关利益的，在中国境内注册的企业法人或境内外金融机构。第二，被保险人的条件。出口买方信贷保险以及出口延付合同再融资保险的被保险人为提供融资的境内外金融机构。出口卖方信贷保险的被保险人为在中国境内注册的、具有相关资质的企业法人。海外融资租赁保险的被保险人为在中国境内注册、具有相关资质的法人，或为在中国境外（含中国香港、澳门以及台湾地区）注册但被中国境内注册的法人实际控制、具有相关资质的法人，或为提供融资的境内外金融机构。第三，中国成分。本着支持中国出口的原则，中长期出口信用保险对于出口产品的中国成分或者国产化比例有所规定：大型单机和成套设备出口项目不低于60%；高技术高附加值船舶和海洋工程出口项目不低于40%，对外承包工程项目不低于35%。第四，商务合同预付款比例。预付款比例一般不低于商务合同金额15%，相应地，延付金额或融资比例一般不超过商务合同金额85%。具体而言，买贷及再融资保险项目，融资比例不超过商务合同金额的85%；卖贷保险项目，延付款比例不超过商务合同金额的85%；海外融资租赁保险项目，承保的租金本金比例不超过租赁物市场价格的85%，或承保的租金比例不超过租金总额的85%。第五，保险期限（含宽限期）超过2年，但不超过15

年。铁路、核电等重点行业项目，保险期限（含宽限期）不超过 20 年。第六，关于融资结构。无论主权项目和商业项目，均需要设计合理的融资结构，以满足中信保公司的准入标准。按照贷款的决定性担保措施是保证担保（人的担保），还是非保证担保（物的担保），融资结构可以分为表 5-15 中的几种类型：

表 5-15　中长期出口信用保险对应的融资结构

决定性担保措施	担保形式	信保保障比例
保证担保	主权担保或借款 商业担保（银行担保、公司担保）	政治风险、商业风险 95% 政治风险、商业风险 95%
非保证担保	项目融资——未来收益、项目资产及各类权益	政治性风险 95%，商业性风险 50%~70%

针对不同的融资结构，中长期出口信用保险的准入门槛和评审标准是不同的。首先，对于主权借款或者主权担保项目，一般而言，债务国的偿债率低于 20%、债务率低于 100%、负债率低于 25%。其次，对于商业担保项目，需满足"三选二"标准。以下三个标准中，至少满足其中两个。第一，项目经济可行；第二，借款人过去三个财年累计盈利，资产负债率不高于 70%；第三，担保人过去三个财年累计盈利，资产负债率不高于 70%。对于商业担保项目，中信保公司通常会选取借款人或担保人的净资产达到一定规模的公司。最后，对于项目融资类，中信保公司通常会要求融资银行设置较为完备的风险缓释措施，包括：股本金比例原则上不低于 25%；项目发起人提供成本超支担保和共管账户沉淀资金支持；完工担保；资产抵押、股权质押；偿债备付率（DSCR）要求，最低不低于 1.1，平均不低于 1.25；对于加保"政府违约"风险的项目，政府违约内容主要指与政府部门签署的购电协议、执行协议以及特许经营协议等。

（二）出口信贷的评审标准

在出口信用保险评审标准的基础上，融资银行发挥自身专业性，重点对借款人/担保人、项目情况和融资结构方面进行专业评估。从这个角度上讲，出口信贷的评审标准，要基于中信保公司的保险评审标准，又高于保险的评审标准。

首先，针对借款人和担保人的评审。银行应查询银行自身业务系统，还可借助标普、中信保公司资信评估中心等外部评级机构，审查客户资信情况，切实落实反洗钱、反恐怖融资等职责。比如，审查借款人/担保人主要股东名称及管理层的从业背景；如为上市公司，审查其上市时间及地点，近期股价走势图；审查公司主要业务板块及各板块的经营情况、市场竞争力、在同行业及区域经济中的地位；审查借款人是否存在多元化经营、成立时间短、与其贷款资金及融资项目不相符、借款用途是否存在偏离主业、借款资金是否远超经营规模等情形；审查出口商与进口商所处行业是否有特殊限制（出口或进口）要求，有无相关政策障碍；审查担保人与借款人之间是否存在重大关联交易，担保人对借款人及项目的支持力度及具体体现；审查财务情况；是否涉诉及其他法律纠纷，是否有违约记录；审查融资情况（包括融资银行、金额、期限、担保等）和其他付息债务，以及对外担保情况及担保能力评估，包括对外担保余额、被担保对象、期限等。

在审查过程中，若发现借款人资信情况较差，或在外部评级机构信用评级较低，或者可能存在借款人、担保人等相关参与方经营状况不佳，偿债能力存疑，借款人及项目所在国家或地区国别风险较高等情况，银行应审慎介入此类项目。

银行应重点支持符合国家产业政策、对外经贸政策和外交政策的出口企业和对外工程承包企业，以及他们的境外合作伙伴。比如，代表中国先进制造水平的大型机电设备出口、一般机电出口、通讯设备、轨道交通车辆等资本性货物出口企业，以及美国《工程新闻记录》发布的250家全球最大国际承包商榜单（ENR250）上榜的中国对外工程承包企业等。原则上，进口商/业主所在国别政局稳定，偿债能力正常且国家风险级别原则上应不高于中信保公司评定的8级标准；审慎办理从无海外业务经验的出口商/承包商开展的境外项目。

第二，针对境外项目的审查。银行重点审查以下内容：一是项目建设及运营条件，包括：项目名称、地点、背景、必要性和可行性；根据当地法律，项目建设需办理的审批手续，以及已经办妥哪些手续；与项目相关的基础设施等配套落实情况；项目运营商的资质、经验、市场份额及行业地位等。二是项目建设内容及进度，包括：建设内容、期限、开工时间和竣工时间、建设进度、投保进度等；项目供应商/承包商情况，重点分析资质和能力。商务合同中中国成分是否满足中信保的要求。三是项目投资筹资情况，包括：项目总投资额、总投构成情况；资金来源。比如股东出资、银行融资及其他资金来源；项目工程进度、投资完成情况及各项资金到位情况。如股东出资尚未到位，需对其出资能力进行分析判断。四是经济性评价，主要包括财务模型和商业计划评估。

在审查过程中，若发现境外项目涉嫌存在法律风险，或与国家宏观经济、产业发展方向、银行信贷政策不符；业务背景真实性存疑；担保或抵押物的合法性、有效性存疑；项目所在国要求的行政审批手续，如项目环境影响评价审批、土地、开工建设许可等方面存在瑕疵；未按照我国相关监管规定办理核准、备案手续的境外股权投资等项目，银行不得为其办理出口信贷业务。银行应重点关注、重点支持符合我国产业政策、对外经贸政策和外交政策的境外项目，特别是"一带一路"建设项目，既关注项目的经济意义，又关注项目的社会意义。

第三，审查融资结构。中信保公司在评估出口信用保险的过程中，已经针对不同融资结构，设定了不同的准入门槛。商业银行在此基础上，还应发挥自身在银行贷款方面的专业水准，重点对贷款的以下内容进行审查。审查贷款期限结构应与项目建设期和投资回报相匹配；审查担保方式如下：抵质押物名称、数量、权属、处所、评估价值、评估机构资质、抵押物是否抵押第三方、抵押物是否已经办理财产保险；审查贷款中设定的财务及非财务约束条件；银行同业对该项目的态度，是否有其他银行愿意为本项目融资，并尽可能提供融资条件；如采用银团贷款，应说明银团结构，包括银团融资总额、牵头行、代理行等；是否符合贷款风险与收益相匹配的原则，即风险资本回报率（RAROC）等银行收益测算。出口信贷的风险既涉及微观风险，还涉及宏观风险。微观风险通常包括项目合规性风险、敞口风险、项目建设期风险、管理风险和经营风险、财务风险、担保风险、实际投资超预算风险、抵质押品的物权法律规定、办理流程、所需时间等；宏观方面的风险通常包括国别风险、宏观经济背景和行业政策变化、外债及外汇汇出方面的管理、汇率风险等。银行在审查出口信贷业务时，应全面做好风险分析，并做好风险防范措施。

五、出口信贷标准银行实务

（一）业务管理模式

在中国的出口信贷市场，除了专营出口信贷的政策性银行——中国进出口银行外，其他商业银行的业务管理模式大致分为两类。第一类是中国工商银行总行直营模式；第二类是其他银行采用的总行管理、分行经营模式。

中国工商银行在中国出口信贷市场的新增市场份额占比超过半壁江山。该行采用总行直营模式，中国工商银行总行专项融资部是专营出口信贷和大型项目融资的总行一级部门，它是与总行营业部合署经营的持牌机构。现有员工近 200 人，分为国别市场开发、分行业授信业务受理、审批风控、银团和资产交易、合规管理、人力培训等多个职能处室，能够受理全中国的出口商所开展的境外项目配套融资业务，主要是出口信贷和项目融资。而工商银行境内分行受理出口信贷业务的权限较低（仅 3000 万美元）。工总行专项融资部秉承“引领中国企业走出去”的先进理念，主动开发境外项目，对接主权国家政府部门、境外业主，在对项目进行初步筛选的基础上，推荐给优质的中国“走出去”企业。待项目成熟后，专项融资部按照电力、基建、装备制造等不同的行业处室来开展贷前调查、项目送审；再由总行专项融资部内嵌的信审团队进行项目审查审批，对于超过权限的项目报总行信审委员会审批；在项目审批之后，再由行业处室与境内外借款人洽谈合同、签署融资协议、落实出口信用保险以及放款条件，并进行专业的贷后管理。工商银行还在中资银行中首创了精细化的国别风险管控模式，即“国别限额+主权限额”双重风险管控模式。按照中国银保监会的管理规定，一家银行的国别风险敞口是指经国别风险转移后该行持有的境外债务人发行的有价证券或其他相关债权业务余额（比如存放同业、出口买方信贷等境外贷款等）。国别限额既包括主权借款（主权担保）项目，也包括商业信用项目。按照银保监会管理规定，对于承保了政策性保险的出口买方信贷业务，国内融资银行所承担的境外借款人（主权或商业借款人）的国别风险，由境外借款人转移至境内的中信保公司（按照保险赔付比率转移）。基于银保监会的这种国别限额管理规定，出口信贷业务对于境外国别风险占用较低（绝大部分贷款 95%的国别风险自境外转移至境内），因此，某一家商业银行可以受理的境外某国的主权借款和商业借款上限会比较高。中国工商银行在遵循银保监会国别限额管理的同时，施行更加细化的主权限额管理。主权限额，仅考虑主权借款（或主权担保）项目，而不考虑商业借款项目。这是该行对于愿意承受并且能够承担的境外某国主权风险上限的管理。当该行对境外主权债务人的信贷余额，超过了该行风险部门核定的主权限额时，该行便不能再对该国家新增主权授信（即便该笔贷款投保了中信保公司的出口买方信贷保险）。通过主权限额来管理境外国别的主权贷款集中度，体现了工商银行更加精细的风险管理理念。

第二种管理模式，是以中国银行为代表的大多数中国商业银行开展出口信贷业务的管理模式，即“总行管理+分行经营”。这种模式下，总行产品部门并不直接经营业务，而是实行专业性归口管理，包括业务授权、产品设计、具体项目的立项、规章制度制定、考核和营销推动、重大项目的融资结构设计与谈判、信保索赔等。分行对应部门（比如公司金融部、贸易金融部、交易银行部或国际业务部等）是出口信贷业务的落地管理部门，负责协助经营机构（比如支行）来营销客户、上报立项，并配合经营机构做好贷前、贷中、贷后等各项工作。各分行之间按照属地原则受理各自辖区内的出口信贷业务，接受总行业务指导和检查。

从两种模式的比较来看，第一种模式，即工总行的直营模式，体现了高度集约化、专业化经营。它能够调动干部和员工的经营积极性，有利于加强与中信保公司、境外政府部门和业主、国内出口商和国内同业等各相关方的交流，影响力较大。由于专业化经营，工行的前、中、后台配合默契，贷款的审批时效较高，业务增长较快。不过，这种业务模式的形成非一时之功，其他银行较难模仿和复制。大多数银行仍采用类似中国银行的管理模式，总、分行各司其职，发挥各自优势，共同受理业务。在第二种模式下，各家银行可借鉴工行专营模式的某些成功做法，加以吸收利用。一方面，总行产品部门除了专业化管理职能外，可更进一步介入分行的业务经营过程，包括客户筛选和营销、尽职调查指导、立项管理、贷款协议签署、放款落地实施、贷后管理实施等全流程的业务管理和推动。同时，总行还应深度介入与中信保公司、各银行同业和境外客户等的沟通，搭建良好的业务渠道。另一方面，总行可指派某几家业务经验丰富的分行，作为全行出口信贷业务的直营中心。出口信贷业务结构复杂、周期长、金额大，涉及法律、政治、金融、外汇管理等多个领域，需要综合性的专业化人才和较强的业务实操经验。因此，总行可积极发挥直营中心的专业化人才队伍在客户营销和项目受理过程中的引领作用和全流程的专业性，带动其他分行共同受理全国范围内的业务并有利于加强风险防控。直营中心与其他分行通过行内银团贷款的模式，统一对外开展业务谈判和全流程业务办理。直营中心重点发挥自身在境外项目尽职调查、业务联络、英文协议签署及执行、风险防范等方面的专业性优势，其他分行则重点发挥自身在国内出口企业信用调查和管理、客户沟通等方面的属地优势。这种客户资源共享、协同配合、统一对外、收益共享、风险共担的分行间合作模式，必将推动业务又快又好发展。目前，中资银行出口信贷业务方兴未艾，随着“一带一路”持续推进，相信各家银行的业务规模将快速增长，业务管理也将日趋成熟。

（二）业务流程

出口信贷是一种信贷业务，因此遵循商业银行一般信贷业务规律，符合信贷业务贷前调查、贷中审查和贷后管理的流程特征。同时，出口信贷又是一种国际信贷业务，因此在贷前、贷中和贷后全业务流程中，涉及境内外相关方较多、业务要点较为复杂。

1. 贷前调查流程

通常而言，贷前调查流程可以分为两个阶段：前期调查与方案设计阶段、尽职调查与调查报告阶段。

前期调查与方案设计阶段，是融资银行、中信保公司共同为企业提供超前综合金融服务的体现。“兵马未动、粮草先行”，融资方案对于境外项目的成败，具有至关重要的作用。因此，在项目竞标或议标阶段，融资银行就需要配合客户出具融资兴趣函（Letter of Intent）和融资条件函（Term Sheet）。融资兴趣函（Letter of Intent）指银行有兴趣为项目提供融资支持。融资条件函（Term Sheet）指银行根据借款人融资需求、商务安排及银行信贷政策等为项目拟定的主要融资条件。出具融资兴趣函或融资条件函不代表银行提供了贷款承诺。同时，中信保公司也为决定介入的项目出具《兴趣函》，表达有兴趣为项目提供出口信用保险支持。《兴趣函》由询保企业填写《询保单》申请。

尽职调查与调查报告阶段，是融资银行和中信保公司互相配合，共同完成融资和保险尽职调查的过程。融资银行在前期调查与方案设计的基础上，全面开展项目的尽职调查工作，撰写调查报告，并报送有权审批部门开展审查、审批工作。除了一般授信业务尽职调查报告中所应该包含的要素外，银行还应该结合中信保公司《意向书》或《兴趣函》中的保险条件开展调查，包括：①保险险种名称；②中国成分最低要求/股权比例要求；③赔偿比例（政治风险比例、商业风险比例）；④预估保险费率，并说明保费缴纳来源（是借款人/股东/出口企业缴纳，还是保费融资）；⑤计划列入《保单明细表》的担保情况等。中信保公司也要借助第三方律师所等机构，开展境外项目的尽职调查工作，并撰写调查报告报送总公司承保人审批。

2. 贷中审查流程

贷中审查阶段，是在贷前调查的基础上，完成审查与审批，并实现放款。在第一个阶段，即审查与审批阶段，银行完成授信审批，中信保公司完成保险审批。在第二个阶段，即贷款发放阶段，银行落实授信批复条件并签署融资协议，中信保公司落实保险条件并收取保费促使保险合同生效。银行放款中心审查贷款发放前提条件的落实情况，最终实现信贷投放。

首先看审查与审批。经过保前调查，中信保公司对意向承保的项目出具《中长期出口买方信贷保险/中长期出口卖方信贷保险意向书/出口延付合同再融资保险意向书》（以下简称《意向书》），列明承保风险的种类、赔偿比例、经初步测算的费率等意向承保条件。《意向书》是中信保公司完成内部审批程序的重要环节，若项目在正式承保阶段相关条件无变化，中信保公司可在履行完项目审批程序后正式出具保单。若申请《意向书》，融资银行需向中信保营业机构提交《融资条件函》和《本息测算表》。需要指出的是，《意向书》不是申请中信保公司出具保单的必备环节，中信保公司可以根据融资银行提交的《承贷方案》和《本息测算表》并结合企业提交的材料，直接启动审批程序。目前，中信保各分公司并不具备中长期出口信用保险的审批权限；总公司管理层审批权限是1亿美元、总公司董事会审批权限是3亿美元、保险金额超过3亿美元的审批权限在政府部门（国务院）。

融资方案与保险方案应相辅相成，融资银行的审查审批应与中信保公司的保险审批工作保持一致。在完成内部信贷审批程序后，融资银行还应该根据中长期出口信用保险的承保金额，向中华人民共和国商务部或直接向中信保营业机构报送承贷方案：①保险金额（指预估的本息和）大于等于3亿美元或超过中信保公司国别风险限额的项目（银团项目以项目的总保额为准），中信保公司保险的最终审批权在国务院。银行应将承贷方案报送商务部，并抄送中信保公司和财政部。银行应确保承贷方案与中信保公司对外报送的承保方案保持一致。②小于3亿美元且未超过中信保公司国别风险限额的项目，中信保公司拥有自主审批权限，银行根据以下两种情况申请中信保公司的保单：如贷款协议已正式签署，无需报送承贷方案，由银行向中信保营业机构提供合同签字复印件（需加盖公章）即可；如贷款协议未正式签署，由银行向中信保营业机构报送承贷方案，以便中信保公司启动正式保单的内部审批程序。

其次看贷款发放。从融资银行角度而言，应在授信批复之后，与客户谈判并签署贷款协议。若以银团贷款的方式向借款人提供贷款，则通过银团代理行与客户落实贷款协议相关条款。贷款银行负责督促有关各方落实贷款协议的各项生效条件及提款前提条件，并通过银行放款中心落实贷中审查工作，审查借款人的提款通知、单证相符情况、工程进度报告、借款人未违约证明、保费已支付等条件。贷款发放后，在贷款存续期间，银行应按照中信保公司规定的格式，在提款或者应付款日后10日内向中信保公司书面通报以下情况（包括但不限于）：①已借记的贷款总额；②最新贷款借记的日期、金额、相应的到期日和使用的利率；③贷款本金和利息总额以及所使用的利率；④已收回的贷款本金和利息；⑤逾期的贷款本金和利息；⑥贷款余额；当贷款协议下的贷款全部提取完成或提款期结束后，经办分行需向中信保公司报送经借贷双方确认的《还本付息表》。

从中信保公司角度，中国信保应出具正式保单，由《投保单》《保险条款》《保单明细表》以及保单项下的批单共同构成。银行在贷款协议签订或贷款发放阶段，应确保《保单明细表》和批单（如有）内容与银行信贷审批批复要求一致。对于需要进行赔款权益转让操作的项目，银行需与有关企业签署赔款权益转让协议，由被保险人或投保人向中信保公司发送赔款权益转让通知书，中信保公司再向银行和相关申请方发送《赔款权益回执确认书》，完成赔款权益转让流程。为确保中信保公司的保单有效，并在出险时能够以约定的最高赔偿比例赔付，银行应敦促投保人按期、足额缴纳保费。银行应将缴纳保费作为贷款发放条件。对于保费超过1000万美元的项目，可申请保费融资；如采用保费融资方式，应将缴纳保费的自有资金部分作为贷款发放条件，并将首笔提款用于剩余保费支付。在中长期出口信用保险项下，保费可以一次性缴清，也可以在项目提款期内分期缴纳。当保费超过600万美元且中信保公司同意分期收取的，银行应确保贷款发放进度不超过中国信保当期保险责任，确保贷款余额风险得到有效的覆盖。

3. 贷后管理流程

出口信贷的贷款期限较长，因此，贷后管理工作较为复杂。银行应加强对贷款执行情况的检查和项目的贷后检查。贷款协议执行情况的检查通常包括：提款情况；还本付息情况；借款人、担保人经营、财务、投资、信用的状况等。项目执行情况的检查通常包括：关注项目出口方履约能力变化；关注项目资金到位、建设、运营等的进展情况；相关国别、政策、市场、技术的变化情况；关注国别风险、汇率风险、宏观经济政策、行业政策、外债及外汇政策等可能给银行贷款带来的不利影响。

在贷后检查过程中，银行应主动与中信保公司保持密切沟通和互动。若银行未履行相应义务，可能导致中信保公司拒绝赔付，或降低赔偿比例。因此，应格外关注以下六个方面：

一是贷款协议及相关文件和协议双方履约的合法有效性。银行应确保融资文件合法、有效可执行；确保被保险人和项目企业严格遵守中国和东道国法律法规以及融资文件适用法律。

二是对贷款协议及相关文件实质性内容的变更和修改（包括但不限于处分保单和贷款协议项下的权益，调整还款计划）需报中信保公司书面批准同意；非实质内容的修改，需报中国信保备案。

三是贷后跟踪信息的共享。银行应根据保险单的约定，认真遵守和履行被保险人义务，与中信保公司分享其在贷款协议以及还款担保相关的文件项下有权获得的信息或资料。

四是借款人的任何风险异动情况，及时告知中信保公司。项目损因发生后，按照保单关于保后流程的要求，提交《可能损失通知》，并正式索赔。

五是银行在项目发生风险后，应在总行相关贷后管理部门和业务主管部门的指导下，与中信保公司配合采取一切必要措施减少损失，包括但不限于主张融资协议项下权益、变现担保物等。在此过程中，银行应与中国信保及时沟通项目处理中的问题。

六是保险索赔。当保单列明的损因风险（即政治风险或商业风险）发生后，银行应根据保单具体要求，在保单约定时间内（一般为 30 天）向中国信保报送《可能损失通知书》。之后可向中国信保正式索赔。银行最迟应在相应的应付款日后相应的时间内（一般为 12 个月）向保险人正式提出索赔。索赔时，需按中信保公司提供的《索赔申请书》的格式如实填报损失事项，并提供与损失有关的全部证明文件。在收到《索赔申请书》及全部证明文件后，中信保公司将根据保险单的有关规定做出赔偿与否以及赔偿金额的决定。中信保公司决定理赔后，将要求银行转让相关担保权益或就权益转让方案达成一致后，再进行赔付。超过保单约定时间内报损或索赔，可能会导致中信保公司拒赔。在中信保公司决定赔付后，支付赔款前，银行应将相关担保权益转让中信保公司，或按照与中信保公司就权益转让达成一致的方案进行处理。赔付后，银行应照保单约定配合中信保公司开展追偿工作。

图 5-15 为中长期出口信用保险与出口信贷的业务流程。

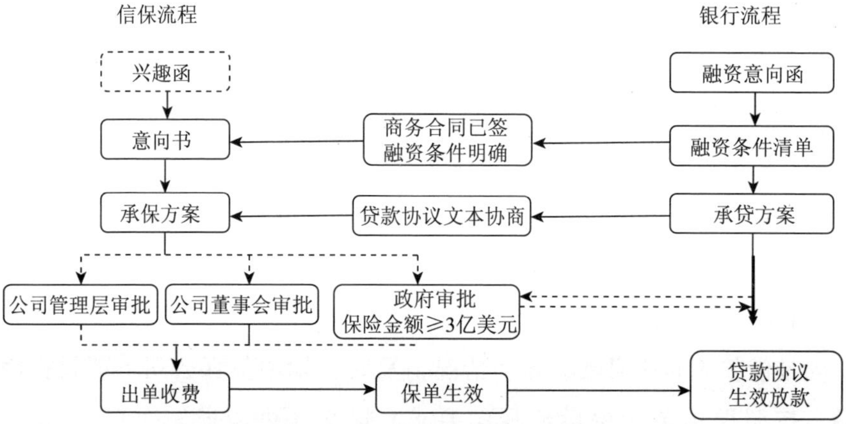

图 5-15　中长期出口信用保险与出口信贷业务流程

（三）银行实务要点

在上述全流程业务管理过程中，银行应借助多种手段，全方面开展贷款“三查”工作，切实支持实体经济，同时防范信贷风险。

1. 贷前调查要点

出口信贷项目的贷前尽职调查工作涉及维度较多，比普通流动资金贷款复杂，从形式上更接近于项目贷款。融资银行至少应开展以下方面的尽职调查工作：

一是出口商/承包商调查。包括出口商/承包商的基本情况（包括成立时间、股东情况、组织架构等）；出口商/承包商经营情况及经营风险分析（包括收入构成、具体运营模式、主要上下游客户及结算模式等）；出口商/承包商财务状况分析（包括资产负债结构、盈利能力、营运能力及主要科目变化情况等）（至少包含近三年财务报表）；出口商/承包商的履约能力分析（包括近年出口规模，境外工程承包经验及历史履约记录等）。

二是进口商/业主调查。包括进口商/业主基本情况（包括股东构成、成立时间及背景等）；进口商/业主运营情况（包括历史收入构成情况、项目所在国地位及具体经营内容等）；进口商/业主近年主要财务数据分析；进口商/业主所在国家的政治经济情况及与我国的政治、经贸关系、进口国政府项目相关的政策和规定等。

三是进口国别调查。包括政治情况（政治架构、领导人、政治稳定性分析）、经济情况（近年的偿债率、负债率和债务率分析、外汇储备情况、外储支持进口用汇的月份、国际评级机构以及中信保评级等）、与我国政治经贸关系、进口国政府项目相关的政策和规定（是否外汇管制等）。

四是项目可行性分析。包括项目基本情况、商务合同基本情况（商务合同核心条款包括但不限于履约条件、合同生效条件、付款条件、还款计划及对应担保条件等）；项目进展情况、项目的可行性分析，包括项目资金来源、融资需求、未来现金流预测及偿债能力分析（包括提款期和还款期每年的偿债覆盖率测算）、投资回收期、敏感性分析等，以及还款资金来源、担保条件等。

五是合规性分析。目前，我国对外工程承包项目实行备案制管理，银行应该审核该项目是否在商务部取得项目备案表、项目备案表回执。此外，我驻外使馆经济商务参赞处、对外承包工程商会、机电产品进出口商会等机构还会针对项目出具支持函、协调函等书面意见。在境外进口国审批方面，应该了解进口国的审批流程及对应项目立项文件，以及项目是否能够获得当地的环评及社会影响评估。

六是融资结构和融资条件分析。包括但不限于贷款金额、贷款期限（提款期、还款期）、利率、费用（管理费、安排费、承诺费等）、出口信用保险投保情况、担保措施、牵头行、参加行、代理行（适用于银团贷款）、贷款资金用途、还款安排、适用法律等。

七是风险分析。包括但不限于行业风险分析、经营与财务风险分析、法律合规风险分析、国别风险分析、汇率风险分析、项目执行风险（完工风险、运营风险等）、担保风险分析等。

2. 贷中审查要点

基于贷前调查工作，出口信贷业务的审查审批工作应该更进一步发挥专业性，科学评估、完善融资方案、规避业务风险。具体审查标准可参照上文中“出口信贷的评审标准”。

完成贷款的审查审批之后，一项非常重要的工作便是贷款的发放，简称放款。出口信贷的放款工作至少包括两个阶段的内容，第一个阶段，贷款人与借款人签署融资协议，并落实各种担保条件。第二个阶段，银行放款中心审核出口信贷的放款前提条件，实现放款。

首先看第一个阶段，出口信贷的融资协议。出口买方信贷的贷款协议通常以英文书就，对于融资银行而言，可借助律师事务所就相关条款把关。重点把握以下合同要素：

（1）合同当事人（Parties to the Agreement）。包括贷款人、借款人、银团安排行和代理行等。

借款人。就主权借款人而言，应明确借款实体，如主权国家或政府部门代表国家对外举债。贷款银行应聘请专业法律人员就该机构是否可作为合法的借款人，以及其举债行为、举债金额和期限是否符合当地有关法律规定等，出具明确的法律意见。比如，赞比亚主权借款的借款人为赞比亚政府（通过财政部长的名义）：The government of the Republic of Zambia，acting by and through the Minister of Finance of the Republic of Zambia。

银团安排行。金额较大的出口信贷，一般通过银团贷款的方式来开展。银团安排行（牵头行）负债筹组银团，通过全额包销、部分包销或者尽最大努力包销的方式邀请银团参加行，共同为借款人提供出口信贷。安排行的主要工作包括：挖掘、掌握借款人的需求；挖掘、掌握银团参加行的需求；通过对利率、还款条件、担保、限制性条款的适当调整来匹配借款人与银团参加行两者的需求；在银团贷款协议签署前是整个银团项目的核心；制定银团贷款融资文件。在较为复杂的银团中，可通过联合牵头的方式，安排行的身份可以有Mandated Lead Arranger、Senior Lead Arrangers等。

代理行。银团代理行是指银团贷款合同签订后，按相关贷款条件确定的金额和进度归集资金向借款人提供贷款，并接受银团委托按银团贷款合同约定进行银团贷款事务管理和协调活动的银行。

代理行可以分为三类：贷款代理行、文本代理行、担保代理行。贷款代理行的主要工作，包括为借款人提款、确定利率、利息计算、接受借款人还款、支付费用，以及监督借款人执行贷款协议情况、对某些要求的豁免、补救、债务重组等事项组织银团谈判等。文本代理行的主要工作，包括负责有关文件的管理、聘请律师制定文件以及与借款人谈判最终定稿等。担保代理行的主要工作，包括办理贷款项下资产抵押等担保品的手续，并负责担保品的日常管理以及未来可能的担保处置工作等。在复杂的出口信贷银团中，代理行的身份可以有在岸代理行（Onshore Security Agent）和离岸代理行（Offshore Security Agent），以满足在境内、境外完成相关代理行工作的目的。

（2）贷款目的（Purpose of Loan）。

出口信贷的协议中，通常要明确贷款资金用途是购买贷款国的商品或服务，这也是出口信贷支持本国出口的宗旨体现。此外，载明此条款，还将有助于在借款人挪用贷款从事非法交易时，银行能够维护自身利益。

（3）贷款金额和货币（Amount and Currency）。

出口信贷协议中，一般以美元或欧元作为计价币种。贷款金额一般不超过出口商务合同的85%。

（4）贷款期限（Period of Loan）。

在出口信贷的提款期内，若借款人满足提款前提条件，贷款人可向借款人发放贷款。当提款期届满，未提取的贷款视为借款人主动放弃提款。提款期的年限，通常与项目的建设期相匹配，从而满足项目建设的资金需求。提款期通常又是贷款的宽限期，借款人只需要向贷款人偿还利息，而无需偿还本金，从而减轻借款人的资金压力。

当贷款的款项期届满，便进入贷款的还款期。在还款期内，借款人通常每半年向贷款人偿还一次本金。还款期届满，贷款全部还清。

（5）贷款利率（Interest Rate）。

出口信贷通常采用浮动利率，但也可采用固定利率。浮动利率通常以6个月LIBOR为基准，加上一个利差（Margin）。浮动利率定价中，LIBOR是变化的，但是Margin是不变的。

对于出口应收债权买断、海外租赁保险项下应收租金买断等业务，银行向出口商的报价通常为固定利率报价。一旦贷款协议签署，在整个贷款期间内，利率是固定的，因而借款人的融资成本得以锁定。

（6）利息期（Interest Period）和利息支付日（Interest Payment Date）。

所谓利息期，指的是用以计算贷款利息的时间单位。出口信贷常用利息期一般为6个月，利息期始于第一次提款日，止于最后一个偿还日。

利息支付日指贷款人应收到利息的日期。比如，在贷款协议中可以约定，对于利息期为6个月的贷款，每年的6月29日和12月29日分别为利息支付日。虽然贷款可以分多次提取，但是均统一在这两个利息支付日来付息。

（7）费用（Fees）。

出口信贷的管理费（Management Fee）通常在贷款协议签订后30天内支付，按照融资金额的一定比例（比如0.5%~1.5%）一次性支付。

出口信贷的承诺费（Commitment Fee）。通常在提款期内，按未提款余额每半年收取一次。该费用是对贷款人资金时间成本的补偿。贷款协议签订后，贷款人有义务在借款人满足提款条件时向其放款，因而贷款人要备足资金头寸。这部分头寸，并不能获取利息收入，因而借款人每半年向贷款人支付一次承诺费。承诺费=未提款余额×承诺费率×承诺天数/360天。简而言之，在提款期内，贷款人已放贷部分，可赚取利息；未放贷部分，可赚取承诺费。

代理费（Agent Fee）。在银团贷款中，借款人需向银团代理行支付一定比例的代理费，作为代理行负责管理贷款等工作的报酬。代理费通常每年按固定费率收取一次。

（8）提款（Drawdown）和先决条件（Condition Precedent）。

出口信贷的提款（Drawdown），即借款人向贷款人申请提用贷款协议项下的资金。出口信贷的提款一般用于支付境外工程承包合同建设期内的工程款，或者出口商发运货物后的收款。因此，出口信贷的提款，需要满足很多提款的先决条件（Condition Precedent，简称CP）。每个贷款协议的提款先决条件不尽相同，一般包括15%的预付款已支付；商务合同合法有效；出口信用保险公司的保单已生效；借款人同意借款的董事会决议；借款人所在国的相关法律、批准、许可等已办妥；担保人同意担保的董事会决议；借款人出具的提款通知；法律意见书等。

（9）声明与保证（Representation and Warranty）与消极保证条款（Negative Pledge）。

声明与保证条款，是借款人在贷款协议中向贷款人做出的保证，通常包括借款人法律地位的声明，以及借款人财务状况和商务状况的声明。当贷款人发现该保证失实，有权采取解除贷款协议等保护债权人权利的手段。

消极保证条款是借款人向贷款人所作的否定保证，比如保证在贷款存续期内，不在其资产或收益上设定任何抵押权、质押权或其他担保物权。消极保证条款有利于保护本笔贷款项下的债权人权利，还可以限制借款人进一步举债。

（10）违约事件（Event of Default）。

贷款协议中约定的借款人的违约事件通常可以分为两种。第一种是借款人违背其在借款协议项下的“陈述与保证”“消极保证”等条款或者未履行贷款协议规定的相关义务。第二种是“交叉违约”（Cross Default），即借款人在其所签署的其他合同项下发生违约，有可能对本贷款协议产生影响。

在违约事件发生时，在多数贷款人（或全体贷款人）对违约事件达成一致意见后，代理行按照多数贷款人指示行使救济权利。常见的救济权利有以下三个方面：①解除与借款人的融资协议并宣布贷款加速到期，借款人须立即偿还所有未偿还的贷款本息。②贷款人中止或取消向借款人继续提供贷款的承诺。③豁免该违约事项，继续提供贷款。

（11）代理条款（Agency Clause）。

代理行根据贷款人的委托，充当银团贷款事务的管理者，既是借款人和贷款人之间的中间联系人，各贷款人之间的中间联系人，也是银团事务的主要操作及执行人。代理行是银团的代理人，其以被代理银团的名义，在被代理银团的授权范围内行事。银团的各融资方在银团贷款合同中授权代理行履行各项职责。代理行在授权范围内进行管理行为的法律后果由被代理银团承担，代理行超越授权范围实施行为的法律后果，应由其自行承担。因此，代理行在不同的银团贷款合同项下的职责可能各不相同，但是代理行的定位和基本职责都是相同的，代理条款通常要明确：①通过银团贷款合同授予代理行的职责纯属操作性和管理性。②代理行履行职责时，可以信赖其得到的来自银团各当事人的信息及文件的真实性，可以假定借款人没有违反银团贷款合同下的责任（包括其所做的陈述的真实件），除非代理行已经实际知道或得到了相反的事实或通知。③代理行按照贷款人（多数贷款人或全体贷款人）指令行事时，不承担可能发生的法律责任与后果。代理行不必对其他参与银行执行贷款协议期间所应注意的工作质量和工作效率负责，也不对今后的回收贷款负责，更不对其向银团转达借款人的任何书面的说明、保证、注释、声明、财务报表、票据或任何其他文件的真实性、有效性、可执行性负责。

（12）转让条款（Assignment）。

在出口信贷的贷款协议中，可以约定：初始贷款人（Original Lender）可以将其在贷款协议中的权利和义务，全部或部分转让给其他银行（New Lender），前提条件是征得借款人、代理行和中信保公司的同意。完成贷款份额的转让后，新的贷款人便当成为原贷款协议中的一方，受到协议中关于贷款人义务的约束。

（13）主权豁免（Sovereign Immunity）。

主权豁免，也称做国家主权豁免或国家豁免，是一国根据国家主权和国家平等原则不接受他国管辖的特权，泛指一国的行为和财产不受另一国的立法、司法和行政方面的管辖。但通常是指一国的国家行为和财产不受另一国的司法管辖。主权豁免作为一项国际法原则，使得除非某国家或政府同意，他国法庭不得接受以其为被告的诉讼，以避免国家、政府或其他政治机构在自身不同意的情形下被诉诸于他国法院。

通常而言，主权豁免包括管辖豁免和执行豁免。管辖豁免，指的是未经一国同意，不得在另一国法院或仲裁机构对该国提起仲裁、诉讼或将该国财产作为诉讼标的。执行豁免，是指即使一国放弃了管辖豁免并败诉，但不经其同意，另一国仍不得扣押其财产，不得强制执行判决。上述两项中，放弃一项豁免，并不意味着放弃另外一项豁免。

主权豁免体现的是国家主权平等原则，因此，各主权国家在外国法院都享有豁免权；外国法院应尊重主权国家的豁免权，不得任意剥夺。但是，在是否行使这一权利的问题上，每个国家有选择的自由，即国家可以放弃豁免，前提是放弃主权豁免必须是该国的自愿行为。那么，一国通过何种方式来放弃主权豁免呢？可以分为明示或默示两种方式。明示放弃指的是国家事先通过签订条约、协定或合同来放弃豁免，或事后通知外国法院接受其管辖。默示放弃指的是国家通过在外国法院直接提起或者参与诉讼等行为，以表示接受了该法院的管辖。但是，正如上文所述，主权豁免分为管辖豁免和执行豁免。即便一国明示或默示同意外国法院就某一特定行为行使管辖权，也不意味着同意该法院可以予以执行，一国对执行豁免的放弃，必须另行明示做出。

在我国银行为境外借款人提供的出口买方信贷等业务中，借款人或保证人有时是主权国家或者代表主权国家的财政部、中央银行等政府机构。在贷款协议中，通常选择仲裁而不是诉讼作为争议解决方式。同样，仲裁也涉及主权豁免的问题。在管辖豁免方面，各国广泛认可的是，主权国家与私人达成仲裁协议，则已经默示放弃了管辖豁免，并且在提起仲裁时国家也不能单方面撤回上述放弃豁免。在实操中，一旦贷款协议中约定了有效的仲裁条款，则主权借款人就默示地放弃了其享有的管辖豁免，仲裁庭也就取得了对相关争议的管辖权。在执行豁免方面，也就是当仲裁庭对争议做出裁决后，一国法院是否可以针对主权借款人的财产来强制执行相关的裁决呢？在实务中，即便主权借款人已经放弃了管辖豁免，若它并没有明示放弃执行豁免，则法院也不能针对其财产去强制执行相关的仲裁裁决。

由此可见，在主权借款或主权担保类出口信贷等业务时，在贷款协议中明确要求借款人明示放弃可能享有的主权豁免，对于保护银行债权具有重要意义。若融资协议中缺少放弃主权豁免的条款，在未来一旦发生争议需要提起仲裁，仲裁庭可能对主权借款人无法取得管辖权。进一步，为避免仲裁裁决对借款人不利时，借款人主张执行豁免，融资银行还应该要求借款人在贷款协议中明示放弃执行豁免。

其次看第二个阶段，审核出口信贷的放款前提条件，实现放款。出口信贷的放款审核材料，与国内一般贷款相比，存在相似之处，也存在较大的差异性和复杂性。从相似性来看，都需要审核借款人和担保人的基础资料，比如出口信贷业务中的出口商/进口商/借款人/担保人的合法注册文件、法定代表人身份证明文件、借款人同意借款的董事会/股东会决议（如有）、担保人同意提供担保的董事会/股东会决议（如有）、借款人（担保人）有权签字人授权和签字样本、征信授权书和征信记录查询结果（如需）、借款合同和担保合同、授信批复等。从差异性来看，出口信贷的放款审核较为复杂。每一份出口信贷融资协议规定的先决条件（Condition Precedent）都各不相同，在出口信贷银团贷款实务中，代理行通常是依赖律师出具的法律意见书及先决条件确认函来决定先决条件是否满足。这些先决条件通常包含借款人（及保证人）的公司文件、借款人及担保人的董事会/股东会决议、出口信贷合同与担保合同、出口商务合同已签字生效、借款人所在国的相关法律、批准、许可均已办妥、中信保公司已签发保单、保费支付证明、15%预付款已支付、各种银行相关费用已经支付或即将支付的证明、应缴纳的税项已缴纳的证明、独立律师所出具的法律意见书、借款人没有违约事件发生、借款人按时提交的符合贷款合同要求的提款通知等。

在完成了放款审核之后，贷款人向借款人发放贷款，并根据中国银保监会关于贷款资金“受托支付”的原则，将贷款资金支付给借款人的交易对手。以出口买方信贷资金的支付为例，贷款人向境外借款人（通常是项目业主）发放贷款后，受借款人之托，将信贷资金支付给借款人的交易对手，即国内出口商。

3. 贷后管理要点

出口信贷的贷后管理工作，包含从授信实际发放开始，到授信结清或清收完毕的全流程。出口信贷的贷后管理工作较一般国内信贷更为复杂，需要客户经理和产品经理通力合作。客户经理承担贷后管理第一责任，需要定期走访客户并检查项目，及时获取来自各方面的信息，主动分析存在的风险并制定风险缓释措施。产品经理对于出口信贷产品的运行规律较为熟悉，应通过专业性分析，发现风险迹象，及时提示客户经理，并对客户经理提出的风险管理措施提出完善性和补充性的意见和建议，共同筑牢风险防控和风险处置的防线。

一是出口信贷的客户贷后检查，包括但不限于出口商（或承包商）、进口商（业主）、借款人、担保人等。客户贷后检查内容通常涵盖如下内容：①经营情况：主营业务情况、交易对手、交易模式、经营活动是否依法合规、经营活动有无停止或生产是否出现停产、半停产等显著变化；②财务状况：定期进行财务分析，重点关注其关键财务指标是否发生重大不利变化，对企业的资产质量、盈利能力、现金流等指标的异动引起足够重视；③管理状况：高管层重大变化、公司治理、企业文化、海外业务管理模式、人员结构及变化等；④行业风险：境内外宏观政策变化，是否会对客户所在行业有较大影响等；⑤资信情况：国际及国内相关机构、媒体等对客户的重大事项报道。

二是出口信贷的担保品贷后检查。担保人的检查，参照以上客户检查内容，重点从其经营管理状况、最新财务数据、担保意愿和保证能力等角度进行检查。对于抵（质）押品的贷后检查，应重点关注抵（质）押品的权属情况；抵（质）押品的保管措施；抵（质）押品的财产保险的有效性及保险金额和期限是否有效覆盖银行债权；抵（质）押物的价值变动和重估，并据此及时要求客户追加担保或提前处置担保品。

三是出口信贷的资金流向贷后检查。出口信贷的贷款资金流向，需遵循中国银保监会“三个办法、一个指引”文件，按照“实贷实付”“受托支付”等原则管控资金流向，避免出现资金挪用。出口卖方信贷通常用于支持出口商的出口项目，资金可以用于其采购、生产、加工、装运等需求，将资金支付给其交易对手。出口买方信贷的借款人在境外，贷款用途是境外进口商向中国出口商支付货款或工程款。因此，银行通常根据出口商提供的发货或工程进度证明，将贷款资金直接支付至出口商的收款账户，实现“受托支付”。若境外项目执行过程中，需要在境外使用出口买方信贷的资金，比如支付当地的人员工资、当地采购料件等，银行可将贷款资金支付至中国承包商在境外开立的账户，并收集后续用款凭证，避免出现资金挪用。

四是出口信贷的项目贷后检查。出口信贷用于支持中国出口项目，因此，对项目的贷后检查，是确保第一还款来源的重要工作。银行需要对出口设备发货进度或项目工程施工进度等情况进行密切监控。在贷款存续期，银行应加强对境外工程承包项目的贷后检查，包括项目建设进展、竣工验收、投产达产、项目运营、项目账户监管（如有）、EPC 合同执行情况及有无纠纷、环境保护或社会责任履行情况及有无纠纷等。

五是出口信贷的保单贷后管理。出口信用保险是出口信贷重要的风险缓释措施，因此，银行应加强对保单的管理。以实务中应用最多的出口买方信贷保险单为例，银行应确保保险责任在首次放款前已生效，并且在后续各次放款前持续生效；在借款人提款后的 10 日内，银行向中信保公司书面告知提款明细；出现的可能发生的损因事件、任何可能影响到担保权益的事件、借款人发生的任何违约行为，银行均应书面告知中信保公司；银行对贷款协议或担保进行实质性变更前，必须获得中信保的同意；严格按照保单的约定，履行被保险人义务，在理赔追偿过程中，密切配合中信保公司开展权益转让等工作。

六是出口信贷的国别风险管理。国别风险贷后管理，要在延续贷前调查和贷中审查阶段对于国别风险管理的基础上，持续开展国别风险监控和动态处置，包括但不限于主权风险、政治风险、宏观经济风险、外债及外汇汇出风险等。一方面，银行应严格执行中国银保监会对各家银行的国别风险管理制度，确保不超限额。根据规定，通过中信保公司政策性保险，可以将境外借款人的国别风险转移至境内，因此，极大地缓解了银行的国别限额压力。另一方面，银行还应该加强国别风险集中度管控。对于主权债务激增的国家，银行应控制针对该单一国别的授信金额。

六、案例解析

（一）主权类项目案例——基础设施互联互通

1. 项目简介

A国于21世纪初结束了长达数十载内战后，该国80%人口缺乏基本医疗设施，60%人口缺水，国家平均年龄为40岁。战后重建过程中，A国需要大力发展住房、医院、学校、电力、水坝、机场、铁路、公路、体育场等基础设施建设。十几年来，随着越来越多的中国施工企业为该国实施建设项目，A国逐渐成为中国主要的对外承包工程市场和重要劳务合作伙伴。以下是一个比较简单的交通枢纽建设项目案例。

A国的国际机场计划于近期投入运营，旅客接待量将迅速增加，从而对机场至市中心的交通运力带来压力。既有交通基础设施不能满足旅客增加需求，带来了沿线的综合交通枢纽车站升级改造需求。该项目是A国重要的民生工程项目。中国的工程承包企业B公司拟参与该项目的投标，并获得中国对外承包工程商会支持函、我国驻A国使馆经商参赞处协调意见函。B公司最终成功中标并签署了EPC施工合同，合同金额2亿美元，施工期2年。该项目技术难度不大，中国某设计院对该项目出具了设计方案并对项目进行了可行性分析。同时，项目已经获得 A 国铁路研究院颁发的环评报告，认为该项目不会改变该区域的环境质量，对环境影响可控。

2. 融资结构

该项目采用标准的主权类“双 95”出口买方信贷银团贷款模式。借款人为 A 国财政部，即主权借款。贷款人为两家中国的银行组成的出口买方信贷银团。保险人为中国出口信用保险公司，承保出口买方信贷保险，涵盖政治风险和商业风险，赔付比例为 95%。中信保保险未能覆盖的贷款本息 5%部分，由出口承包商提供法人连带责任保证（或保证金质押）。银团贷款金额为 EPC 合同总金额的 85%，贷款期限 10 年（其中提款期 2 年，还款期 8 年），贷款利率为 6M LIBOR+300BP，融资安排费率 1%，承诺费率 1%。在提款期内，借款人仅需要向银团偿还利息，每半年付息一次；在还款期内，借款人每半年等额本金还款。

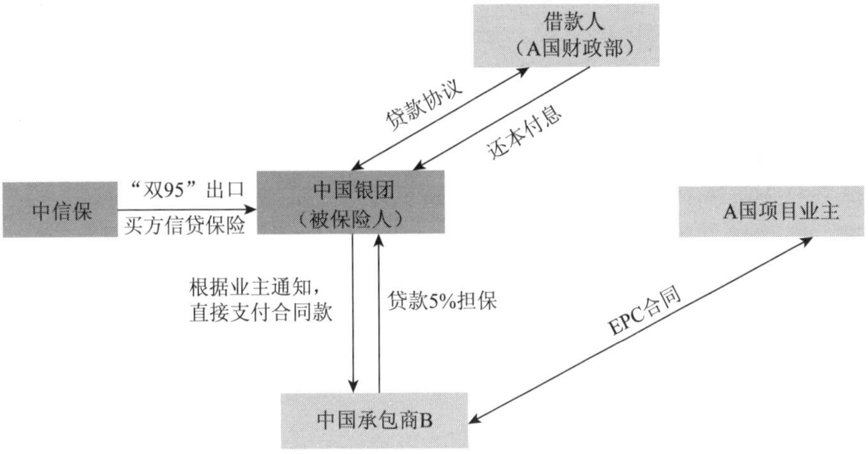

图 5-16　主权类项目案例——基础设施互联互通

3. 评审要点

主权类出口买方信贷的还款来源是主权国家的财政实力，因此，对于此类贷款的评审重点是国别评估。

首先，合规性审核。主权类出口买方信贷分为主权借款和主权担保。本案中财政部直接作为借款人，便是主权借款项目；若该国建设部作为借款人、财政部作为担保人，则称主权担保项目。能代表一个主权国家对外举债的通常是其财政部、央行或其他履行财政职能的部门，或者其他获得授权的部门。贷款人应该对该国法律下主权借款或主权担保的主体资质进行审查，并对主权举债的合理性、程序要求、有无限制等开展尽职调查，必要时聘请专业律师事务所开展尽调，确保不存在法律上的瑕疵。

其次，科学评估还款能力。中信保公司对于特定国家采用国别限额管理，超过限额的国家不再出具出口买方信贷保险。此外，中信保公司还会对投保材料的合规性等方面进行审核。贷款银行应从该国的偿债率、债务率、负债率等指标评估该国的偿债能力，并动态评估是否有风险异动。在评估过程中，可以借助标普等国际评级机构、中信保公司国别风险研究中心的国别评级报告开展全面分析，着重分析该国政治情况、宏观经济运行、国际收支、汇兑政策、外汇储备以及与中国双边经贸关系等。需要指出的是，即使是主权类出口买方信贷，也可以分为两类：第一类是存在经济自偿性的项目，比如收费高速公路、机场等民生工程，其自身现金流良好，足以支撑借款人偿还银行的出口信贷融资。第二类是经济自偿性不足而依靠财政拨款的项目，比如一些市政工程项目自身并不产生现金流，无法偿还银行融资，只能依靠政府财政收入来偿还银行的出口信贷融资。相较而言，银行更青睐第一类项目。目前，“双 95”主权类出口信贷项目，仍是中国银行界最优质的信贷资产，上述两类项目都较容易获得银行融资。

4. 风险控制

主权类出口信贷的风险控制相对简单。一是还款风险。主权项目的还款风险便是 A 国的主权信用风险，如上文所述。二是承包商履约风险及建设风险、完工风险。B 公司海外经验丰富、项目技术难度较小，因此，完工风险较小。若在建设过程中如发生延期、质量不合格等工程纠纷，是否会影响借款人的还款义务呢？答案是否定的。借款人对贷款协议项下的借款有还款的义务，不能以承包商工程质量纠纷为由拒绝还款。出口买方信贷保险的保险标的为银行贷款本息，保险的赔付并不受出口商务合同执行情况的影响。只要银团履行好了自身义务，并且由于保险单约定的政治事件和商业事件发生了贷款本息的损失，则中信保应该履行赔付义务，与工程本身纠纷无关。三是法律风险。该银团贷款的适用法律为英国法，银团聘请律师事务所开展法律尽调，并对融资有关文件、商务合同、项目相关事项等正式出具法律意见，防范法律风险发生。

5. 经验总结

基础设施互联互通，是“一带一路”建设的优先领域。近年来，在雅万高铁等一大批铁路、公路、港口、桥梁等基础设施建设过程中，中国“走出去”企业积极利用中资银行提供的出口信贷，为境外业主带去资金，撬动项目建设，“EPC+F”的模式取得了良好成效。

（二）商业担保类项目案例——高端制造“走出去”

1. 项目简介

东南亚某国H启动“国家信息高速公路计划”，大力投资和建设服务于新一代高速宽带网络的基础设施，以提高政府部门和全社会的信息化水平。中国著名的光通信系统和网络提供商A公司，与H国本土电信服务提供商B公司签署了光纤网络建设EPC合同，旨在缓解当地光纤通信资源紧张压力，升级传输技术，普及宽带互联网服务。合同金额5000万美元，施工期限2年。

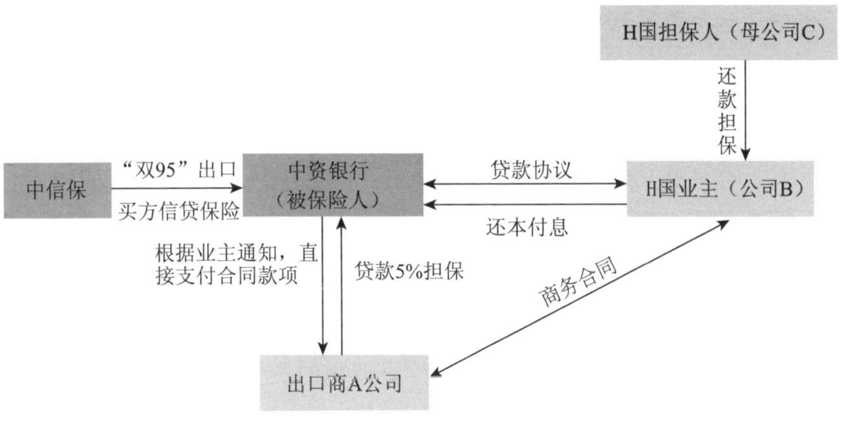

图5-17 商业担保类项目案例——高端制造“走出去”

2. 融资结构

B公司是当地开展光纤光缆基础设施的设计、建设及运营的独立运营商，成立时间不长，资产实力一般，较难直接获得中资银行的出口买方信贷融资。其母公司C公司是当地政府所属的国有企业，历史悠久、实力雄厚。因此，出口商A公司联系了中信保公司，中信保公司按照商业类出口买方信贷保险的准入条件（即“三选二”标准）对借款人B公司和担保人C公司进行了初步评估，认为符合准入标准。于是，中国某银行进一步开展融资可行性分析，最终促成了出口买方信贷融资。

该项目属于标准的商业类“双95”出口买方信贷模式。借款人为境外业主B公司，担保人为其母公司C公司。贷款人为中资银行。保险人为中国出口信用保险公司，承保出口买方信贷保险，涵盖政治风险和商业风险，赔付比例为95%。中信保保险未能覆盖的贷款本息5%部分，由出口承包商提供法人连带责任保证。银团贷款金额为EPC合同总金额的85%，贷款期限7年（其中提款期2年，还款期5年），贷款利率为6M LIBOR+350BP，融资安排费率1.5%，承诺费率1%。在提款期内，借款人仅需要向银行偿还利息，每半年付息一次；在还款期内，借款人每半年等额本金还款。

3. 评审要点

中信保公司对于商业担保类项目的准入门槛是“三选二”标准。以下三个标准中，至少满足其中两个：一是项目经济可行；二是借款人过去三个财年累计盈利，资产负债率不高于70%；三是担保人过去三个财年累计盈利，资产负债率不高于70%。

在中信保公司“三选二”标准基础上，提供出口信贷的银行应该发挥银行在公司法人授信方面的专业经验，重点分析以下方面：第一，借款人的还款能力分析，包括财务因素和非财务因素对于还款的影响。第二，担保品（人的担保、物的担保）的代偿能力分析。对于人的担保，主要分析法人保证的实力；对于物的担保，主要分析抵押/质押物的价值和保障程度；其他形式的风险缓释措施，如账户监管、支持函、宽慰函和财务约束等也在一定程度上降低了贷款的风险；第三，项目自身可行性分析。商业担保项目，银行可把控借款人和担保人的法人信用，因此，若项目自身能够产生现金流是最好的。若项目自身不能产生现金流，在借款人和担保人实力足够强的情况下，中信保公司仍可出具出口信用保险，银行进而提供出口信贷支持。

4. 风险控制

商业担保类出口信贷的风险控制相对复杂。一是法人信用风险，即还款风险控制。通过对借款人及担保人的公司财务分析来判断其还款能力和担保能力。担保人是当地国企，实力较强，具备担保能力。银行应确保担保人与银行签署的《担保合同》或担保函等法律文件合法有效。二是项目自身技术和市场前景分析。该项目属于中国自主研发的高新技术产品出口，项目技术成熟，已普遍应用在全球多个国家和地区，不存在技术风险。该国市场空间足够容纳本项目带来的业务量，市场风险整体可控。三是项目自身经济可行性分析。该项目各年的偿债能力覆盖系数测算（EBITDA/财务费用）均大于1的，经济性较好。进一步的项目敏感性分析中，选取了几个对项目可能产生重要影响的不确定因素（比如收入、投资和经营成本〉，当它们分别变化±5%、±10%和士15%时（假设其他所有因素保持不变，只有某个因素单独发生变化），来测算财务内部收益率和项目静态投资回收期等经济效益评价指标所受到的影响程度。结论是，该项目的抗风险能力较强。四是法律风险控制。本项目的出口信贷融资协议适用英国法，项目商务合同适用于H国本地法律。因此，银行聘用了欧洲知名律师事务所出具了关于英国法和H国法律的意见，法律风险可控。五是中信保公司的赔偿风险。根据《出口买方信贷保险单》保险条款的约定，由于政治事件或商业事件导致借款人未履行其在贷款协议项下的还本付息义务且担保人未履行其在担保合同项下的担保义务而引起的直接损失，中信保公司承担赔偿责任。而商业事件指的是，借款人破产解散或借款人不偿还银行贷款本金及利息。因此，融资银行应加强贷后管理工作，按贷款协议和保险单的规定履行保险合同义务和贷款协议的相关义务，及时开展出险后的报损及索赔等相关工作，以免被中信保公司拒赔。目前，中信保公司尚无出口买方信贷保险的拒赔先例。

5. 经验总结

出口信贷对于支持中国先进装备制造“走出去”，响应“中国制造2025”战略，具有现实意义。在不能提供主权担保的项目中，发挥境外进口商/业主的积极性，鼓励他们采用母公司担保、境外资产抵押/质押等方式，获取中信保公司的出口信用保险支持和中资银行的出口信贷支持，从而拓宽了融资渠道，促进了国际经济合作。

（三）项目融资案例——综合商业开发

1. 项目简介

中国某民营开发商A拟参与境外某综合商业开发项目的投资、建设和运营。中国公司A与项目所在东道国的B公司共同投资成立了项目公司C，作为项目业主方。中国公司A进一步邀请中国某建设施工企业D作为总承包商，与业主C公司签署了EPC合同。公司D资质较好，海外建设施工经验丰富。

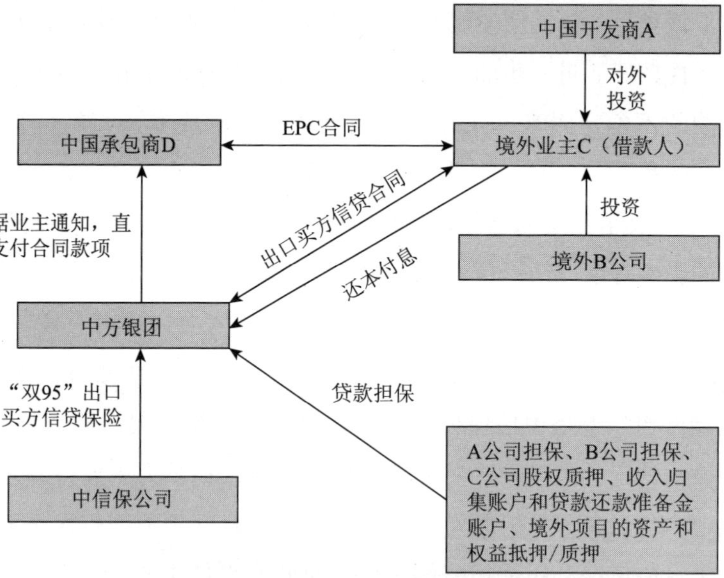

图5-18 项目融资案例——综合商业开发

2. 融资结构

境外业主C公司拟作为借款人，向我国银行申请出口买方信贷融资。由于C公司系中外双方合资成立的项目公司，它既不能提供主权担保，也较难提供符合银行授信标准的法人保证担保（合资公司发起人A公司和B公司的法人保证，均较难足额担保该笔贷款）。此类融资需求符合典型的项目融资特征。项目融资与法人融资的最大区别是，项目融资仅以项目自身的未来现金流和相关资产、权益进行担保，解决了借款人无法提供法人担保等强担保的困局。

在对项目自身可行性进行充分论证的基础上，国内几家银行共同为境外业主C公司提供了出口买方信贷银团贷款。中信保公司提供出口买方信贷保险（政治风险95%、商业风险95%），银团的担保方式比较复杂：①项目发起人中国公司A和境外公司B分别按照出资比例提供法人连带责任保证；②项目公司C股权质押；③借款人C公司在银团代理行开立收入归集账户和贷款还款准备金账户。贷款还款准备金账户余额不低于下一期还款本金和利息的1.5倍。④境外项目的资产和权益抵押/质押。

3. 评审要点

对于项目融资，中信保公司出具中长期出口信用保险之前，通常会要求融资银行设置较为完备的风险缓释措施，比如足够覆盖贷款本息的项目资产和权益抵押/质押，并且对偿债备付率（DSCR）要求更加严格（最低不低于1.1，平均不低于1.25）等。

银行在项目融资类出口信贷评审中，评估标准也要高于一般商业担保项目。银行应该严格审核项目建设的合规性（是否符合中国及当地审批手续），根据项目的可行性研究报告，评估其必要性、合理性、经济可行性等，并重点对项目建设工期、资金来源、成本收益等情况进行分析。

第一，严格审查项目参与方资质。比如本案中，境内开发商A公司是否有类似项目开发经验，公司D的工程承包资质如何，境外公司B在当地实力如何？第二，中方股本金投入以及未来成本超支担保情况如何？股东的资金实力是未来项目能否成功的一个重要因素。第三，项目全部资产抵押、股权质押，这是项目融资的基本要求。第四，中方承包商D公司应该提供完工担保，以规避建设期风险。第五，设置共管账户资金监管，沉淀资金用于还本付息。第六，项目所投保的商业保险权益应转让给银团。

4. 风险控制

第一，项目融资一定要严格控制好贷款资金流向。本项目的出口买方信贷资金发放后，应按照“受托支付”原则支付给总承包商D公司账户，从而有效避免资金挪用。中国总承包商D公司收到外币贷款资金后，应进行国际收支统计间接申报，应按照基础交易性质申报在境内D公司与境外借款人C公司之间的交易项（货物贸易或服务贸易），交易附言注明“使用境内银行对外提供的买方信贷”字样。该笔外汇属于出口企业D公司在经常项目项下的收汇，可以正常结汇。

第二，贷后管理过程中，融资银行一定要管理好担保品与出口买方信贷保险。从法律关系上看，银团是所有担保品的权益人；同时银团也是出口买方信贷保险的被保险人。在出现保险中规定的损因事件时，银团可向中信保公司索赔。项目融资的担保品较为复杂，在定损核赔过程中，银团一定要保持与中信保公司的密切沟通，积极配合中信保公司做好担保权益处置或者转让手续，以便中信保公司赔付银行后，行使代位求偿权，向担保人追偿。若银团疏于贷后管理和履行被保险人义务，可能会对中信保公司的赔付带来不利影响，极端情况下可能被拒赔。

5. 经验总结

随着“一带一路”建设持续推进，中国承包商与境外业主在项目中合作方式，已经由简单的EPC（总承包）模式，演变为“EPC+F（融资）”进而“EPC+PPP（投资）”的模式。本案便是中国投资方与承包商，共同为境外业主开发、建设、运营的项目，体现了中国企业通过对外投资带动对外工程承包的发展趋势。在设计融资方案时，由于境外业主及母公司并不能提供符合条件的法人保证担保，我国银行借助中信保公司的出口买方信贷保险，采用项目融资的方式解决了借款人融资困局，为“一带一路”建设项目注入融资活水。

（四）拖期项目的融资案例——基础设施升级改造

1. 项目简介

为响应“一带一路”倡议，中国著名的国际工程承包商A公司承揽了非洲某国一个民生工程的基础设施建设项目，施工期三年，质保期两年。该项目的业主系当地政府部门，总承包商A公司认为业主具备EPC承包合同的付款能力，因而并未向我国银行申请融资。这就是典型的“现汇项目”。在项目施工建设的第一年，业主按照总承包商的施工进度正常付款。从第二年起，业主财政出现紧张，时而出现拖欠工程款情况；总承包商继续垫资施工。当项目完工进度达55%时，业主实际付款进度只有40%；总承包商不愿继续垫资从而中止施工，项目陷入停顿。

2. 融资困境

“一带一路”建设进入新时代、开启新征程。在这个拖期项目案例中，中信保公司和国内银行有义务帮助“走出去”企业打通拖期工程融资痛点、服务施工建设“最后一公里”。

考虑到该建设项目是关系到东道国居民福祉的民生工程。中国作为负责任大国，历来将中国“走出去”企业参与的对外承包工程项目视为两国经贸关系和两国人民友谊的纽带。伊朗德黑兰地铁、坦赞铁路等一大批国际合作项目凝聚了中国承包商的智慧和汗水，赢得了良好声誉和国际影响力。本案中，中国承包商的施工实力较强，工程履约能力毋庸置疑。然而，此类基础设施建设项目通常金额较大、期限较长；当业主严重拖欠工程款时，中国承包商因资金紧张也较难继续施工。在这种情况下，借助银行融资以解燃眉之急，成为中国承包商履行对外承包合同义务的不二之选。

通常而言，中国承包商、境外业主需在项目施工前，便向中信保公司和国内银行提出业务申请并签署出口信用保险合同、出口信贷贷款协议。随着项目的施工进度，国内融资银行按比例陆续发放贷款，以解决工程施工所需资金。然而，本案例中的工程已经拖期，而项目开工前，承包商和业主并未申请融资。中信保公司和国内银行介入此类项目，需要开展更加细致的尽职调查工作，在科学论证项目风险的基础上提供融资，为“走出去”企业雪中送炭。

3. 融资困境巧化解

出口买方信贷的融资基础是商务合同。本项目商务合同已经拖期。因此，商务合同修订和融资谈判工作应齐头并进，协调一致。作为“一带一路”境外项目金融服务的提供者，中信保公司和融资银行应该协助出口商和业主按照对项目执行更有利的方式，同步开展各项商务和融资工作，切实发挥金融对项目的引领和撬动作用。出口承包商必须与中信保公司和银行保持密切的沟通，就工程现有形象进度、商务合同的重启方案、项目的保险方案、融资结构设计和风险把控等进行妥善安排，达成出口承包商、业主、金融机构“三方共赢”的局面。就具体实施步骤而言：

首先，重启商务谈判，签署补充协议。

出口承包商向中信保公司和融资银行详细介绍拖期项目情况。中信保公司和融资银行根据项目拖期的具体情况，辅导出口承包商与境外业主重启商务合同谈判、签署商务合同补充协议。在对工程现有形象进度、工程量及已付未付款项达成一致的基础上，进一步协商工程中断期间维护费用、重启工程所需条件、新的工程造价及工期等事项。双方修订商务合同，签署新的补充协议。在补充协议中，明确已完成工程量及工程款结算现状，确定新的工作范围（SCOPE OF WORK）、合同金额、付款方式、施工期限、质保期等直接影响融资条件的关键要素。

接下来，设计融资方案，确定关键融资要素。

拖期项目的融资方案，较正常项目更为复杂。中信保公司和融资银行应主动进行金融创新，积极、稳健地设计出口买方信贷的融资方案。本案例中，应重点开展以下工作，确定关键性融资要素。

（1）提款期与还款期。

融资银行、出口承包商应与境外业主（借款人）洽谈融资期限。在本案中，原商务合同施工期三年，质保期两年。实际执行过程中，施工期已过半，项目陷入停顿。那么，出口买方信贷的提款期是否应该设计为1.5年？并不妥当。拖期项目的再施工，应给商务合同双方留有充足时间，以便开展工程重启等相关工作。银行应该请出口承包商科学评估项目最终完工所需时间，将提款期与工程施工期合理匹配。比如该项目承包商认为，工程重启后仍需两年才能最终完工，稳妥起见，出口买方信贷的提款期应该设置为两年。关于贷款还款期，银行也需要与借款人进行细致的沟通后，根据项目现金流、业主还款能力等多种因素妥善安排。

（2）保费融资与保费分期缴纳。

绝大多数情况下，出口买方信贷保险的保费需要期初趸交。为体现政策性支持，中信保公司对于确实存在保费支付困难的项目，采取如下两种变通方式：一种是当保费超过600万美元时，可申请分次缴纳；另一种是当保费超过 1000 万美元时，借款人可向融资银行就保费也申请融资，中信保公司会将保费融资部分也纳入其承保范围。该项目业主资金较为紧张。出口承包商和融资银行可向其介绍上述承保政策，为其提供贴心、周到的服务。

（3）还款计划表与“报销式放款”。

出口买方信贷保险的保险标的是融资银行放款本金及利息。因此，在设计保险方案和融资方案过程中，融资银行需向中信保公司提供贷款本息测算表，以便中信保公司确定其承保金额。在贷款的实际发放过程中，银行的每一笔放款，均对应中信保公司的保险责任。

在正常项目的本息测算表中，融资银行会按照出口承包商的施工进度匡算贷款发放进度和利息。但是在拖期项目中，放款的进度与正常项目存在较大差异。比如本案例中，项目完工进度达 55%，业主实际付款进度只有 40%。那么银行后续放款进度应该如何设计呢？按照出口买方信贷保险和出口买方信贷的原理，银行的每一笔贷款发放，必须有中信保公司的保险作为风险缓释措施。在本案中，中信保公司充分发挥政策性保险的支撑作用，将承包商已施工而业主未付款的部分（即 15%）也纳入承保范围。在此保险基础上，融资银行在出口买方信贷协议中的第一笔放款，便是将出口合同 15% 款项的金额，发放给借款人，并同时受托支付给出口承包商。此部分银行放款，对应着承包商已施工、但业主拖欠的工程款，凭工程量单和监理报告而放款，因而可以称做“报销式放款”。“报销式放款”形成了国内银行对境外借款人的债权，实现了出口承包商回收此前工程拖欠款，堪称中信保公司和融资银行在支持“一带一路”建设过程中的金融创新之举。

（五）出口信贷与内保外贷相结合案例——“交叉违约”豁免

1. 项目简介

中国某对外工程承包公司 J 与境外某国本土公司 K 合资成立项目公司 L。项目公司 L 作为业主，与中国工程承包公司 J 签署了 EPC 施工合同，合同金额 3.53 亿美元。这是典型的对外投资带动对外工程承包的合作模式。业主 L 公司拟向中国的银行申请 3 亿美元出口买方信贷融资（即合同金额 85%）支持。同时，项目公司 L 在成立初期，还需要一部分流动性资金贷款支持，金额约 1 亿美元。

2. 融资结构

该项目采用了复杂的结构性融资方案，即“内保外贷+出口买方信贷银团贷款”。首先看内保外贷业务，境内承包商 J 协调相关方向境内银行 A 提供了两处房产抵押——房产 C 抵押（第一顺位抵押）和房产 D 抵押；境内银行 A 为其叙做了内保外贷业务，开立了以境外贷款行 B 为受益人的 7000 万美元融资性保函；接下来，房产 C 的持有人进一步将该房产抵押给境外银行 B（第二顺位抵押），境外银行 B 凭借境内银行 A 出具的 7000 万美元保函和房产 C 抵押（第二顺位抵押），向境外项目公司 L 发放 1 亿美元流动资金贷款。由于房产 C 在中国境内，境外银行 B 委托境内银行 A 作为该抵押品的担保代理行，代其管理第二顺位抵押房产 C。其次看出口买方信贷银团贷款，出口承包商 J 凭 EPC 合同向中信保公司申请投保出口买方信贷保险；在该保险基础上，境内银行 A 筹组银团，为境外项目公司 L 提供出口买方信贷银团贷款支持。作为银团贷款的担保，境外 K 公司为银团提供了连带责任保证担保，同时未来境外项目资产将抵押给银团。

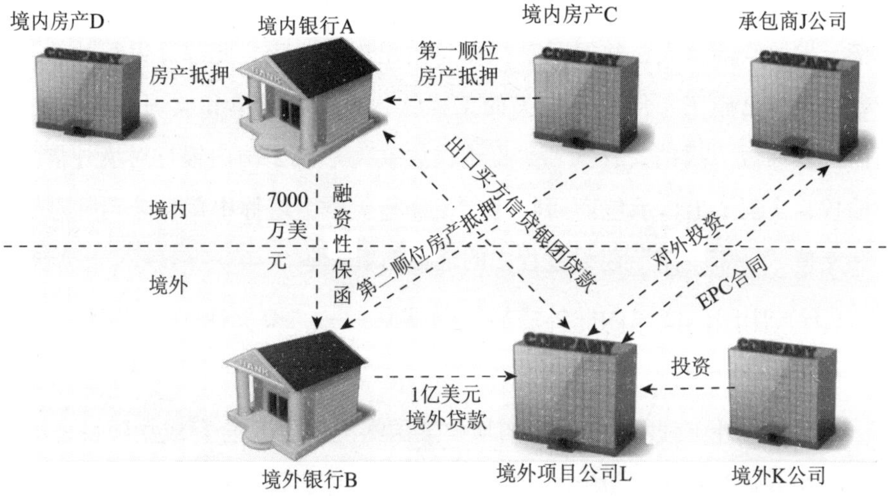

图 5-19　出口信贷与内保外贷相结合案例——“交叉违约”豁免

3. “交叉违约”事件发生

在满足了内保外贷和出口买方信贷银团贷款的放款条件后，境外银行 B 发放了 1 亿美元流动资金贷款；境内银团在出口信贷项下陆续发放了 1.5 亿美元贷款，项目施工正在进行。此时，在例行贷后检查过程中，境内银行 A 发现：境内房产 C 被其所有人私下销售给某买主，并已支付了一部分销售意向金。由于该房产已办理抵押登记，该买主愿意在房产 C 解除抵押手续后，再向卖主支付剩余房款。

此事件直接触发了内保外贷业务项下的违约。根据开立融资性保函业务的主合同《保函开立授信协议》与从合同《房地产抵押合同》约定，未经抵押权人同意，私自出售抵押物（即房产 C）的行为，构成合同项下对境内银行 A 的违约。此外，境内银行 A 的另外一个身份，是境外银行 B 在 1 亿美元贷款项下第二顺位抵押品（即房产 C）的担保代理行，因而有义务通知境外银行 B，告知其第二顺位抵押品被出售的事实。该出售行为同样构成了境外银行 B 的 1 亿美元贷款项下的违约。

表面上看，内保外贷的业务违约，与出口买方信贷并无直接关系。其实不然。在出口买方信贷银团协议“违约条款”的其中一条，有如下规定：Cross default：creditor of any Obligor，any Transaction Relevant Group Entity becomes entitled to declare any Financial Indebtedness of any Obligor，any Transaction Relevant Group Entity due and payable prior to its specified maturity as a result of an event of default.（交叉违约：当如下情形发生时，构成了对本出口买方信贷银团贷款的交叉违约，即本银团协议的债务人及本项目相关实体的任何其他金融债务，被它们的债权人有权宣布：该债务在到期日前，提前到期并应立即偿还。）根据该条款，房产 C 的私售，不仅构成了“内保”项下的直接违约和“外贷”项下的直接违约，同样构成了出口买方信贷银团协议项下的“交叉违约”。出口买方信贷银团协议下的债权人，有权向债务人宣布“交叉违约”发生，并可采取如下措施。

4. “交叉违约”豁免

内保外贷的违约以及出口信贷的“交叉违约”，构成了该笔业务的风险预警事件。境内银行 A 有四重身份，应该相应地迅速采取风险处置方案：

一是作为保函开立银行，境内银行 A 需发起本行内部保函业务风险预警，并决定是否豁免违约事项；二是，作为保函开立银行，境内银行 A 需通知为开具本保函而提供抵押的另外一个担保人（即房产 D 的抵押人），征询其是否豁免房产 C 的抵押人私售房产的违约事项；三是作为内保外贷的担保代理行，境内银行 A 向境外贷款行 B 通告违约情况，境外贷款行自行决定是否提前收回贷款，或者豁免该违约事项；四是作为出口信贷银团代理行，境内银行 A 应向银团成员披露违约情况，银团成员须根据多数原则投票决定：就上述情况予以豁免之后继续放款，还是宣布已经发放的 1.5 亿美元贷款本息提前到期；五是作为出口买方信贷保险的被保险人，境内银行 A 需向中信保公司报告相关情况，并将银团是否豁免的结论告知中信保公司，请保险人决定保险是否继续有效。

经过各种磋商和综合考虑，因考虑到该房产并未实际完成销售交割，所有权及抵押权属登记未变更；银团若中止提款，将直接造成“半拉子”工程，且已经投放的 1.5 亿美元较难清收；企业知错能改，将部分销售款项存入银团作为保证金，并承诺不再违约。各相关方决定给予借款人救济机会，豁免该违约事项。

5. 豁免的手续

一般而言，银团贷款的豁免程序如下：首先是豁免申请。银团代理行在收到豁免申请时，先要确认该豁免申请适用的银团协议条款，判断需要何人同意。比如：多数贷款人的同意、全体贷款人的同意、借款人及保证人的同意等。当银团协议中没有明确规定的事项或存在争议的事项时，代理行应向其法律部门或外聘律师咨询，确保豁免事项的法律有效性。其次是表决豁免。代理行在收到豁免申请后，应立即通知相关各方，并要求各方在合理的期限内作出表决：是否同意该申请。最后是豁免手续。在获得有效的表决结果后，代理行应将结果尽快通知各方，并按照相关合同规定完成必要的修改程序，比如签署各种补充协议。在本案中，境内银行 A 作为出口信贷银团代理行，需联系律师起草豁免文件并及时通知各方签署，豁免协议签署后再及时通知各方。本案例的豁免协议至少包括以下四个：开立保函授信合同项下豁免协议——针对房产 D（中文）；开立保函授信合同项下豁免协议——针对房产 C（中文）；Consent and Waiver Request under Loan provided by Bank B（英文）；

Consent and Waiver Request under ECA Syndicated Loan（英文）。

第四节 海外投资项目的融资

一、海外投资项目的主要融资模式

随着“一带一路”建设的深入推进，中国企业海外投资步伐加快，相关的融资需求旺盛。一般而言，此类项目的融资模式分为两大类：权益性融资和债务性融资。权益性融资包括：产业基金、战略合作股权投资、上市公司定向增发等。债务性融资又可以分为直接融资和间接融资。直接融资可采用发行企业债券、可转换债、可交换债券、永续债等债券，以及资产证券化（ABS）等。间接融资是应用最多的方式，包括公司法人中长期贷款、基于海外投资保险的融资、并购贷款、项目融资、国际金融机构贷款等。本章重点介绍基于海外投资保险的融资模式，并与上一章出口信贷进行简要对比。

二、基于海外投资保险的融资

（一）海外投资保险简介

海外投资保险是中信保公司为我国企业对外投资面临的政治风险提供风险保障的出口信用保险业务。作为政策性保险业务，海外投资保险承保的政治风险分为四种：战争及政治暴乱、征收、汇兑限制、违约。

第一种风险：战争及政治暴乱，是指东道国参与的任何战争（无论是否宣战）或东道国国内发生的革命、骚乱、政变、内战、叛乱、恐怖活动或保险人认定的政治暴乱，不包括民众为获得就业、就学或达到其他非政治目的而采取的行动。

第二种风险：征收，是指东道国政府以国有化、没收、征用等方式全部或部分剥夺被保险人或项目企业对投资项目的所有权或经营权，对投资项目资金或资产的使用权或控制权，且没有给予及时、有效的补偿。征收除包括传统意义的直接征收外，还包括隐性征收，即东道国政府通过采取渐进的一系列措施迫使项目企业放弃经营。

第三种风险：汇兑限制，是指东道国政府或代表东道国政府从事外汇交易的机构禁止、限制被保险人或项目企业将当地货币兑换成保单货币及任何可自由兑换货币；或将上述保单货币或可自由兑换货币汇出东道国；或者向被保险人或项目企业实行歧视性汇率。

第四种风险：违约，是指东道国政府或经保险人认可的其他主体违反或不履行与被保险人或项目企业就投资项目签署的具有法律约束力的协议和合同。比如，亚洲金融危机期间，印尼政府曾单方面中止了与所有独立发电商的购电协议，造成许多 IPP 电站被迫关闭。

对于以上四种风险，我们应该从以下两个方面理解：第一是承保前提：有“约”可违。这个“约”通常指的是中方投资者（或项目企业）与东道国政府（或受政府控制的主体，如国有控股企业）签订的具有法律约束力的协议。比如电力行业包括购电协议、输电协议、执行协议、特许经营协议、燃料供应协议、土地租赁协议等；矿产行业包括合资协议、矿产开发协议、产品分成协议和矿产稳定协议等；油气行业包括产品分成协议、联合开发协议等。第二是承保内容，即“约”中涉及违约主体义务的实质性具体条款，包括支付义务条款和非支付义务条款。支付义务条款指的是，违约主体为某事项支付一定金额对价的义务，如电站项目 BOT 协议中的支付购电款和回购款的义务。而非支付义务条款指的是，除支付义务以外的事项，如投资协议中违约主体承诺给予项目税收优惠的保证。

（二）三种融资模式

海外投资保险有三个子险种，分别是：海外投资（股权）保险、海外投资（债权）保险（股东适用）和海外投资（债权）保险（金融机构适用）。对于这三种保险品种，存在三种银行融资模式。

第一种融资模式基于海外投资（股权）保险，如图 5-20。海外投资（股权）保险承担投资者对项目企业的股权投入因政治风险造成的损失。简而言之，中信保公司保障中国投资者以股权形式投入的资金安全。投资形式包括货币、有形资产或无形资产，如机器设备、技术服务等。该保险的被保险人是股东，保险标的是股权投入（股本及收益）。在这种模式下，银行可以为中方投资者提供法人融资，支持其开展境外投资项目。

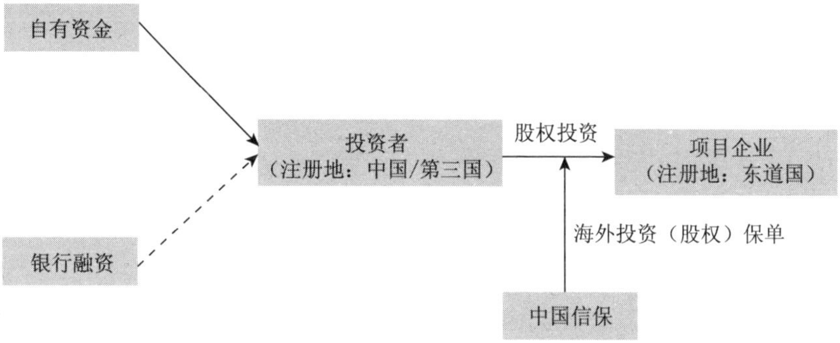

图 5-20　海外投资（股权）保险

第二种融资模式基于海外投资（债权）保险（股东适用），如图 5-21。为鼓励中国企业为其海外投资项目提供股东贷款，中信保公司向中国企业提供承担其债权损失的保险产品。简而言之，中信保公司保障中方投资者对其境外项目公司的股东贷款资金安全。该保险的被保险人是股东，保险标的是股东贷款协议（本金及利息）。在这种模式下，银行可以为中方投资者提供法人融资，支持其开展境外投资项目。

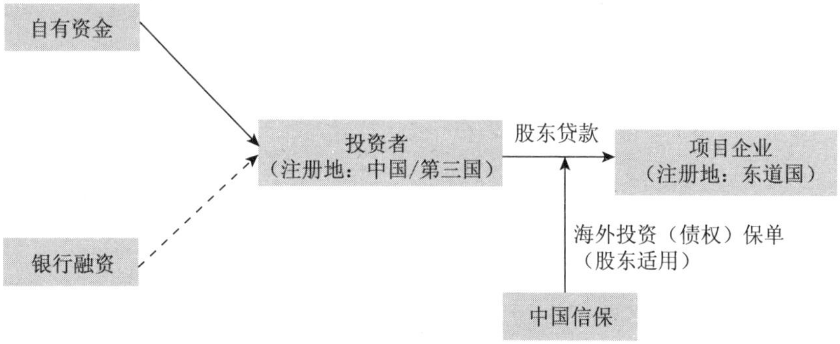

图 5-21　海外投资（债权）保险（股东适用）

第三种融资模式基于海外投资（债权）保险（金融机构适用），如图 5-22。为鼓励金融机构为中国企业海外投资项目提供贷款，中国信保直接向金融机构提供承担其债权损失的保险产品。简而言之，中信保公司保障银行贷款本息的损失。该保险的被保险人是金融机构，保险标的是金融机构债权本金及利息。在这种模式下，银行直接为境外项目公司提供融资，支持中方投资者开展境外投资项目。

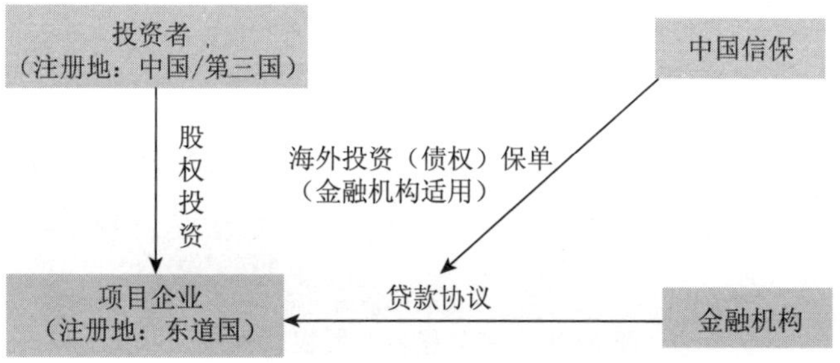

图 5-22　海外投资（债权）保险（金融机构适用）

在实务中，以上三种保险品种可以综合使用，如图 5-23 所示：

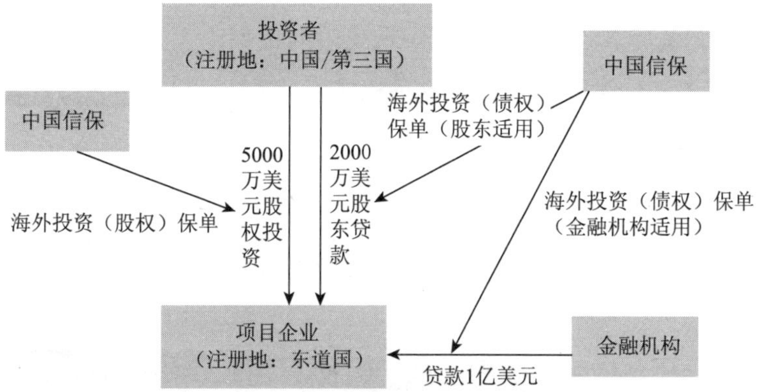

图 5-23　海外投资保险三个险种综合运用

（三）项目评审要点

1. 承保政策

海外投资属于政策性保险业务，国家鼓励中方投资者购买该保险。比如，在《中央企业境外投资监督管理办法》（国务院国有资产监督管理委员会令第 35 号）中就有规定“第二十七条　中央企业应当根据自身风险承受能力，充分利用政策性出口信用保险和商业保险，将保险嵌入企业风险管理机制。”那么，哪些业务能符合海外投资保险的准入门槛呢？

一般而言，海外投资保险所承保的投资项目应符合我国外交、外经贸、产业、财政及金融政策，符合投资项目各方所在国的法律和政策规定，并获得与投资项目相关的批准许可。承保标的货币为美元或其他中信保公司可接受的货币。投资项目所在国属于可受理国别。投资方或融资方与中信保公司合作无不良记录。项目企业股东对项目投入资金与项目总投资金额的比率不低于15%。

2. 保险条款

我们从表5-16来比较海外投资（股权）保险和海外投资（债权）保险的区别

表5-16　海外投资（股权）保险和海外投资（债权）保险的区别

序号	保险要素	股权保险	债权保险
1	被保险人	（1）在中国境内（不含中国香港、澳门及台湾地区）注册的法人 （2）在中国境内（不含中国香港、澳门及台湾地区）以外地区注册的法人，但其实际控制权由中国境内（不含中国香港、澳门及台湾地区）注册的法人	（1）在中国境内（不含中国香港、澳门及台湾地区）注册的法人 （2）在中国境内（不含中国香港、澳门及台湾地区）以外地区注册的法人，但其实际控制权由中国境内（不含中国香港、澳门及台湾地区）注册的法人 （3）境内外金融机构
2	保单期限有效期	1~20年	1~20年
3	赔偿比例	最高不超过95%	最高不超过95%
4	最高保险金额	股本投入+收益，收益不能超过总股本投入的200%（可选择只投保股本投入，但不能只投保收益）	贷款本金+利息，海外投资（债权）保险（股东适用）利息部分原则上不超过本金的135%（可以选择只投保本金）
5	保费缴纳方式	年缴	年缴
6	保险金额	每年按照累计股本投入与收益之和中的被保险人投保份额确定，但不能超过最高保险金额。	每年确定，但不能超过最高保险金额。 （1）提款期内：已提款本金及其在该保险责任期内的利息、计划提款本金及其在该保险责任期内的利息之和； （2）还款期内：期初全部本金余额及其在该保险责任期内的利息之和。

海外投资保险的保险损因发生后，被保险人应该向中信保公司报送《可能损失通知》，申请索赔并配合中信保公司开展赔付和追偿工作，具体时限如下：（1）申请可损：损失发生日+30日；（2）申请索赔：损失发生日+12个月；（3）赔款等待期：3个月；（4）定损核赔期：60日；（5）赔款支付期：30日。以海外投资（债权）保险（金融机构适用）为例，在得知保单列明的损失已经发生时，被保险人应于损失发生之日起30日内，按保险人规定的格式向保险人报送《可能损失通知书》。在提交可损通知后，被保险人应自保单所列损失之日起12个月内，向保险人书面提出索赔。对于违约导致的损失，被保险人应自违约发生之日起12个月内，向保险人书面提出索赔。超过上述期限，视为被保险人放弃其在本保单项下的索赔权。中信保公司在此险种下的定损核赔工作，相较于传统的出口买方信贷保险等险种，更为复杂。中信保会严格区分导致损失的风险事件是由于政治原因（基本政治险和“违约”险），还是由于商业原因而导致。因此，出险后的定损核赔过程中，中信保可能会聘请会计师事务所等第三方咨询机构，对政治风险事件发生前后的商业运营情况进行评估，合理确定由于基本政治险和“违约”险所承保的风险事件所导致的具体损失金额。在发生争议的情况下，先通过仲裁判断是否发生“违约”和“违约”的具体情况，再按照仲裁结果定损理赔。

海外投资保险的保险除外责任较出口买方信贷要更多，也更为复杂，被保险人必须严格遵守保单条款，避免触发除外责任而引起中信保公司拒赔。比如，在海外投资保险保单中规定，“对下列损失，保险人不承担赔偿责任：

（一）在保单生效日之前已适用的，为公众所知或理应为被保险人所知悉的任何法律、法规、政策、程序等导致的损失。

（二）被保险人或项目企业同意，或由其不合理行为引发的损失。

（三）汇率波动、货币贬值造成的损失。

（四）被保险人或项目企业危害或违反中华人民共和国法律、国家利益、公共利益的行为，或被保险人或项目企业违反东道国法律的行为——包括但不限于违反环境保护和反贿赂法律的行为造成的损失。

（五）项目企业未能在保单生效日前或保单有效期内获得与投资项目有关的批准和许可所导致的损失，但由承保风险直接导致的除外。

（六）即使本保单第二章列明的风险发生仍可以避免的损失。

（七）即使本保单第二章列明的风险未发生仍会发生的损失。

（八）本保单约定承保风险之外的原因导致的损失。”

3. 科学评估投资者实力

境外项目金额大、周期长，对中方投资者的投资实力是一个较大的考验。一方面，初始投资额中需要中方投资者的资本金投入；另一方面，境外项目实施过程中可能发生超支，需要股东追加投资。当前，国有企业和民营企业联合开展境外项目的情况较为常见。民营企业对境外项目的投资敏感度高、抉择机制灵活高效，有利于较快获取境外标的；而国有企业的海外项目经验丰富、合同履约能力强、工程总承包施工能力强。在这种项目的评估过程中，若国有企业只承担施工工作并不投资，商业银行需要格外关注民营投资者的出资实力，设定股东担保、超支支持保函等风险缓释措施，并可要求国有施工方提供完工担保等保障措施，确保项目能够顺利开展下去，有效地保障银行债权安全。

4. 审查违约风险

相较于出口买方信贷保险等中长期项目险，海外投资保险的保障范围不包括商业事件风险（借款人/债务人拖欠应付款项或其破产、解散），因此，银行在提供融资前的评估过程中，应格外关注“违约险”项下违约主体的履约能力审核。这个“约”通常指的是中方投资者（或项目企业）与东道国政府（或受政府控制的主体，如国有控股企业）签订的具有法律约束力的协议。因而，“违约险”在很大程度上弥补了海外投资保险并不承保商业事件风险的缺憾。首先，这些政府主体的违约风险概率并不高；其次，当违约主体违约时，中信保公司向被保险人进行赔付。“违约险”直接保障了被保险人的资金安全，从而保障了银行贷款的还款来源。

履约能力，指的是“违约”险中违约主体客观上履行协议的能力。重点从以下四个方面审核：一是违约主体的基本情况，包括违约主体的性质、在东道国的地位、出资方结构、利润分红方式等；二是运营能力，包括经营范围和历史、主要的管理层、未来发展规划等；三是财务状况，包括偿债能力、盈利能力、运营能力、成长能力、现金流分析、政府对违约主体的财力支持情况等；四是东道国偿付能力，包括GDP增长率、国际收支、财政收支、外汇储备、负债率和偿债率等。

以《购电协议》为例，购电风险是境外投资电力项目中“违约险”的核心。银行应充分分析东道国电力市场状况，客观评估东道国电力市场需求，合理预测电力发展趋势。如果没有市场需求，项目会陷入困境，未来“违约”的可能性极大。银行还应该分析购电方（比如国家电力公司）的主体地位、历史沿革、管理情况、财务状况、经营情况、履约记录等，必要时聘请专业人员评估中方投资者与购电方签署的《购电协议》（PPA）条款，确保不会发生对中方投资者及融资银行不利的条款。

三、案例解析

（一）海外投资保险融资案例

1. 业务背景

中国A公司在境外某国投资一个水电站项目。电力工业是一个国家国民经济优先发展的能源基础产业，特别是水电站属于清洁能源、经济性较好。因而东道国政府鼓励中方投资者参与水电项目的投资开发和运营。中国公司A以BOT模式参与该水电项目，并通过股权投资在东道国设立了项目公司。A公司自己是工程的EPC总承包商，未来水电站的购电方为东道国国家电力公司。购电方与项目公司签署了30年照付不议的长期购电协议（Power Purchase Agreement，简称PPA）。东道国政府相关部门与项目公司签署了项目实施协议（Implementation Agreement，简称IA）和土地租赁协议，保障水电站的建设和运营过程中，能够有一个良好的投资环境并给予投资者有关的行政批准和运营特许。同时，东道国政府还出具政府担保函，担保PPA协议和IA协议的正常执行。

2. 融资模式

中国A公司为其向项目公司投入的股权部分，购买了海外投资（股权）保险。项目公司向中资银行申请商业贷款，中资银行向中信保公司购买了海外投资（债权）保险（金融机构适用）。该保险承保战争及政治暴乱、征收、汇兑限制和违约风险，赔付比例为95%。其中，承保违约风险，使得PPA协议中的电费支付风险得到有效规避，这很大程度上降低了融资银行的还款风险。

由于银行融资并无法人担保，因而属于项目融资。项目融资的主要担保方式有：项目公司股权质押；项目公司资产抵押；东道国政府对购电协议和执行协议出具政府担保；总承包商中国A公司提供建设期完工担保。为了实现这些担保，融资银行需要签署一系列担保协议，包括《股权质押协议》《项目合同质押协议》《土地及厂房抵押协议》《机器设备抵押协议》《账户质押协议》《账户托管协议》《保险权益转让协议》《股东支持协议》等。

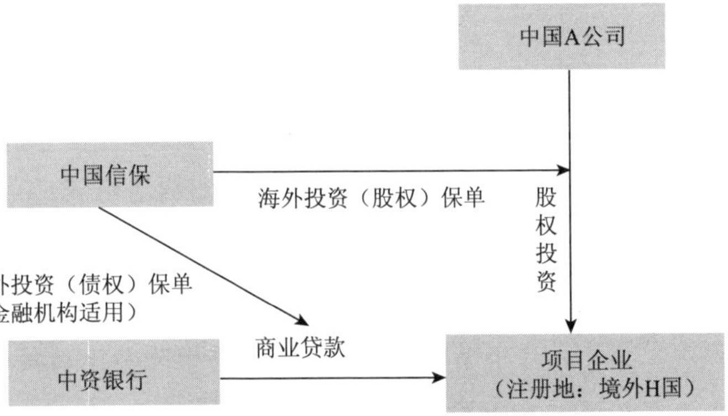

图5-24　海外投资保险融资案例

3. 案例启示

海外投资保险与中长期出口信用保险所支持的领域有所不同。中长期出口信用保险主要支持中国出口，而海外投资保险主要支持中国对外投资。投资与出口的主要区别在于：出口是经常项目（货物和服务的输出），而投资是资本项目（资本的输出）。因此，中长期出口信用保险既承保政治风险，也承保商业风险。而海外投资保险仅仅承保政治风险，不承保商业风险；投资有风险，风险需自担。

本项目利用海外投资保险的股权保单和金融机构债权保单，保障了中国投资者和中资银行的资金安全。中资银行在充分考量项目的信用风险、完工风险、生产风险、市场风险、环境保护风险、法律风险、项目自身清偿能力风险等多种因素的基础上，提供了基于海外投资保险的长期项目融资，护航企业稳健出海，取得了良好成效。

（二）海外投资保险与出口买方信贷保险组合融资案例

1. 业务背景

我国著名的电力设备生产商A公司拟在东南亚某国投资建设一个燃煤电站项目。该公司与东道国合资成立电站项目公司，并与中国承包商（A公司）签署了电站EPC施工合同。东道国国家电力公司与电站项目公司签署了购电协议（PPA），东道国政府为购电义务提供担保。为了给电站提供燃煤原材料，A公司出资在东道国又成立一个煤矿项目公司，并与中国工程承包商签署了煤矿的EPC施工合同。未来煤矿建成后，煤矿项目公司与电站项目公司签署供煤协议，为电站提供原材料。

2. 融资模式

该项目购买了三个政策性保险，银行提供了两笔融资。第一，中方投资者A公司为其向东道国两个项目公司投入的股权，购买了海外投资（股权）保险，以规避由于征收、战争、汇兑限制和违约等政治风险可能带来的股本金损失。第二，基于煤矿的出口买方信贷保险及出口买方信贷融资。中国施工方签署的煤矿EPC合同，符合出口买方信贷保险支持中国出口的宗旨。EPC合同承包商向中信保公司申请出口买方信贷保险（政治风险95%+商业风险95%），在保险的基础上，中资银行为境外业主（即煤矿项目公司）提供了出口买方信贷融资。贷款金额为EPC合同的85%，贷款的担保方式为东道国财政部提供主权担保。第三，基于电站的海外投资（债权）保险（金融机构适用）及银行融资。中方投资者参与建设运营的电站，符合海外投资保险支持中国对外投资的宗旨。于是，中信保公司为中资银行提供海外投资（债权）保险（金融机构适用），被保险人为中资银行，保险标的为中资银行为电站项目公司提供的贷款本金及利息，赔付比率为95%，承保风险为征收、战争、汇兑限制和违约。这里的“违约风险”指的是东道国国家电力公司不履行其在PPA协议下的购电义务以及该国政府为该义务提供的担保。

3. 案例启示

本案例综合运用多种保险品种和融资模式，来服务中国对外投资和对外工程承包项目。不同的保险，有不同的承保责任，适用于不同的商务合同背景。不同的融资模式，有不同的担保结构和风险因素。商业银行应该深刻把握不同融资结构的评审要求，在自身风险和收益相匹配的前提下，灵活运用多种信贷品种，以更好地适应中国企业对外投资和对外工程承包发展新趋势。

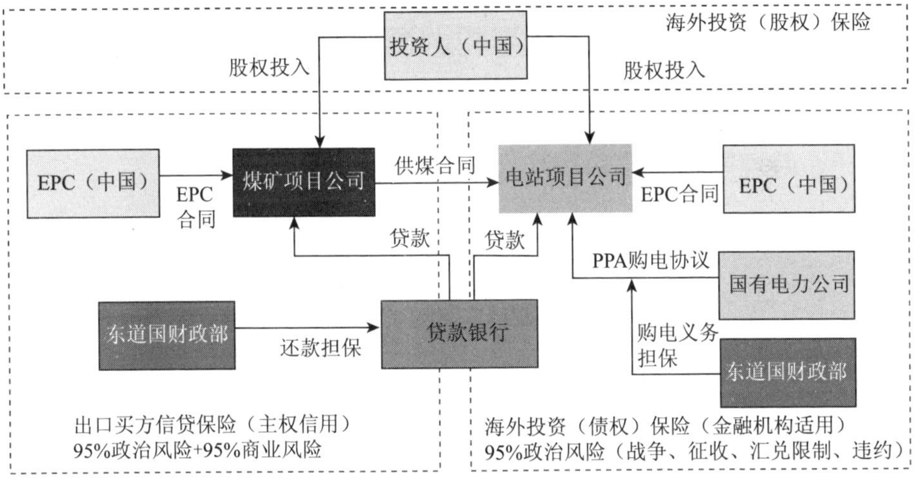

图 5-25　海外投资保险与出口买方信贷保险组合融资案例

第六章 “新时代”跨境融资的风险控制

第一节 银行跨境融资风险的复杂性

一、跨境融资的信用风险

跨境融资所涉及的当事方跨越境内、境外，所涉及的交易背景既有货物贸易、服务贸易，又有跨境资本运作，因此，各主体的信用风险较为复杂，对银行的信用风险管理提出了很大的挑战。近年来，“青岛港”事件、转口贸易风险事件等一系列跨境贸易金融领域风险频发。个别企业通过虚假贸易背景、“构造贸易”背景向银行申请跨境融资授信额度，如果银行未能有效审核贸易背景的真实性而为其提供了融资，就有可能埋下信用风险隐患。防范企业信用风险应成为银行跨境融资业务中应该重点关注的风险领域。银行应该对于主权客户、企业客户、金融机构客户等不同的信用风险，采取多种形式、全方位的风险防控和全流程跟踪。特别关注跨境交易背景真实性和合理性，从授信客户、所交易的商品、服务和资本等进行多角度审核，有效管控跨境融资信用风险。

二、跨境融资的外汇合规风险

当前，中国金融“去杠杆”、防范系统性金融风险的任务比较艰巨。金融监管当局对于许多嵌套型、通道类金融创新产品提出严格的规范性要求。具体到外汇监管领域，外汇合规监管趋严，外汇检查力度较大，处罚也非常严厉。这给跨境担保、对外投资、跨境融资等跨境金融业务带来诸多挑战。全国性的外汇市场自律机制陆续发布关于跨境融资各细项业务的银行外汇业务展业规范，给跨境金融业务提出非常具体的操作规范。银行必须适应这种“强监管”的外汇管理态势，切实按照“展业三原则”等规范性要求，履行对跨境融资业务和客户的 KYC 尽职调查职责，通过多种手段防范外汇合规风险，避免出现重大外汇违规事件及监管处罚发生。举一个跨境资本运作领域的银行跨境金融业务例子，近年来，随着更多的境外投资者参与到中国资本市场，A 股上市公司的外资股东分红派息业务需求增多，外资股东减持 A 股现象也时有发生。商业银行对于此类客户的服务，除了传统的购汇、付汇业务外，还可根据企业的现金管理需求，为企业量身定制“人民币存款质押+内保外贷+境外美元融资”等结构性融资方案。但是，在设计融资方案前，商业银行一定要充分学习中国人民银行、外汇局、银保监会、证监会等相关部门监管政策，比如，证监会对于上市公司境外股东分红派息的要求，包括分红派息频率、资金出境有无时限要求，外汇局对于此类资金购付汇的政策性规定，人民银行及银保监会关于跨境反洗钱的相关规定等。在充分了解企业业务模式，并遵循各项监管政策的前提下，合法、合规地帮助上市公司境外股东办理相关跨境收支及融资业务。

三、跨境融资的国际反洗钱风险

近年来，随着几家国有大银行境外分行被西方发达国家金融监管当局开出巨额罚单，中国的银行界意识到国际反洗钱、反恐怖主义融资、反金融诈骗、反逃税制裁形势空前严峻。这给中资银行的跨境融资业务提出巨大的挑战。即便国有大行，在这方面的内控合规规章、团队建设、系统建设等方面尚不完善。国内银行亟待建立健全跨境融资的反洗钱风险管理架构和反洗钱风险评估机制，强化客户身份识别要求、风险等级评定、系统优化等方面的规范，深入研究海外反洗钱监管法律法规，配合境外分行逐步建立完善反洗钱内控制度。此外，国内银行亟待培养跨境融资反洗钱管理专业人才，深入研究联合国安理会、美国财政部、欧盟及英、澳等国监管制裁规定，建立“事前、事中、事后”名单监控、可疑交易监控等风险防控机制。对于跨境融资和国际结算中涉及的客户，须在反洗钱筛查系统以及国际上相关网站（比如：联合国反恐委员会 https：//www.un.org/sc/ctc/；金融行动特别工作组（FATF）http：//www.fatf-gafi.org；

美国财政部 http：//sanctionssearch. ofac. treas. gov；亚太反洗钱组织（APG）http：//www. apgml. org 等）查询客户的融资主体、担保主体、母公司、股东、实际控制人等是否存在可疑信息，切实履行尽职调查职责。

四、跨境融资的结构性风险

近年来，国内银行界关于结构性贸易融资的讨论颇多。虽然各方观点对于结构性贸易融资的内涵和外延界定不尽相同，但在业务实践中，这种金融创新在国内贸易融资和跨境金融领域均有所应用。从广义上讲，出口信贷等中长期贸易融资，均属于结构性贸易融资的范畴。众所周知，银行贸易融资业务最大的特点便是融资的自偿性，即银行融资的还款来源是贸易项下的回款，银行能够有效地把控贸易流和现金流。结构性贸易融资区别于传统自偿性贸易融资的最大特点，是这种融资结构并不依赖于单一的贸易环节所产生的贸易流和资金流，而是基于基础交易的特点和融资目的，灵活利用传统贸易融资领域所依赖的结算工具（信用证、保函等），并结合多种现代化融资手段（诸如投资银行产品、出口信用保险、外汇衍生工具等），量身打造合适的结构化融资方案。结构性贸易融资的兴起，正是在国内商业银行的传统贸易融资业务逐渐走向模式简单趋同、收入结构单一、价格竞争激烈的背景下，探寻贸易金融新的发展方向，适应企业融资需求多样化的一项重要举措。当前中国企业的跨境交易，已经由简单的货物贸易，过渡到大型成套设备、机电产品出口、海外承包工程，以及境外投资、跨境并购等资本运作。诸如此类“走出去”业务所产生的融资需求，呈现出日益复杂化和多样性的特点，为结构性贸易融资产品研发与创新，提供了诸多机会，同时也给银行跨境金融业务带来了结构性风险。

这种结构性风险源于对传统贸易融资工具的不当应用。信用证、保函等结算/融资工具，在出口押汇、内保外贷等传统的自偿性贸易融资产品中，发挥着其稳定、可靠的功能。但是，当这些工具应用于结构化贸易融资产品、内嵌于结构化的融资方案中，便需要重新审视它们在其中发挥的功能、效力，以及整合多种融资工具后的结构化方案的综合法律风险。在此举一个近年来国内商业银行常见的融资租赁保函结构性融资业务案例。

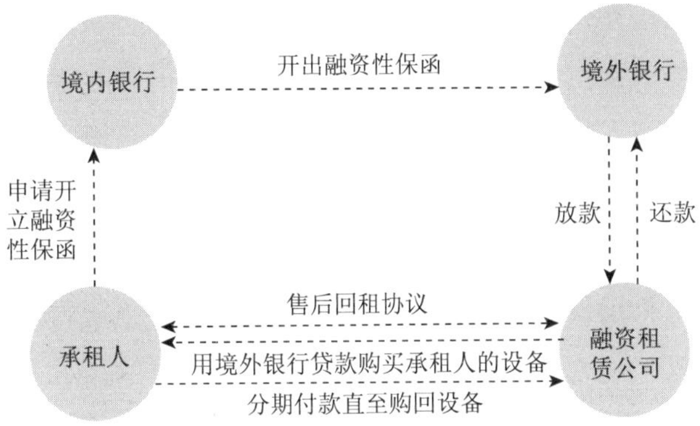

图 6-1 结构性风险处置案例

在图 6-1 中，某国内企业（承租人）向某国内银行提供全额银票质押，申请开立融资性保函，受益人是某境外银行。境外银行凭融资性保函，向境内某外商融资租赁公司发放贷款。租赁公司（出租人）使用该笔贷款，购买国内企业（承租人）的设备，并与其签署售后回租协议，将设备返租给国内企业（承租人）使用。承租人定期向出租人支付租金，出租人定期向境外银行还本付息。租赁期届满，设备所有权回归至承租人。

在这种业务结构中，国内银行因企业提供了全额银票质押而视同低风险业务而开立了保函，境外银行因国内银行提供了全额保函也视同低风险业务而发放了贷款。这种基于保函的贷款模式，从表面上看非常类似于内保外贷业务的授信关系。但实际上，由于整个融资结构的安排，嵌入了“售后回租”这样一个商务合同模式，使得涉外保函这一传统贸易融资工具，在这种结构性贸易融资安排中所发挥的作用，与普通内保外贷业务中的涉外保函具有很大的差异性。列举一种极端的情况：在合同执行期内，当作为“通道”作用的租赁公司出现涉诉被查封资产，境外银行因未能得到贷款合同本息正常偿还，而向境内银行提出保函索赔要求。因贷款本息逾期，构成融资性保函“见索即付”的充足理由，国内银行理应赔付。赔付款项后，国内银行因拥有全额银票质押权，所以没有资金风险。但是，国内企业（承租人）的风险却扩大了两倍，一方面，其提供的全额银票被国内银行处置；另一方面，由于售后回租协议仍未执行完毕，设备的所有权还在租赁公司，承租人无法赎回该设备资产，该资产处于被查封状态，面临不确定性。为了避免出现这种尴尬的处境，在结构性贸易融资方案设计之初，商业银行有必要考虑到此种法律风险隐患，要求承租人、出租人与国内银行（保函开立银行）三方共同签署协议，明确承租人与出租人开展售后回租的行为，与承租人向国内银行申请开立保函进而使得出租人获取境外贷款的行为，出于同一目的。以此将保函行为与售后回租行为关联起来，以便日后承租人在保函项下履行了赔付义务后，可行使“抵消权”来抵消其在售后回租合同项下应付租金的义务，主张设备的所有权。

综上，商业银行在设计结构性贸易融资方案时，必须摈弃孤立考量单一贸易融资工具的习惯思维，而要综合考虑整个融资结构中各行为主体的法律关系和各种融资工具的综合效力，从而提高跨境融资产品整体的适用性和安全性。

第二节　银行跨境融资风险控制实践

一、银行跨境融资风险控制的难点

跨境融资业务面临的诸多风险，给银行风险控制的制度性安排带来了极大的挑战，提出了较高的要求。一方面，当前国内大多数银行针对跨境融资业务的风险管理采取了矩阵制的管理架构。个别银行曾开展贸易金融部门事业部改革实践，后又取消事业部。在风险防范和管控过程中，贸易金融部门与风险控制部门、支行等经营机构这三方如何协同配合，系统性地梳理跨境融资业务流程，保持良好的沟通协调、动态监控、有效管理业务风险，是一个很大的挑战。另一方面，熟悉公司信贷的客户经理往往不熟悉国际结算和外汇政策，而熟悉国际结算、贸易融资的产品经理缺乏公司信贷的融资经验。如何发挥产品经理与客户经理的协同作业，共同完成跨境融资风险防控，也是一个挑战。

二、前台、中台、后台的职责定位

既然贸易金融部不是事业部制，那么如何发挥贸易金融部作为业务管理部门（或者叫做产品管理部门）的积极性，并协同前台、中台和后台部门，共同做好跨境融资的风险防控和管理工作呢？当前普遍采用的矩阵制管理架构的特点是纵横交错，即纵向实现总行、分行、支行的管理层级；横向按照职能划分若干板块或条线管理，如公司银行部、贸易金融部、投资银行部等组成对公业务板块，授信审批部、信贷管理部、风险管理部、合规部、法律部等组成风险控制板块。

笔者认为，要想实现跨境融资风险的有效控制，必须在清晰的职责定位基础上，充分发挥前台、中台、后台合力，最大化保障银行信贷资产安全。在矩阵制的管理架构中，支行等经营机构承担贷前调查和贷后管理的前台责任；贸易金融部从跨境融资的专业技术角度配合支行开展贷前调查、配合放款中心实施贷中审查、支持和指导支行开展专业性贷后管理；风险控制板块统一实施跨境融资风险的综合管理，在贷款审批、放款审核、组织贷后管理、实施预警管理、资产保全等方面，发挥专业作用。在这种清晰的职责定位下，支行等经营机构扮演客户经理的角色，授信审批部和信贷管理部承担信贷审查经理、放款审核经理的职责，贸易金融部门承担产品经理、单证经理的职责。这种职责定位和身份划分，不应该成为撇清责任的借口，而应该发挥主人翁精神，你中有无，互相补台，在贷前、贷中和贷后全流程管理中，通力协作，共同为银行的跨境资产质量保驾护航。

三、贷前、贷中、贷后的全流程管理

在上述职责定位的基础上，贸易金融部门的产品经理要主动与支行客户经理、风控部门的信审经理、放款审核经理共同开展协同作业，在贷前调查、贷中审查、贷后管理“全流程”把控跨境融资风险。

1. 贷前调查

支行客户经理主要承担客户的主体信用风险责任，因此，贷前调查过程中，应以客户为主体，关注客户是否满意客户评级、授信准入的标准，严格审查业务背景真实性，分析还款来源、还款意愿、担保措施等。贸易金融部门的产品经理主要从融资产品结构角度把握债项风险，根据支行客户经理对基础交易背景的授信调查材料，针对客户经理提出的跨境融资方案，在产品适用性和匹配性、外管政策合规性、国际惯例、融资额度和期限的合理性、产品结构性风险等方面提出专业意见，以弥补支行授信调查中对于客户授信普遍性与贸易融资产品特殊性之间的空白。产品经理要充分分析客户的交易记录、交易习惯及交易对手情况，判断客户的进出口贸易、工程承包或跨境投融资行为是否符合国家有关政策及国际惯例，交易对手所在国的政治、经济形势、营商环境、反洗钱和国际制裁等；关注商品价格风险和汇率风险，如大宗商品贸易融资是否有避险保值措施，融资与回款币种错配的风险是否通过远期外汇买卖、期权等外汇资金产品予以锁定，等等。

2. 授信审批

在授信审批过程中，贸易金融部门应发挥专业作用，针对信审经理可能提出的融资产品结构方面疑问，予以专业解答。贸易融资产品经理应积极参与融资产品结构的论证，从授信品种、产品的结构化方案、授信额度、期限、货权单据、抵质押品、配套外汇衍生品、跨境担保等方面提出专业意见。一方面，这有利于回答信审经理对于融资产品应用的疑问，从而在授信审批过程中综合把握风险实质，更好地实现风险控制；另一方面，也有利于在授信批复中更加合理地设定相关批复要素，更科学地完成融资的审批。

3. 放款操作

放款中心在借款合同审核、授信核保、用印审核、授信额度管理等基础性放款环节发挥专业性，完成这些重要事项的技术性审核。贸易金融部产品经理有必要从跨境融资产品的专业角度予以“补台”，杜绝“技术性”风险漏洞，主要从外汇管理等监管角度进行业务合规性审核；对基础交易合同、相关政策性文件的表面真实性和一致性审核；按照国际惯例对单证、保函等真实性和一致性进行审核；提示应向国内监管机构、中信保公司、银行内部相关部门履行报备报批手续；提供国际惯例、国际反洗钱等方面的专业知识和审查意见。

4. 贷后管理和资产保全

跨境融资的贷后管理工作要从融资产品的特点出发。比如，贸易融资的最大特点是自偿性，即还款来源为贸易项下回款。因此，跨境融资的贷后管理工作除了前台部门客户经理从客户整体信用风险角度予以监控外，更需要贸易金融部产品经理对基础贸易背景和资金收付情况进行专业化风险识别、管控。作为传统贸易融资产品的升级和创新，结构性贸易融资除了关注自偿性外，还应该关注结构化风险和其他合规风险，因此，对产品经理提出了更高的要求。产品经理应该主动关注客户收付汇情况；做好融资到期前的临期管理，从信用证、保函等结算工具的特点出发，提示支行客户经理落实付款资金及回款账户监控；发现异常和预警信息应及时通知支行及信贷管理部门，共享风险预警信息，协助开展风险化解工作；从国际惯例和监管合规等角度，动态提供技术性指导和贷后管理情况反馈。

由此可见，贷后管理工作是前中后台齐抓共管的一项复杂工作。在识别风险和管控风险过程中，除了实质性风险管控，还应该包括前瞻性风险管控。对于实质性风险管控，应该按风险程度分级，从客户、行业、产品、担保等维度对客户采取差异化的风险识别和管控措施，确定贷后管理策略。特别是对于高风险客户和重大突发事件，应主动积极采取风险识别、评估、报告措施，强化时效性和针对性管理。对于前瞻性风险管控，应实时跟踪检查，借助多种手段开展综合评估和预判，尽量在实质性风险发生之前就及早进行风险预警并采取管控措施，将风险化解于未然。

在资产保全阶段，除了法律保全部门擅长的法律诉讼等工作外，贸易金融部门产品经理应该从国际惯例、监管政策等角度提供技术性支持，共同研究制定资产保全方案。比如，涉外保函索赔相关工作中，国内、外法律环境下的见索即付保函惯例存在差异；国际信用证和国内信用证的结算规定也不尽相同；在出口信贷业务中处置保证、抵质押等程序与中信保公司保险索赔程序之间的法律关系如何，等等。只有在产品经理的专业性意见指导下，相关法律保全工作才能妥善开展。

参考文献

1. 中国人民银行关于境内银行业金融机构境外项目人民币贷款的指导意见

2. 企业境外投资管理办法

3. 出口买方信贷保险条款

4. 出口卖方信贷保险条款

5. 出口延付合同再融资保险条款

6. 海外投资股权保险条款

7. 海外投资（债权）保险条款（金融机构适用）

8. 海外投资（债权）保险条款（股东适用）

9. 海外融资租赁（融资合同）保险条款

10. 周红军．国际担保［M］．北京：中国金融出版社，2014.

11. 国务院发展研究中心宏观部与中国出口信用保险公司联合课题组．中国出口信用保险公司政策性职能履行评估报告［M］．北京：中国发展出版社，2017.

12. 周玉坤．形式与本质：出口信用保险基础问题研究［M］．北京：中国金融出版社，2017.

13. 中国出口信用保险公司．出口信用保险——操作流程与案例［M］．北京：中国海关出版社，2008.

14. 何慎远，汪寿阳．中国出口信用保险研究［M］．北京：科学出版社，2017.

15. 中国出口信用保险公司资信评估中心．中国企业境外投资和对外承包工程风险管控及案例分析［M］．北京：中国经济出版社，2015.

16. 胥良．准确理解和把握内保外贷新政［J］．中国外汇，2018（1）．

17. 荣蓉，白琳，王莉．内保外贷正本清源［J］．中国外汇，2017（18）．

18. 单强．银行内保外贷套利监管对策［J］．中国外汇，2017（18）．

19. 朱玉庚．内保外贷支持“一带一路”建设［J］．中国外汇，2017（18）．

20. 李铮．国际工程承包与海外投资业务融资［M］．北京：中国人民大学出版社，2013.

21. 经济合作与发展组织．官方支持出口信贷的安排（2015 修订版）［M］．中国金融出版社，2015.

22. 邹小燕，张璇．出口信贷［M］．北京：机械工业出版社，2008.

附　录

中国人民银行关于境内银行业金融机构境外项目人民币贷款的指导意见

2011 年 10 月 24 日　　　　　　　　　　　银发〔2011〕255 号

中国人民银行上海总部，各分行、营业管理部、省会（首府）城市中心支行、副省级城市中心支行，国家开发银行、各政策性银行、国有商业银行、股份制商业银行，中国邮政储蓄银行：

为了扩大人民币跨境使用，规范境内银行业金融机构（以下简称银行）境外项目人民币贷款相关业务，防范风险，促进贸易和投资便利化，根据《中华人民共和国中国人民银行法》等法律、行政法规，现就境内银行境外项目人民币贷款工作提出以下指导意见：

一、本意见所称“境外项目”是指境内机构“走出去”过程中开展的各类境外投资和其他合作项目，包括但不限于境外直接投资、对外承包工程以及出口买方信贷等。其中境外直接投资是指境内机构通过设立（独资、合资、合作）、并购、参股等方式在境外设立或取得既有企业或项目所有权、控制权或经营管理权等权益的行为；对外承包工程是指中国的企业或其他单位承包境外建设工程项目，包括咨询、勘察、设计、监理、招标、造价、采购、施工、安装、调试、运营、管理等活动。

银行境外项目人民币贷款是指银行向上述境外项目发放的人民币贷款。

二、具备国际结算业务能力、具有对外贷款经验的银行，在接入人民币跨境收付信息管理系统后，可以开展境外项目人民币贷款业务。

三、银行办理境外项目人民币贷款业务时，经办行应当于境外项目人民币贷款合同签约后15个工作日内，向所在地人民银行分支机构提交贷款合同副本。首次办理境外项目人民币贷款业务的，还应当同时提交相关规章制度复印件。

四、银行办理境外项目人民币贷款业务，应当遵循审慎性原则，严格审查借款人和代理行资信，保障资金安全。

五、银行可以为境外借款人开立人民币银行结算账户，对该账户的管理执行《境外机构人民币银行结算账户管理办法》（银发〔2010〕249号）相关规定。银行也可以通过借款人在境外代理行开立的相应账户办理境外项目人民币贷款业务。

六、银行应当按照人民币银行结算账户和支付结算管理制度的相关规定，为与备案项目相一致的跨境人民币贷款提供资金划转等相关服务。

七、根据办理境外项目人民币贷款需要，银行可以向其境外分行调拨人民币资金，也可以向其境外子行或境外代理行融出人民币资金。

银行向境外项目提供的人民币贷款累计金额不得高于项目贷款合同金额；银行因接受境外借款人、境外分支机构或代理行还款从境外调入的人民币资金不得超过已备案的贷款合同项下的本金与合理收入总和。

八、境外项目人民币贷款资金不得用作对境内提供贷款。

九、境外项目人民币贷款单独统计，贷款利率应当符合人民银行有关规定。

十、境外项目人民币贷款业务涉及的非居民存款不纳入现行外债管理。

十一、银行应当于5个工作日内将在本机构发生的境外项目人民币贷款业务相关信息报送人民币跨境收付信息管理系统。

十二、人民银行及其分支机构对银行开展境外项目人民币贷款业务进行现场检查和非现场检查，督促银行切实履行贷款真实性审核、信息报送等职责，监督银行依法开展业务活动。

十三、人民银行及其分支机构根据本指导意见，引导银行做好对境外项目提供人民币贷款的有关工作。

来源：中国人民银行官网 http：//www. pbc. gov. cn//tiaofasi/144941/3581332/3586900/index. html.

企业境外投资管理办法

中华人民共和国国家发展和改革委员会令第 11 号

第一章　总　则

第一条　为加强境外投资宏观指导，优化境外投资综合服务，完善境外投资全程监管，促进境外投资持续健康发展，维护我国国家利益和国家安全，根据《中华人民共和国行政许可法》《国务院关于投资体制改革的决定》《国务院对确需保留的行政审批项目设定行政许可的决定》等法律法规，制定本办法。

第二条　本办法所称境外投资，是指中华人民共和国境内企业（以下称“投资主体”）直接或通过其控制的境外企业，以投入资产、权益或提供融资、担保等方式，获得境外所有权、控制权、经营管理权及其他相关权益的投资活动。

前款所称投资活动，主要包括但不限于下列情形：

（一）获得境外土地所有权、使用权等权益；

（二）获得境外自然资源勘探、开发特许权等权益；

（三）获得境外基础设施所有权、经营管理权等权益；

（四）获得境外企业或资产所有权、经营管理权等权益；

（五）新建或改扩建境外固定资产；

（六）新建境外企业或向既有境外企业增加投资；

（七）新设或参股境外股权投资基金；

（八）通过协议、信托等方式控制境外企业或资产。

本办法所称企业，包括各种类型的非金融企业和金融企业。

本办法所称控制，是指直接或间接拥有企业半数以上表决权，或虽不拥有半数以上表决权，但能够支配企业的经营、财务、人事、技术等重要事项。

第三条 投资主体依法享有境外投资自主权，自主决策、自担风险。

第四条 投资主体开展境外投资，应当履行境外投资项目（以下称“项目”）核准、备案等手续，报告有关信息，配合监督检查。

第五条 投资主体开展境外投资，不得违反我国法律法规，不得威胁或损害我国国家利益和国家安全。

第六条 国家发展和改革委员会（以下称“国家发展改革委”）在国务院规定的职责范围内，履行境外投资主管部门职责，根据维护我国国家利益和国家安全的需要，对境外投资进行宏观指导、综合服务和全程监管。

第七条 国家发展改革委建立境外投资管理和服务网络系统（以下称“网络系统”）。投资主体可以通过网络系统履行核准和备案手续、报告有关信息；涉及国家秘密或不适宜使用网络系统的事项，投资主体可以另行使用纸质材料提交。网络系统操作指南由国家发展改革委发布。

第二章 境外投资指导和服务

第八条 投资主体可以就境外投资向国家发展改革委咨询政策和信息、反映情况和问题、提出意见和建议。

第九条 国家发展改革委在国务院规定的职责范围内，会同有关部门根据国民经济和社会发展需要制定完善相关领域专项规划及产业政策，为投资主体开展境外投资提供宏观指导。

第十条 国家发展改革委在国务院规定的职责范围内，会同有关部门加强国际投资形势分析，发布境外投资有关数据、情况等信息，为投资主体提供信息服务。

第十一条 国家发展改革委在国务院规定的职责范围内，会同有关部门参与国际投资规则制定，建立健全投资合作机制，加强政策交流和协调，推动有关国家和地区为我国企业开展投资提供公平环境。

第十二条 国家发展改革委在国务院规定的职责范围内，推动海外利益安全保护体系和能力建设，指导投资主体防范和应对重大风险，维护我国企业合法权益。

第三章 境外投资项目核准和备案

第一节 核准、备案的范围

第十三条 实行核准管理的范围是投资主体直接或通过其控制的境外企业开展的敏感类项目。核准机关是国家发展改革委。

本办法所称敏感类项目包括：

（一）涉及敏感国家和地区的项目；

（二）涉及敏感行业的项目。

本办法所称敏感国家和地区包括：

（一）与我国未建交的国家和地区；

（二）发生战争、内乱的国家和地区；

（三）根据我国缔结或参加的国际条约、协定等，需要限制企业对其投资的国家和地区；

（四）其他敏感国家和地区。

本办法所称敏感行业包括：

（一）武器装备的研制生产维修；

（二）跨境水资源开发利用；

（三）新闻传媒；

（四）根据我国法律法规和有关调控政策，需要限制企业境外投资的行业。

敏感行业目录由国家发展改革委发布。

第十四条 实行备案管理的范围是投资主体直接开展的非敏感类项目，也即涉及投资主体直接投入资产、权益或提供融资、担保的非敏感类项目。

实行备案管理的项目中，投资主体是中央管理企业（含中央管理金融企业、国务院或国务院所属机构直接管理的企业，下同）的，备案机关是国家发展改革委；投资主体是地方企业，且中方投资额3亿美元及以上的，备案机关是国家发展改革委；投资主体是地方企业，且中方投资额3亿美元以下的，备案机关是投资主体注册地的省级政府发展改革部门。本办法所称非敏感类项目，是指不涉及敏感国家和地区且不涉及敏感行业的项目。本办法所称中方投资额，是指投资主体直接以及通过其控制的境外企业为项目投入的货币、证券、实物、技术、知识产权、股权、债权等资产、权益以及提供融资、担保的总额。

本办法所称省级政府发展改革部门，包括各省、自治区、直辖市及计划单列市人民政府发展改革部门和新疆生产建设兵团发展改革部门。

第十五条 投资主体可以向核准、备案机关咨询拟开展的项目是否属于核准、备案范围，核准、备案机关应当及时予以告知。

第十六条 两个以上投资主体共同开展的项目，应当由投资额较大一方在征求其他投资方书面同意后提出核准、备案申请。如各方投资额相等，应当协商一致后由其中一方提出核准、备案申请。

第十七条 对项目所需前期费用（包括履约保证金、保函手续费、中介服务费、资源勘探费等）规模较大的，投资主体可以参照本办法第十三条、第十四条规定对项目前期费用提出核准、备案申请。经核准或备案的项目前期费用计入项目中方投资额。

第二节 核准的程序和时限

第十八条 实行核准管理的项目，投资主体应当通过网络系统向核准机关提交项目申请报告并附具有关文件。其中，投资主体是中央管理企业的，由其集团公司或总公司向核准机关提交；投资主体是地方企业的，由其直接向核准机关提交。

第十九条 项目申请报告应当包括以下内容：

（一）投资主体情况；

（二）项目情况，包括项目名称、投资目的地、主要内容和规模、中方投资额等；

（三）项目对我国国家利益和国家安全的影响分析；

（四）投资主体关于项目真实性的声明。

项目申请报告的通用文本以及应当附具的文件（以下称“附件”）清单由国家发展改革委发布。

第二十条 项目申请报告可以由投资主体自行编写，也可以由投资主体自主委托具有相关经验和能力的中介服务机构编写。

第二十一条 项目申请报告和附件齐全、符合法定形式的，核准机关应当予以受理。

项目申请报告或附件不齐全、不符合法定形式的，核准机关应当在收到项目申请报告之日起5个工作日内一次性告知投资主体需要补正的内容。逾期不告知的，自收到项目申请报告之日起即为受理。核准机关受理或不予受理项目申请报告，都应当通过网络系统告知投资主体。投资主体需要受理或不予受理凭证的，可以通过网络系统自行打印或要求核准机关出具。

第二十二条 项目涉及有关部门职责的，核准机关应当商请有关部门在7个工作日内出具书面审查意见。有关部门逾期没有反馈书面审查意见的，视为同意。

第二十三条 核准机关在受理项目申请报告后，如确有必要，应当在4个工作日内委托咨询机构进行评估。除项目情况复杂的，评估时限不得超过30个工作日。项目情况复杂的，经核准机关同意，可以延长评估时限，但延长的时限不得超过60个工作日。

核准机关应当将咨询机构进行评估所需的时间告知投资主体。接受委托的咨询机构应当在规定时限内提出评估报告，并对评估结论承担责任。评估费用由核准机关承担，咨询机构及其工作人员不得收取投资主体任何费用。

第二十四条 核准机关可以结合有关单位意见、评估意见等，建议投资主体对项目申请报告有关内容进行调整，或要求投资主体对有关情况或材料作进一步澄清、补充。

第二十五条 核准机关应当在受理项目申请报告后20个工作日内作出是否予以核准的决定。项目情况复杂或需要征求有关单位意见的，经核准机关负责人批准，可以延长核准时限，但延长的核准时限不得超过10个工作日，并应当将延长时限的理由告知投资主体。

前款规定的核准时限，包括征求有关单位意见的时间，不包括咨询机构评估的时间。

第二十六条 核准机关对项目予以核准的条件为：

（一）不违反我国法律法规；

（二）不违反我国有关发展规划、宏观调控政策、产业政策和对外开放政策；

（三）不违反我国缔结或参加的国际条约、协定；

（四）不威胁、不损害我国国家利益和国家安全。

第二十七条 对符合核准条件的项目，核准机关应当予以核准，并向投资主体出具书面核准文件。

对不符合核准条件的项目，核准机关应当出具不予核准书面通知，并说明不予核准的理由。

第二十八条 项目违反有关法律法规、违反有关规划或政策、违反有关国际条约或协定、威胁或损害我国国家利益和国家安全的，核准机关可以不经过征求意见、委托评估等程序，直接作出不予核准的决定。

第三节 备案的程序和时限

第二十九条 实行备案管理的项目，投资主体应当通过网络系统向备案机关提交项目备案表并附具有关文件。其中，投资主体是中央管理企业的，由其集团公司或总公司向备案机关提交；投资主体是地方企业的，由其直接向备案机关提交。

项目备案表格式文本及附件清单由国家发展改革委发布。

第三十条 项目备案表和附件齐全、符合法定形式的，备案机关应当予以受理。

项目备案表或附件不齐全、项目备案表或附件不符合法定形式、项目不属于备案管理范围、项目不属于备案机关管理权限的，备案机关应当在收到项目备案表之日起5个工作日内一次性告知投资主体。逾期不告知的，自收到项目备案表之日起即为受理。备案机关受理或不予受理项目备案表，都应当通过网络系统告知投资主体。投资主体需要受理或不予受理凭证的，可以通过网络系统自行打印或要求备案机关出具。

第三十一条 备案机关在受理项目备案表之日起 7 个工作日内向投资主体出具备案通知书。

备案机关发现项目违反有关法律法规、违反有关规划或政策、违反有关国际条约或协定、威胁或损害我国国家利益和国家安全的，应当在受理项目备案表之日起 7 个工作日内向投资主体出具不予备案书面通知，并说明不予备案的理由。

第四节 核准、备案的效力、变更和延期

第三十二条 属于核准、备案管理范围的项目，投资主体应当在项目实施前取得项目核准文件或备案通知书。

本办法所称项目实施前，是指投资主体或其控制的境外企业为项目投入资产、权益（已按照本办法第十七条办理核准、备案的项目前期费用除外）或提供融资、担保之前。

第三十三条 属于核准、备案管理范围的项目，投资主体未取得有效核准文件或备案通知书的，外汇管理、海关等有关部门依法不予办理相关手续，金融企业依法不予办理相关资金结算和融资业务。

第三十四条 已核准、备案的项目，发生下列情形之一的，投资主体应当在有关情形发生前向出具该项目核准文件或备案通知书的机关提出变更申请：

（一）投资主体增加或减少；

（二）投资地点发生重大变化；

（三）主要内容和规模发生重大变化；

（四）中方投资额变化幅度达到或超过原核准、备案金额的 20%，或中方投资额变化 1 亿美元及以上；

（五）需要对项目核准文件或备案通知书有关内容进行重大调整的其他情形。

核准机关应当在受理变更申请之日起 20 个工作日内作出是否同意变更核准的书面决定。备案机关应当在受理变更申请之日起 7 个工作日内作出是否

同意变更备案的书面决定。

第三十五条 核准文件、备案通知书有效期2年。确需延长有效期的，投资主体应当在有效期届满的30个工作日前向出具该项目核准文件或备案通知书的机关提出延长有效期的申请。

核准机关应当在受理延期申请之日起20个工作日内作出是否同意延长核准文件有效期的书面决定。备案机关应当在受理延期申请之日起7个工作日内作出是否同意延长备案通知书有效期的书面决定。

第三十六条 核准、备案机关应当依法履行职责，严格按照规定权限、程序、时限等要求实施核准、备案行为，提高行政效能，提供优质服务。

第三十七条 对核准、备案机关实施的核准、备案行为，相关利害关系人有权依法申请行政复议或提起行政诉讼。

第三十八条 对不符合本办法规定条件的项目予以核准、备案，或违反本办法规定权限和程序予以核准、备案的，应当依法予以撤销。

第三十九条 核准、备案机关应当按照《政府信息公开条例》规定将核准、备案有关信息予以公开。

第四章 境外投资监管

第四十条 国家发展改革委和省级政府发展改革部门根据境外投资有关法律法规和政策，按照本办法第十三条、第十四条规定的分工，联合同级政府有关部门建立协同监管机制，通过在线监测、约谈函询、抽查核实等方式对境外投资进行监督检查，对违法违规行为予以处理。

第四十一条 倡导投资主体创新境外投资方式、坚持诚信经营原则、避免不当竞争行为、保障员工合法权益、尊重当地公序良俗、履行必要社会责任、注重生态环境保护、树立中国投资者良好形象。

第四十二条 投资主体通过其控制的境外企业开展大额非敏感类项目的，投资主体应当在项目实施前通过网络系统提交大额非敏感类项目情况报告表，将有关信息告知国家发展改革委。

投资主体提交的大额非敏感类项目情况报告表内容不完整的，国家发展改革委应当在收到之日起 5 个工作日内一次性告知投资主体需要补正的内容。逾期不告知的，视作内容完整。大额非敏感类项目情况报告表格式文本由国家发展改革委发布。本办法所称大额非敏感类项目，是指中方投资额 3 亿美元及以上的非敏感类项目。

第四十三条　境外投资过程中发生外派人员重大伤亡、境外资产重大损失、损害我国与有关国家外交关系等重大不利情况的，投资主体应当在有关情况发生之日起 5 个工作日内通过网络系统提交重大不利情况报告表。重大不利情况报告表格式文本由国家发展改革委发布。

第四十四条　属于核准、备案管理范围的项目，投资主体应当在项目完成之日起 20 个工作日内通过网络系统提交项目完成情况报告表。项目完成情况报告表格式文本由国家发展改革委发布。

前款所称项目完成，是指项目所属的建设工程竣工、投资标的股权或资产交割、中方投资额支出完毕等情形。

第四十五条　国家发展改革委、省级政府发展改革部门可以就境外投资过程中的重大事项向投资主体发出重大事项问询函。投资主体应当按照重大事项问询函载明的问询事项和时限要求提交书面报告。

国家发展改革委、省级政府发展改革部门认为确有必要的，可以公示重大事项问询函及投资主体提交的书面报告。

第四十六条　投资主体按照本办法第四十二条、第四十三条、第四十四条、第四十五条规定提交有关报告表或书面报告后，需要凭证的，可以通过网络系统自行打印提交完成凭证。

第四十七条　国家发展改革委、省级政府发展改革部门可以根据其掌握的国际国内经济社会运行情况和风险状况，向投资主体或利益相关方发出风险提示，供投资主体或利益相关方参考。

第四十八条　投资主体应当对自身通过网络系统和线下提交的各类材料的真实性、合法性、完整性负责，不得有虚假、误导性陈述和重大遗漏。

第四十九条　有关部门和单位、驻外使领馆等发现企业违反本办法规定的，可以告知核准、备案机关。公民、法人或其他组织发现企业违反本办法规定的，可以据实向核准、备案机关举报。

国家发展改革委建立境外投资违法违规行为记录，公布并更新企业违反本办法规定的行为及相应的处罚措施，将有关信息纳入全国信用信息共享平台、国家企业信用信息公示系统、“信用中国”网站等进行公示，会同有关部门和单位实施联合惩戒。

第五章　法律责任

第五十条　国家发展改革委工作人员有下列行为之一的，责令其限期改正，并依法追究有关责任人的行政责任；构成犯罪的，依法追究刑事责任：

（一）滥用职权、玩忽职守、徇私舞弊、索贿受贿的；

（二）违反本办法规定程序和条件办理项目核准、备案的；

（三）其他违反本办法规定的行为。

第五十一条　投资主体通过恶意分拆项目、隐瞒有关情况或提供虚假材料等手段申请核准、备案的，核准、备案机关不予受理或不予核准、备案，对投资主体及主要责任人处以警告。

第五十二条　投资主体通过欺骗、贿赂等不正当手段取得项目核准文件或备案通知书的，核准、备案机关应当撤销该核准文件或备案通知书，对投资主体及主要责任人处以警告；构成犯罪的，依法追究刑事责任。

第五十三条　属于核准、备案管理范围的项目，投资主体有下列行为之一的，由核准、备案机关责令投资主体中止或停止实施该项目并限期改正，对投资主体及有关责任人处以警告；构成犯罪的，依法追究刑事责任：

（一）未取得核准文件或备案通知书而擅自实施的；

（二）应当履行核准、备案变更手续，但未经核准、备案机关同意而擅自实施变更的。

第五十四条　投资主体有下列行为之一的，由国家发展改革委或投资主体注册地的省级政府发展改革部门责令投资主体限期改正；情节严重或逾期不改正的，对投资主体及有关责任人处以警告：

（一）未按本办法第四十二条、第四十三条、第四十四条、第四十五条规定报告有关信息的；

（二）违反本办法第四十八条规定的。

第五十五条 投资主体在境外投资过程中实施不正当竞争行为、扰乱境外投资市场秩序的，由国家发展改革委或投资主体注册地的省级政府发展改革部门责令投资主体中止或停止开展该项目并限期改正，对投资主体及主要责任人处以警告。

第五十六条 境外投资威胁我国国家利益和国家安全的，由国家发展改革委或投资主体注册地的省级政府发展改革部门责令投资主体中止实施项目并限期改正。

境外投资损害我国国家利益和国家安全的，由国家发展改革委或投资主体注册地的省级政府发展改革部门责令投资主体停止实施项目、限期改正并采取补救措施，对投资主体及有关责任人处以警告；构成犯罪的，依法追究刑事责任。投资主体按照本办法第四十三条规定及时提交重大不利情况报告表并主动改正的，可以减轻或免除本条规定的行政处罚。

第五十七条 金融企业为属于核准、备案管理范围但未取得核准文件或备案通知书的项目提供融资、担保的，由国家发展改革委通报该违规行为并商请有关金融监管部门依法依规处罚该金融企业及有关责任人。

第六章 附 则

第五十八条 各省级政府发展改革部门要加强对本地企业境外投资的指导、服务和监管，可以按照本办法的规定制定具体实施办法。

第五十九条 国家发展改革委对省级政府发展改革部门的境外投资管理工作进行指导和监督，对发现的问题及时予以纠正。

第六十条 核准、备案机关及其工作人员，以及被核准机关征求意见、受核准机关委托进行评估的单位及其工作人员，依法对投资主体根据本办法提交的材料负有保守商业秘密的义务。

第六十一条 事业单位、社会团体等非企业组织对境外开展投资参照本办法执行。

第六十二条 投资主体直接或通过其控制的企业对中国香港、澳门、台湾地区开展投资的，参照本办法执行。

投资主体通过其控制的中国香港、澳门、台湾地区企业对境外开展投资的，参照本办法执行。

第六十三条 境内自然人通过其控制的境外企业或中国香港、澳门、台湾地区企业对境外开展投资的，参照本办法执行。

境内自然人直接对境外开展投资不适用本办法。境内自然人直接对中国香港、澳门、台湾地区开展投资不适用本办法。

第六十四条 法律、行政法规对境外投资管理有专门规定的，从其规定。

第六十五条 本办法由国家发展改革委负责解释。

第六十六条 本办法自 2018 年 3 月 1 日起施行。《境外投资项目核准和备案管理办法》（国家发展和改革委员会令第 9 号）同时废止。

来源：国家发展改革委官网 http：//www. ndrc. gov. cn/zcfb/zcfbl/201712/t20171226_ 871560. html.

出口买方信贷保险条款

（由于条款时常更新，此文本仅供参考，以保险公司提供的最新版本为准）

第一章　适用范围

第一条　本保险条款适用于银行或其他金融机构为中国的出口贸易以出口买方信贷形式提供的贷款，其信贷期限在一年以上。

第二章　保险责任

第二条　损　因

对被保险人按贷款协议的约定履行了义务后，由于下列商业或政治事件导致借款人未履行其在贷款协议项下的还本付息义务且担保人未履行其在担保合同项下的担保义务而引起的直接损失，保险人根据本保险单的约定承担赔偿责任：

商业事件

一、借款人破产、解散；

二、借款人拖欠贷款协议项下应付的本金或利息；

政治事件

三、借款人所在国家（或地区）政府或其在贷款协议项下还款必须经过的第三国（或地区）政府颁布法律、法令、命令、条例或采取行政措施，禁止或限制借款人以贷款协议约定的货币或其他可自由兑换的货币向被保险人偿还贷款；

四、借款人所在国家（或地区）政府或其在贷款协议项下还款必须经过的第三国（或地区）政府颁布延期付款令；

五、借款人所在国家（或地区）发生战争、革命、暴乱；

六、借款人所在国家（或地区）发生恐怖主义行动和与之相关的破坏活动；

七、保险人认定的其他政治事件。

第三条　责任范围

在本保险单保险责任期限内，因本保险条款第二条中列明的损因造成被保险人的下列损失，保险人按照保险单明细表列明的赔偿比例在最高赔偿限额内承担赔偿责任：

一、借款人未按贷款协议约定偿还的贷款本金；

二、借款人未按贷款协议约定支付的利息，但等待期利息和罚息除外。

第三章　除外责任

第四条　无论本保险单其他条款如何约定，保险人对被保险人由下列原因引起的损失不承担赔偿责任：

一、被保险人违反本保险单或贷款协议的约定，或因被保险人的过错致使保险单或贷款协议部分或全部无效；

二、本保险条款第二条未列明的事件。

第四章　保险费

第五条　本保险单项下的保险费以保险单明细表中列明的保险金额为计费基础。保险费率和保险费以保险单明细表中列明的比例和数额为准。

第六条　投保人应于收到保险人的保险费通知书后30日内向保险人一次性缴付全部保险费，但双方另有约定的除外。

第七条　贷款协议因故未发生提款的，投保人可向保险人申请退保。在退保时，保险人将收取8000美元作为出单费。

第五章　被保险人的义务

第八条　被保险人保证：

一、严格依据贷款协议的约定履行各项义务；

二、未经保险人书面同意，不对贷款协议或还款担保做任何实质性内容的变更和修改；

三、未经保险人书面同意，不以任何方式转让、抵押、质押或以其他任何方式处置其在本保险单、贷款协议及相关协议或文件项下的权益；

四、向保险人提供的任何项目信息，均是准确和真实的，没有保留、遗漏、隐瞒和误报实质性内容。

第九条　被保险人应当做到：

一、认真遵守和履行本保险单的各项约定；

二、认真审查与贷款协议相关的商务合同及文件和单证，如发现有可能影响或妨碍贷款协议正常执行的情况，应及时处理，并将有关情况及处理结果及时通知保险人；

三、认真履行贷款协议约定的各项义务，及时、充分地行使贷款协议以及与还款担保相关的文件赋予被保险人的各项权利，采取必要措施，避免或减少损失；

四、对贷款协议或还款担保进行非实质性变更或修改的，自变更或修改之日起10日内书面通知保险人；

五、及时通知并督促借款人偿还到期贷款本金和支付利息；

六、负责落实与贷款协议订立、执行或确认贷款协议有效性和合法性等的相关费用，包括但不限于印花税、翻译费、律师费等；

七、在执行贷款协议期间，所采取的任何措施，作为或不作为，不得损害保险人的权益；

八、如借款人或担保人破产的，被保险人应及时在借款人或担保人所在地法院或有关机构登记债权，参与相关程序，并向保险人提供借款人或担保人破产的相关证明材料。

第十条 无论本保险单其他条款如何约定，被保险人应及时向保险人书面通报如下情况，并提供相关文件：

一、贷款协议项下的贷款全部提完后或提款期结束后，经被保险人和借款人确认的还本付息表；

二、被保险人须按保险人规定的格式，在提款或应付款日后的10日内，向保险人书面报告如下情况，主要包括：

1. 已借记的贷款总额；

2. 最新贷款借记的日期、金额、相应的到期日和使用的利率；

3. 贷款本金和利息总额以及所使用的利率；

4. 已收回的贷款本金和利息；

5. 逾期的贷款本金和利息；

6. 贷款余额；

三、可能引起本保险单项下保险责任的事件；

四、任何影响被保险人实现还款担保权益的事件；

五、贷款协议项下发生的任何违约行为。

第十一条 被保险人违反本章约定的义务时，保险人有权采取相应措施：

一、被保险人违反本保险条款第八条义务的，保险人有权择一或同时采取下述措施：1. 拒绝承担任何赔偿责任；2. 解除本保险单，且有权不退还已收取的保险费。

二、被保险人违反本保险条款第九条或第十条义务并影响保险人利益的，保险人有权择一或同时采取下述措施：1. 降低赔偿比例；2. 拒绝承担任何赔偿责任。发现被保险人有前述违约情形的，保险人可要求被保险人在10日内进行补救，并将视被保险人的补救结果选择是否行使前述权利。

第六章 可能损失通知、索赔及定损核赔

第十二条 可能损失通知

一、除非保险人事先书面同意，被保险人应在如下约定的期限内按保险人规定的格式向保险人提交可能损失通知书，提交可能损失通知书是索赔的

前提条件：

1. 本保险条款第二条列明的第一项损因事件发生的30日内；

2. 本保险条款第二条列明的其他损因事件已经发生且贷款协议项下的实际损失也已经发生的30日内。

3. 被保险人未能在上述期限内提交可能损失通知的，保险人有权根据情况降低赔偿比例。

二、被保险人提交可能损失通知书后，仍应继续按贷款协议及与还款担保的有关文件，采取一切必要措施减少损失，包括但不限于积极向借款人及担保人主张债权及相关权益、追讨和变现担保物等，并及时向保险人报告进展情况。如被保险人拟实施或正在实施的追讨行为可能对保险人产生不利影响，保险人有权要求被保险人调整其追讨行为，并与保险人保持一致。

第十三条　索赔

一、被保险人提交可能损失通知书后可向保险人索赔。

二、被保险人最迟应在相应的应付款日后12个月内向保险人正式提出索赔。否则，视为被保险人放弃其在保险单项下的索赔权利。

三、被保险人在索赔时，须按保险人提供的《索赔申请书》的格式如实填报损失事项，并负责提供与损失有关的全部证明文件。

四、如果被保险人提供的索赔文件存在由于被保险人的故意所导致的虚假内容，保险人有权拒绝承担赔偿责任，且不退还已收取的保险费。

五、被保险人始终承担证明保险单项下的损因和实际损失确已发生的举证责任。

第十四条　定损核赔

一、在收到被保险人的《索赔申请书》及全部证明文件后，保险人将根据本保险单的有关约定做出赔偿与否以及赔偿金额的决定。

二、保险人将在不晚于下列日期后到者做出是否发生保险责任范围内损因事件的认定并向被保险人出具《理赔意见书》：①等待期届满之日；②收到正式索赔申请和全部证明文件后30日。

三、本保险单项下的等待期为：

1. 本保险条款第二条列明的第一项损因事件发生时，为损因事件发生之日起90日；

2. 本保险条款第二条列明的其他损因事件发生时，为应付款日起90日；

3. 对于连续的、相同的损因事件，等待期为零日。

四、在保险人出具《理赔意见书》后，被保险人应按照保险人的要求转让相应权益；保险人在书面认可被保险人的权益转让方案后10日内应向被保险人出具《赔付通知书》；并在被保险人完成权益转让后10日内支付赔款。

五、在保险人进行赔付后，如果发现被保险人违反本保险条款第八条、第九条、第十条规定，保险人有权要求被保险人退还相应赔款，并且按照赔款支付日六个月保险单货币LIBOR+1%的利率退赔利息。

六、对属于保险责任范围内损失，保险人将根据核定的实际损失金额和保险单明细表中规定的赔偿比例以及本保险单的其他相关约定，确定赔偿金额。

七、在任何情况下，本保险单项下累计赔偿金额不超过保险单明细表中列明的最高赔偿限额。

八、履行赔偿责任时，无论被保险人是否宣布执行贷款协议中约定的加速还款条款，保险人均有权选择一次性赔付或按贷款协议约定的原还款计划进行赔付；如果选择一次性赔付，赔偿金额将不包括未到期利息。

九、在计算赔偿金额时，保险人在本保险单项下已支付给被保险人的任何赔款，均应视为贷款协议项下的到期还款。

十、保险人在履行本保险单项下的赔偿责任时，以本保险条款第十七条约定的货币支付，并按被保险人的指示将赔款付至其账户中。

十一、保险人在支付赔款时，有权以被保险人对保险人的欠款（包括但不限于保险费、应分摊的追偿费用、应转付的追偿款等）冲抵保险人在本保险单项下应付给被保险人的赔款。

第七章　追偿和追偿款的分配

第十五条　保险人支付赔款后，被保险人仍须承担以下义务：

一、积极配合保险人，并根据保险人的指示和要求，继续向借款人追偿欠款；

二、向保险人或其指定的代表提供实施追偿所需的、被保险人能够提供的一切相关文件和便利。

第十六条 在保险人支付赔款后，被保险人收到借款人支付的或通过执行还款担保收到的任何款项，必须及时通知保险人，并按保险人的指示将属于保险人的权益部分转付给保险人。追偿款和追偿费用将按本保险单项下的权益比例由保险人与被保险人分摊。在追偿款分配前，该款项中属于对方的部分视为代对方保管。

第八章 货币及汇率

第十七条 本保险单项下的保险费、赔款及追偿款均以保险单明细表列明的保险单货币计价。如需兑换，汇率可在保险单明细表进行约定；如未约定，汇率以保险人收到或支付款项当日中国人民银行公布的人民币市场汇率中间价为准；如果当日没有公布，则以前一个银行工作日公布的汇率计算。

第九章 保险责任期限

第十八条 除非保险人事先书面同意，若自本保险单签发之日起12个月内相应的商务合同或贷款协议仍未执行，本保险单于签发之日起12个月届满自动终止。

第十九条 除另有约定外，本保险单项下的保险责任于下列条件同时具备时生效：

一、贷款协议生效；

二、保险人收到出口商正式签署的出口买方信贷保险承诺书；

三、保险人收到本保险单项下第四章约定的保险费。

第二十条 本保险单项下的保险责任于下列任一条件具备时终止：

一、被保险人按贷款协议的约定，收回全部贷款本金和利息；

二、保险人按本保险单的约定履行了全部赔偿义务；

三、根据本保险单的其他相关条款约定终止；

四、保险单明细表列明的保险单终止日期已到。

第十章　适用法律和争议解决

第二十一条　本保险单以中文文本为准，适用中华人民共和国法律。

第二十二条　保险人与被保险人应本着实事求是、公平合理的原则，协商解决在本保险单项下发生的一切纠纷或争议。如协商不成，应提交中国国际经济贸易仲裁委员会在北京仲裁，并适用中国国际经济贸易仲裁委员会仲裁规则。

第十一章　定义和名词解释

一、保险人：指中国出口信用保险公司。

二、被保险人：指保险单明细表第 1 项列明的被保险人。

三、投保人：指保险单明细表第 2 项列明的投保人。

四、中国的出口贸易：中国向另一国家（或地区）的货物出口、技术出口或提供服务。

五、贷款协议：指保险单明细表第 3 项列明的贷款协议。

六、借款人：指贷款协议项下的借款人，在保险单明细表第 4. 1 项列明。

七、担保人：与贷款人签订独立担保合同或单方出具独立保函或通过其他形式，保证在借款人不履行贷款协议项下的还款义务时承担连带还款责任的第三方。

八、还款担保：为借款人在贷款协议项下的还款义务所提供的担保措施，包括但不限于保证、抵押、质押等，在保险单明细表第 4. 2 项中列明。

九、应付款日：贷款协议中约定的借款人每笔应付款项的到期日。

十、批单：为补充或变更保险单的内容，保险人出具的对保险单的书面补充或修改。批单与保险单的约定不一致时，以批单为准；后出具的批单效力优于先前出具的批单。

十一、等待期：指损失发生后，保险人认定损因事件及相应损失所必需的时间。

十二、赔偿比例：保险单明细表第 8.1 项列明的比例数值。

十三、保险金额：保险单明细表第 7.2 项列明的保险金额，其计算基础为贷款协议中约定的贷款本金与被保险人在投保时根据贷款利率及提款进度估算的利息额之和。

十四、最高赔偿限额：保险单明细表第 8.2 项列明的保险人在本保险单项下承担赔偿责任的累计限额，其金额等于保险金额与赔偿比例的乘积。

十五、实质性内容：指足以影响保险人决定是否同意承保或者调整保险费率的情况。

十六、保险单货币 LIBOR：指英国银行家协会（British Bankers' Association）公布的赔款货币同业拆借利率。如果当日没有公布，则以前一个银行工作日公布的利率计算。

十七、追偿款：追偿款包括（1）被保险人在保险人支付赔款后收到的、或虽在赔款前收到但在赔款时未予扣减的与贷款协议有关的一切款项，包括贷款协议项下应付的本金和利息，与贷款协议或担保合同有关的任何抵押、质押或资产转让所得以及有关担保变现所得等；（2）保险人在支付赔款后追回的与赔偿有关的款项。

十八、追偿费用：经保险人认定的，在追偿过程中发生的合理费用，包括调查费、诉讼费、仲裁费、律师费、公证费、认证费和执行费等。

十九、权益比例：在对借款人的追偿款中，保险人和被保险人各自对追偿款所享有的权利的比例，其中，保险人权益比例为保险人实际赔款与保险人认可的对外追偿总金额的比值，被保险人权益比例为：1-保险人权益比例。

二十、罚息：指根据贷款协议的规定，借款人违约后，贷款人以带有惩罚性的利率向借款人收取的利息中，高于以正常贷款利率计算的利息部分。

二十一、破产：是指依据借款人所在国/地区法律，借款人已进入破产程序，或法院、有权机关依法采取了其他使借款人免受债权人直接追偿的措施，包括但不限于破产清算程序、重整程序。

出口卖方信贷保险条款

（由于条款时常更新，此文本仅供参考，以保险公司提供的最新版本为准）

第一章 定 义

一、保险单：保险单由出口卖方信贷保险投保单、保险单签发页、保险条款、保险单明细表以及批单等共同构成。

二、批单：指为补充或变更保险单的内容，保险人出具的对保险单的书面补充或修改。批单与保险单的约定不一致时，以批单为准；后出具的批单效力优于先前出具的批单。

三、保险人：指中国出口信用保险公司。

四、投保人：指在《保险单明细表》“投保人”中列明的主体。

五、被保险人：指在《保险单明细表》“被保险人”中列明的主体。

六、进口方：指在《保险单明细表》“进口方”中列明的进口商和/或业主。

七、出口方：指在《保险单明细表》“出口方”中列明的出口商和/或承包商。

八、商务合同：指出口方与进口方签订的合同或合同项下的订单以及与该合同或订单配套的卖方融资协议或供应商融资协议等，具体在《保险单明细表》“商务合同”中列明。

九、预付款：指在项目完工或交付前进口方在商务合同项下应支付的款项，包括首付预付款和进度预付款。对于工程承包项目，预付款指在项目完工前进口方在商务合同项下应支付给出口方的款项，首付预付款指在项目开工前进口方在商务合同项下应支付给出口方的款项，进度预付款指在项目建设过程中进口方按照商务合同约定应支付给出口方的款项；对于货物或服务出口项目，预付款指在货物或服务交付前进口方在商务合同项下应支付给出口方的款项，首付预付款指在生产备货前进口方在商务合同项下应支付给出口方的款项，进度预付款指在生产备货过程中进口方按照商务合同约定应支付给出口方的款项。具体支付计划和金额在《保险单明细表》“预付款”中列明。

十、延付款：指商务合同金额中除预付款之外的、由进口方在项目完工或货物、服务交付后延期应支付的款项。具体支付计划和金额在《保险单明细表》“延付款”中列明。

十一、担保人：指与出口方签订保证合同或单方出具保函或通过其他形式，保证在进口方不履行商务合同项下的还款义务时承担连带还款责任的第三方。

十二、担保合同：指为进口方在商务合同项下的付款义务提供担保的法律文件，包括但不限于保函、抵押合同、质押合同、保证合同或者其他可以起到类似效果的法律文件，在《保险单明细表》“担保”中列明。

十三、担保权益：指出口方基于担保合同及相关法律，就担保财产的处置变现款享有优先受偿的权利，或者要求担保人清偿债权的权利，包括但不限于抵押权、质押权、保证及其他类似权益。

十四、破产：指依据进口方所在国或项目所在国法律，进口商和/或业主已进入破产程序，或法院、有权机关依法采取了其他使其免受债权人直接追偿的措施，包括但不限于破产清算程序、重整程序。

十五、进口方所在国：指在《保险单明细表》“进口方所在国”中列明的国家或地区。

十六、项目所在国：指在《保险单明细表》“项目所在国”中列明的执行商务合同所在的国家或地区。

十七、实质性内容：指足以扩大承保范围、增加承保风险或影响追偿效果的内容。

十八、确立债权：指根据《保险单明细表》列明的商务合同约定，出口方在履行相关义务后，进口方签署确认债权文件，进而出口方获得了要求进口方支付相关款项的不可撤销的权利。

十九、应收款：指根据商务合同约定出口方到期有权向进口方收取的款项，包括且限于延付款本金及其应付款日之前的利息（如有）以及纳入保险金额的进度预付款，但不包括罚息和应付款日后发生的利息。

二十、应付款日：指出口方在商务合同项下每笔应收款的到期日。

二十一、等待期：指已确立债权的应收款损失发生后，保险人认定风险及相应损失所必需的时间。本保险单项下的等待期：（1）本保险条款第二条列明的商业风险等待期为风险发生之日起九十日；（2）本保险条款第二条列明的政治风险等待期为应付款日起九十日；（3）对于首次索赔后发生的连续的、相同的风险，等待期为零日。

二十二、保险金额：指在《保险单明细表》“保险金额”中列明的金额，其计算基础为应收款。

二十三、最高赔偿限额：指在《保险单明细表》“最高赔偿限额”中列明的数额，是保险人在本保险单项下对被保险人承担赔偿责任的累计金额，等于保险金额与赔偿比例之积。

二十四、赔偿比例：指在《保险单明细表》“赔偿比例”中列明的比例数值。

二十五、追偿款：包括（1）被保险人在保险人支付赔款后收到的、或虽在赔款前收到但在赔款时未予扣减的与商务合同有关的款项，包括但不限于商务合同下应收的本金及利息，与商务合同有关的任何货物、材料或资产的转卖所得，主张担保权益以及相关保险项下权益所得等；（2）保险人在支付赔款后追回的与赔偿有关的款项。

二十六、权益比例：指保险人和被保险人各自对追偿款所享有的权利的比例，其中，保险人权益比例为保险人实际赔款与对外追偿总金额的比值，被保险人权益比例为（1-保险人权益比例）。对外追偿总金额指保险人与被保险人协商确定的追偿金额的总和，包括保险责任范围内的损失以及不属于保险责任范围内但被保险人委托保险人追偿的损失。

二十七、纠纷：指在商务合同项下被保险人与进口方关于商务合同的订立、效力、履行等的任何争议或分歧。

第二章　适用范围

第一条　本保险单适用于在中国境内注册的、有外经贸经营权的企业所实施的信用期限在两年以上的出口项目。

第三章　保险责任

第二条　对被保险人按商务合同的约定履行了义务后，在保险责任期限内，被保险人在商务合同项下由下列风险引起的已确立债权的应收款及未确立债权部分对应的实际投入成本的直接损失，且担保人未履行其在担保合同项下的担保义务的，保险人根据本保险单约定承担赔偿责任：

一、商业风险

（一）进口方破产、解散；

（二）进口方违反商务合同项下对被保险人的付款义务；

（三）进口方违反商务合同的约定，致使商务合同提前终止或无法履行。

二、政治风险

（一）进口方所在国政府或其在商务合同项下付款必须经过的第三国（或地区）政府颁布法律、法令、命令或采取行政措施，禁止或限制进口方以商务合同约定的货币或其他可自由兑换的货币履行商务合同项下对被保险人的付款义务；

（二）进口方所在国、项目所在国或进口方付款须经过的第三国（或地区）颁布延期付款令；

（三）进口方所在国或项目所在国颁布法律、法令、命令或采取行政措施（包括撤销或不予展延进口许可证），致使商务合同部分或全部无法履行；

（四）进口方所在国或项目所在国发生战争、革命、暴乱、恐怖主义行动和与之相关的破坏活动，致使商务合同部分或全部无法履行；

（五）保险人认定的其他政治风险。

第四章　除外责任

第三条　无论本保险单其它条款如何约定，保险人对下列损失或款项不承担赔偿责任：

一、被保险人违反商务合同的约定或违反有关法律、法规引起的损失；

二、应被保险人申请由相关方在向进口方出具的预付款保函、履约保函或其他保函项下对外付款所引起的损失；

三、汇率变动引起的损失；

四、因进口方违约，被保险人按商务合同约定应向进口方收取的违约金、罚款或惩罚性赔偿；

五、商务合同生效后，被保险人知道或者应当知道本保险单第二条列明的风险已经发生，未征得保险人同意仍继续履行合同引起的损失；

六、被保险人无权直接从进口方收取的款项的损失；

七、其他不属于本保险单第二条列明的风险引起的损失。

第五章　保险费

第四条　保险费以《保险单明细表》列明的保险金额为计费基础，保险费率、保险费金额以《保险单明细表》列明的为准。

第五条　投保人应于《保险费通知书》送达之日起三十日内按照《保险费通知书》列明的币种和金额向保险人全额交纳保险费，但双方另有约定的除外。

第六章　被保险人义务

第六条　被保险人保证：

一、商务合同及担保权益真实、合法、有效，并采取应有措施，包括但不限于根据相关法律法规办理所需的审批、登记、备案等手续，尽力确保商务合同及担保权益持续有效；

二、始终遵守有关法律、法规并认真履行商务合同约定的各项义务；

三、在本保险单项下的保险责任生效前，已经取得履行商务合同所需的必要许可和授权；

四、如需对商务合同及其担保合同做实质性内容的变更或修改，应事先征得保险人书面同意；

五、未经保险人事先书面同意，不以任何方式转让、抵押、质押或以其他任何方式处置其在本保险单、商务合同及其他相关协议或文件项下的权益；

六、向保险人提供的任何有关本保险的信息真实、准确、完整，没有保留、隐瞒和误报。

第七条 被保险人应：

一、认真遵守和履行本保险单的各项约定；

二、及时通知并督促进口方或其担保人支付商务合同项下所有到期款项，包括未纳入保险范围的款项；

三、在行使或放弃商务合同中约定的中止或终止合同的权利前，须征得保险人书面同意；

四、在履行商务合同期间所采取的任何措施、作为或不作为，不得损害保险人的权益；

五、确保已按商务合同的约定足额投保了持续有效的货物运输保险、其他财产及责任保险；

六、在获悉进口方或担保人偿付能力发生重大变化，或发生或可能发生本保险单保险责任范围内的损失时，及时采取一切必要措施避免或减少损失，并书面通知保险人；对于保险人有要求的，按照保险人要求开展各项止损、减损工作；进口方或担保人破产时，应在进口方所在地法院或有关机构登记债权、参与相关程序，并向保险人提供破产的相关证明材料。

第八条 被保险人应及时向保险人书面通报下述情况：

一、本保险单第二条列明的风险已经或可能发生；

二、任何影响被保险人实现担保合同项下权益的事件已经或可能发生；

三、按保险人规定的格式通报商务合同的进展情况及收款情况；

四、商务合同或其担保合同的非实质性内容的变更或修改；

五、保险人要求提供的其它必要信息。

第九条 如被保险人违反第六条、第七条、第八条约定的义务，保险人可要求被保险人在十五日内进行补救，并有权视被保险人的补救结果和影响保险人利益的严重程度，择一或同时采取下述措施：

一、降低赔偿比例；

二、拒绝承担任何赔偿责任；

三、解除本保险单，且不退还已收取的保险费。

第七章 可能损失处理及定损核赔

第十条 可能损失通知

一、除非保险人事先书面同意，被保险人应在知道或应当知道本保险条款第二条风险发生之日起三十日内，按保险人规定的格式向保险人提交《可能损失通知书》。提交《可能损失通知书》是索赔的前提条件。

二、被保险人未能在上述期限内提交《可能损失通知书》的，保险人有权根据情况降低赔偿比例。

三、被保险人提交《可能损失通知书》后，仍应继续按商务合同及其担保合同的有关约定，采取一切必要措施减少损失，包括但不限于积极向进口方及其担保人主张债权及相关权益、追讨和变现担保物等，并及时向保险人报告进展情况。止损、减损过程中发生的必要、合理的费用，如取得保险人书面认可，可在后续追偿款中予以补偿，或按照保险人最终确定的实际赔偿比例进行分摊；如通过止损、减损措施避免了保险人赔偿责任范围内的损失且保险人最终没有赔付，则按照保险单明细表列明的赔偿比例进行分摊。如被保险人拟实施或正在实施的追讨行为可能对保险人产生不利影响，保险人有权要求被保险人调整其追讨行为，并与保险人保持一致。如保险人认为需要介入调查或追讨，在保险人提出要求后，被保险人应配合保险人进行调查和追讨。

四、被保险人提交《可能损失通知书》后又收回应收款的，应在收到应收款后十日内书面通知保险人。

第十一条 索赔

一、被保险人提交《可能损失通知书》后可向保险人索赔。

二、被保险人的索赔最迟不应超过下述期限，否则，视为被保险人放弃其在本保险单项下的索赔权利：

（一）本保险条款第二条列明的商业风险发生时，为风险发生之日起十二个月内；

（二）本保险条款第二条列明的政治风险已经发生且商务合同项下的实际损失也已经发生之日起十二个月内。

三、被保险人在索赔时，须按保险人提供的《索赔申请书》的格式如实填报损失事项，并负责提供与损失有关的全部证明文件。

四、被保险人提供的索赔文件存在由于被保险人的故意行为所导致的虚假内容，保险人有权拒绝承担赔偿责任，且不退还已收取的保险费。已经赔偿的款项，保险人有权追回。

五、被保险人始终承担证明本保险单项下的风险和实际损失确已发生的举证责任。

第十二条 定损核赔

一、在收到被保险人的《索赔申请书》及全部证明文件后，保险人将根据本保险单的有关约定作出赔偿与否以及赔偿金额的决定。

二、对于已确立债权的应收款的损失，保险人将在不晚于下列日期后到者做出是否发生保险责任范围内风险及损失的认定并向被保险人出具《理赔意见书》：（1）等待期届满之日；（2）收到正式《索赔申请书》和全部证明文件后三十日。

三、对于尚未确立债权部分对应的实际投入成本损失，在被保险人提交《索赔申请书》和全部证明文件后，保险人应在六个月内做出是否发生保险责任范围内风险及损失的认定，核定相关成本和费用，并向被保险人出具《理赔意见书》。保险人有权委托有资质的第三方机构核定相关的成本和费用，并以第三方机构的核定结果为基础开展定损核赔工作。前述六个月时间不包括第三方机构核定需要的时间。

四、对商务合同存在纠纷的案件，保险人对于被保险人索赔金额项下不涉及争议的部分，应先予定损核赔。对于涉及争议的部分，被保险人应先自行与进口方协商解决争议。如被保险人无法与进口方通过协商方式解决纠纷，除非保险人书面同意，被保险人应先进行仲裁或在进口方所在国诉讼，在被保险人取得仲裁裁决或法院判决并申请执行之后，保险人方核定损失赔偿金额。上述发生的诉讼费、仲裁费和律师费由被保险人先行支付，在被保险人胜诉且损失属于本保险单项下责任时，该费用由保险人与被保险人按保险人最终核定赔偿比例分摊，否则，由被保险人自行负担。诉讼费或仲裁费限于裁判文书上确定的金额，律师费应经保险人事先书面同意。

五、对于被保险人按商务合同的约定履行了相关义务后，由本保险单第二条列明的风险引起的直接损失，保险人核定损失金额的基础为：

（一）被保险人履行商务合同且已对进口方确立债权的款项（不包括被保险人按商务合同约定应收取的罚息以及自应付款日后发生的利息）；

（二）被保险人履行商务合同但尚未确立债权的实际投入成本（不包括本保险单项下保险费），以商务合同、发货与施工进度计划等对应的工程、货物或服务等的合理金额为限。

六、保险人核定损失金额时应在上述第五款基础上扣减下列款项：

（一）被保险人已收到进口方支付的款项（包括已收到但被进口方索回或可能索回的预付款金额）；

（二）被保险人未收到的未纳入保险金额的进度预付款部分；

（三）被保险人与进口方在商务合同项下存有争议的款项；

（四）进口方有权收取、冲抵或反索赔的款项；

（五）被保险人通过实现担保权益、商业保险利益、转卖商品或材料等方式已经收回或保险人和被保险人协商一致认为可以收回的款项；

（六）不属于本保险单项下保险责任范围的其他款项。

七、本保险单第二条列明的风险发生后，对被保险人从进口方或执行担保合同收到的任何款项，无论是否本保险单项下的款项，除非有明确证据且经保险人认可，均按相应款项的到期日确认付款顺序。如多笔款项同时到期，按款项的金额比例分配。

八、对保险责任范围内的损失，保险人根据《保险单明细表》列明的赔偿比例确定赔偿金额。在任何情况下，本保险单项下的累计赔偿金额不超过《保险单明细表》列明的最高赔偿限额。

九、在保险人向被保险人出具《理赔意见书》后，被保险人应与保险人按《理赔意见书》要求商定权益转让方案，且除非保险人书面同意，转让的权益不应附带任何权利要求、抗辩、反诉要求、抵扣权或其它权利负担，但由本保险单所承保的政治风险引起的除外。保险人在书面认可权益转让方案后十日内应向被保险人出具《赔付通知书》，并在被保险人按照保险人的要求签署权益转让相关文件且按照保险人要求的方式完成权益转让后十日内支付赔款。

十、履行赔偿义务时，保险人有权选择一次性提前履行其在本保险单项下的全部赔偿义务，或按商务合同规定的还款方式分期支付赔款。如选择前者，保险赔偿金额将不包括未到期利息。

十一、保险人在支付赔款或追偿款时，有权以被保险人对保险人的一切欠款，包括但不限于应分摊的减损和追偿费用、应转付的追偿款等，冲抵保险人在本保险单项下应付给被保险人的赔款或追偿款。

十二、在保险人进行赔偿后，如果发现按照本保险单的约定保险人无需承担赔偿责任或已赔偿金额高于应赔偿金额的，或被保险人违反本保险单约定的，保险人有权要求被保险人退还相应赔款。

第八章 追 偿

第十三条 保险人支付赔款后，被保险人须履行以下义务：

一、积极配合保险人，并根据保险人的要求继续向进口方追偿欠款并主张担保权益；

二、向保险人或其指定的代表提供实施追偿所需的、被保险人能够提供的一切相关文件和便利；

第十四条 追偿款及追偿费用的分配

一、在保险人支付赔款后，被保险人收到任何追偿款，须及时通知保险人，并按保险人指示将属于保险人的权益部分转付给保险人。

二、追偿款将按本保险单项下的权益比例由保险人与被保险人分摊。在追偿款分配前，该款项中属于对方的部分视为代对方保管。对于保险人采取追偿措施而发生的费用，或被保险人根据保险人指示采取追偿措施而发生的合理费用，按照本保险单规定的权益比例在保险人及被保险人之间分摊。

第九章　货币及汇率

第十五条　本保险单项下的保险费、赔款及追偿款均以《保险单明细表》列明的货币计算并支付。如需兑换，汇率可在《保险单明细表》中进行约定；若无约定，则以保险人与被保险人协商的汇率为准。

第十章　保险单的生效、变更及终止

第十六条　保险单生效

保险单自各方签署后生效。

第十七条　保险单变更

本保险单项下的任何变更和修改须经保险人和被保险人协商并以《批单》确认。

第十八条　保险单终止

本保险单按照本条下述约定终止时，保险人向投保人出具《保险单终止通知书》：

一、除非保险人事先书面同意，若自保险人向投保人出具的《项目批复通知书》中列明的批复之日起十二个月内，本保险条款第十九条列明的条件未全部满足，则本保险单于《项目批复通知书》中列明的批复之日起十二个月届满后自动终止，保险人退还全部已收取保险费。

二、在保险责任生效前，投保人可向保险人提交《保险单终止申请书》申请终止保险单，保险人在审核同意后退还全部已收取保险费。保险责任生效后，如尚未开工或生产备货，在未发生本保险单约定风险的前提下，投保人在书面征得被保险人同意后，可向保险人提交《保险单终止申请书》申请终止保险单，保险人在审核同意后，收取五万元人民币管理费，并退还全部已收取保险费；如已开工或生产备货，在未发生本保险单约定风险的前提下，保险人在审核同意后，收取五万元人民币或全部保险费3%孰高之金额的管理费，并扣减已承担保险责任部分的保险费后退还已收取的保险费余额。对保险人审核同意终止保险单的，自投保人申请终止保险单之日起保险单终止。

第十一章　保险责任期限

第十九条　除另有约定外，本保险单保险责任于下列条件均满足时生效：

一、保险人按照《保险费通知书》的约定收到足额保险费；

二、商务合同已生效；

三、被保险人收到商务合同规定的全部首付预付款。

第二十条　本保险单保险责任于下列任一条件具备时即终止：

一、保险人按照本保险单的相关约定解除保险单；

二、本保险单按照第十八条第二款的约定终止；

三、《保险单明细表》中约定的保险单终止日已到；

四、被保险人收到商务合同项下保险范围内的全部款项；

五、保险人全部履行本保险单项下的赔偿义务；

六、商务合同解除，且本保险单项下的损失未发生。

第二十一条　保险人对于被保险人在保险责任终止前发生的损失根据本保险单的约定应履行的赔偿义务，以及被保险人在本保险单项下应履行的义务，不因本保险单保险责任终止而免除。

第十二章　适用法律和争议处理

第二十二条　本保险单以中文文本为准，适用中华人民共和国法律。

第二十三条　保险人与被保险人应本着实事求是、公平合理的原则，协商解决在本保险单项下发生的一切争议。如协商不成，应按在被告所在地法院诉讼的方式解决争议，双方另有约定的以双方约定为准。

出口延付合同再融资保险条款

（由于条款时常更新，此文本仅供参考，以保险公司提供的最新版本为准）

第一章 适用范围

第一条 本保险条款适用于银行或其他金融机构无追索权地买断出口商务合同项下的中长期应收款。

第二章 保险责任

第二条 损因

对被保险人买断商务合同项下的中长期应收款后，由于下列商业或政治事件引起的损失，保险人根据本保险单的规定，承担赔偿责任：

商业事件

一、债务人被宣告破产、倒闭或解散，且担保人也未履行担保合同项下的担保义务；

二、债务人拖欠中长期应收款项下应付的本金或利息，且担保人也未履行担保合同项下的担保义务；

政治事件

三、债务人或担保人所在国家（或地区）政府或还款必须经过的第三国（或地区）政府，颁布法律、法令、命令、条例或采取行政措施，禁止或限制债务人以中长期应收款凭证约定的货币或其他可自由兑换的货币向被保险人偿还中长期应收款；

四、债务人或担保人所在国家（或地区）政府、或还款必须经过的第三国（或地区）政府颁布延期付款令，致使债务人无法履行其在中长期应收款项下的还款义务，且担保人（如有）也未履行其担保义务；

五、债务人所在国（或地区）发生战争、革命、暴乱；

六、债务人所在国（或地区）发生恐怖主义行动和与之相关的破坏活动；

七、保险人认定的其他政治事件。

第三条 责任范围

在本保险单保险责任期限内，因本保险条款第二条中列明的损因造成被保险人的下列损失，保险人按照《保险单明细表》载明的赔偿比例在最高赔偿限额内承担赔偿责任：

（一）债务人未按中长期应收款凭证规定偿还的中长期应收款本金；

（二）债务人未按中长期应收款凭证规定偿还的中长期应收款利息，但赔款等待期利息和罚息除外。

第三章 除外责任

第四条 无论本保险单其他条款如何规定，保险人对被保险人由下列原因引起的损失不承担赔偿责任：

（一）被保险人未能合法有效地取得中长期应收款项下的所有权和收益权；

（二）因被保险人的过失导致损害或丧失中长期应收款项下的权利；

（三）本保险条款第二条列明之外的事件。

第四章 保险费和手续费

第五条 本保险单项下收取的费用包括保险费和手续费。保险费和手续费以《保险单明细表》中列明的保险金额为计费基础，保险费、手续费、保险费率及手续费率以《保险单明细表》中载明的数字为准。

第六条 被保险人应于收到保险人的保险费通知书后30日内向保险人一次性缴付全部保险费和手续费，但双方另有约定的除外。

第七条 买断协议因故无法执行，在本保险单项下保险责任未发生的情况下，被保险人可向保险人申请退保。在退还保险费和手续费时，保险人将从应退还保险费和手续费中扣除8000美元作为出单费。

第五章　被保险人的义务

第八条　被保险人保证：

（一）按照本保险条款第四章的规定按期足额缴纳保险费和手续费；

（二）依法完全取得中长期应收款的所有权和收益权；

（三）未经保险人书面同意，不以任何方式转让、抵押、质押或以其他任何方式处置其在本保险单和在中长期应收款项下的权益；

（四）向保险人提供的任何有关本保险的信息，均是准确和真实的，没有遗漏、隐瞒、误报和保留实质性内容。

第九条　被保险人违反本保险条款第八条的保证，保险人有权终止本保险单并拒绝承担任何赔偿责任，且不退还已收取的保险费和手续费。

第十条　被保险人在任何情况下应做到：

（一）认真遵守和履行本保险单的各项规定；

（二）采取必要措施，避免或减少损失，不得因有保险而放弃应有的审慎态度和工作责任心；

（三）及时通知并督促债务人归还到期应付款项；

（四）负担买断应收款、执行及确认其购买行为有效性和合法性等相关的费用，包括但不限于印花税、翻译费、律师费、公证费等；

（五）买断应收款后，所采取的任何措施、作为或不作为，不得损害保险人的权益。

（六）如债务人被宣告破产，被保险人应及时在债务人所在地法院或有关机构登记债权，参与破产清算，并向保险人提供债务人破产证明。

第十一条　无论本保险单其他条款如何规定，被保险人应及时向保险人书面通报如下情况，并提供相关文件：

（一）被保险人须按保险人规定的格式，在每期应付款日到期后的10日内，向保险人书面报告如下情况，主要包括：

1. 本期的应收款项；

2. 已收回的款项；

3. 逾期的应收款项；

4. 尚未到期的应收款余额；

（二）可能引起本保险单项下保险责任的事件；

（三）任何影响被保险人实现担保权益的事件。

第十二条 被保险人未履行本保险条款第十条或第十一条规定的任何一项义务，保险人有权拒绝承担赔偿责任。

第六章 可能损失通知、索赔及定损核赔

第十三条 可能损失通知

（一）本保险条款第二条中列明的政治或商业事件已经发生且中长期应收款项下的实际损失已经发生，被保险人应于自该事件发生 30 日内，按保险人规定的格式向保险人提交《可能损失通知书》，提交《可能损失通知书》是索赔的前提条件；

（二）被保险人提交《可能损失通知书》后，仍应继续采取一切必要措施，积极向债务人主张债权及相关权益，包括但不限于向债务人追讨和变现抵押物等。如保险人有特殊要求，被保险人的任何追讨行为须与保险人保持一致。

第十四条 索赔

（一）被保险人提交《可能损失通知书》后可向保险人索赔。

（二）被保险人最迟应在相应的赔款等待期期满后 12 个月内向保险人正式提出索赔。否则，视为被保险人放弃其在本保险单项下的索赔权利。

（三）被保险人在索赔时，须按保险人提供的《出口延付合同再融资保险索赔申请书》的格式如实填报损失事项，并负责提供与损失有关的全部证明文件。

（四）如果被保险人提供的索赔文件存在由于被保险人的故意所导致的虚假内容，保险人有权拒绝承担赔偿责任，追回已支付的赔款，且不退还已收取的保险费和手续费。

（五）被保险人始终承担证明本保险单项下的损因和实际损失确已发生的举证责任。

第十五条 定损核赔

（一）在收到被保险人的《出口延付合同再融资保险索赔申请书》及全部证明文件后，保险人将根据本保险条款的有关规定做出赔偿与否以及赔偿金额的决定。

（二）保险人决定对被保险人的损失进行赔付，赔付时间应不晚于下列日期后到者：

1. 赔款等待期满后30日；

2. 收到正式索赔申请和全部证明文件后30日。

（三）本保险单项下的赔款等待期为应付款日起90日。对于连续的、相同的损因导致的损失，赔款等待期为零日。

（四）在保险人进行赔付后，如果发现被保险人有违反本保险单第八条、第十条、第十一条被保险人义务规定的，保险人有权要求被保险人退还相应赔款，并且按照赔款支付日六个月美元LIBOR+1%的利率退赔利息。

（五）对属于保险责任范围内的损失，保险人将根据核定的实际损失金额和《保险单明细表》中规定的赔偿比例，确定赔偿金额。

（六）在任何情况下，本保险单项下累计赔偿金额不超过《保险单明细表》中载明的最高赔偿限额。

（七）在履行赔偿责任时，保险人有权选择一次性赔付或按中长期应收款凭证载明的到期日赔付；如果选择前者，赔偿金额将不包括未到期利息。

（八）在计算赔偿金额时，保险人在本保险单项下已支付给被保险人的任何赔款，均应视为中长期应收款项下的到期还款。

（九）保险人在履行本保险项下的赔偿责任时，以本保险条款第十八条规定的货币支付，并按被保险人的指示将赔款付至其账户中。

（十）保险人在支付赔款时，有权以被保险人对保险人的欠款（无论是否为本保险单项下的欠款）冲抵保险人在本保险单项下应付给被保险人的赔款。

第七章　追偿和追偿款的分配

第十六条　保险人支付赔款后即获得中长期应收款项下被保险人权益的代位求偿权。被保险人须承担以下义务：

（一）按照保险人要求将其相应的权益依法律程序转让给保险人；

（二）积极配合保险人，并根据保险人的指示和要求，继续向债务人追偿欠款；

（三）向保险人或其指定的代表提供实施追偿所需的、被保险人能够提供的一切相关文件和便利。

第十七条　在保险人支付赔款后，被保险人收到债务人或担保人支付的任何欠款，必须及时转付保险人。追偿收入和追偿费用将按本保险单项下的权益比例由保险人与被保险人分摊。在分配前，该款项中属于对方的部分视为代对方保管。

第八章　货币及汇率

第十八条　本保险单项下的保险费、手续费、赔款及追偿款均以《保险单明细表》列明的保险单货币计价。如需兑换，汇率以保险人收到或支付款项当日中国人民银行公布的人民币市场汇率中间价为准。

第九章　保险期限

第十九条　若自本保险单签发之日起 12 个月内，相应的买断协议仍未执行，本保险单于签发之日起 12 个月届满自动终止。

第二十条　除另有约定外，本保险单项下的保险责任于下列条件同时满足时生效：

（一）被保险人买断出口商在商务合同项下的中长期应收款；

（二）保险人收到出口商正式签署的《承诺函》；

（三）保险人收到本保险单第四章规定的保险费和手续费。

第二十一条　本保险单项下的保险责任于下列任一条件具备时终止：

（一）被保险人收回中长期应收款项下全部应收款项；

（二）保险人按本保险单的规定履行了全部赔偿义务；

（三）根据本保险单的其他相关条款约定终止保险单；

（四）《保险单明细表》列明的保险单终止日期已到。

第十章　适用法律和争议解决

第二十二条　本保险条款以中文文本为准，适用中华人民共和国法律。

第二十三条　保险人与被保险人将本着事实求是、公平合理的原则，协商解决在本保险单项下发生的一切纠纷或争议。如协商不成，应提交中国国际经济贸易仲裁委员会在北京仲裁，并适用中国国际经济贸易仲裁委员会仲裁规则。

第十一章　定义和名词解释

（一）保险人：指中国出口信用保险公司。

（二）被保险人：指《保险单明细表》中第 1 项列明的被保险人。

（三）出口商：指《保险单明细表》中第 2 项列明的出口商。

（四）债务人：指在应收款项下承担无条件付款责任的付款人。

（五）担保人：指与被保险人签订独立担保合同或单方出具独立保函，保证在债务人不履行中长期应收款项下的还款义务时承担连带责任的第三方。

（六）应收款：指债务人以书面文件形式承诺在指定日期无条件支付的款项。

（七）应收账款凭证：指债务人承诺在指定日期无条件支付应收款的书面文件，包括承兑汇票、本票、信用证、商务合同级双方协商同意的其他文件。

（八）中长期应收款：指期限在一年以上的应收款。

（九）批单：为补充或变更保单的内容，保险人出具的对保单的书面补充或修改。批单与保单的规定不一致时，以批单为准；后出具的批单效力优于先前出具的批单。

（十）赔偿比例：《保险单明细表》第 8.1 项列明的比例数值。

（十一）最高赔偿限额：《保险单明细表》第 8.3 项列明的保险人在本保险单项下承担赔偿责任的累积限额，其金额等与保险金额与赔款比例的乘积。

（十二）赔款等待期：指损失发生后，保险人核定损失、支付赔款所必需的时间。

（十三）应付款日：应收款凭证中载明的债务人应支付每笔款项的到期日。

（十四）保险金额：《保险单明细表》第 7.2 项列明的保险金额。

（十五）实质性内容：指足以影响保险人决定是否同意承保或者提高保险费率的情况。

（十六）美元 LIBOR：指英国银行家协会（British Bankers' Association）公布的美元同业拆借年息利率。如果当天没有公布，则以最近一个银行工作日公布的利率计算。

（十七）追偿款：追偿款包括（1）被保险人在保险人支付赔款后收到的、或虽在赔款前收到但在赔款时未予扣减的与中长期应收款有关的一切款项，包括中长期应收款项下应付的本金和利息，与中长期应收款或担保合同有关的任何抵押、质押或资产转让所得以及有关担保的变现所得等；（2）保险人在支付赔款后追回的与赔偿有关的款项。

（十八）追偿费用：经保险人认定的，在追偿过程中发生的合理费用，包括调查费、诉讼费、仲裁费、律师费、公证费、认证费和执行费等。

（十九）权益比例：在对债务人的追偿款中，扣除追偿费用后，保险人和被保险人各自对追偿款所享有的权利的比例。

（二十）罚息：指根据贷款协议的规定，借款人违约后，贷款人以带有惩罚性的利率向借款人收取的利息中，高于以正常贷款利率计算的利息部分。

海外投资股权保险条款

（由于条款时常更新，此文本仅供参考，以保险公司提供的最新版本为准）

第一章　定　义

一、股权，指股东权益，即项目企业所有者权益及其相关权益中的被保险人份额，上述相关权益包括经营权、收益权、控制权和所有权等权益。

二、保险人，指中国出口信用保险公司。

三、投保人，指在《保险单明细表》“投保人”中列明的法人。

四、被保险人，指在《保险单明细表》“被保险人”中列明的法人。

五、批单，为补充或变更保险单的内容，保险人出具的对保险单的书面补充或修改。批单与保险单的约定不一致时，以批单为准；后出具的批单效力优于先前出具的批单。

六、项目企业，指具体负责执行投资项目的企业，在《保险单明细表》“项目企业”中列明。

七、东道国，指投资项目所在国，在《保险单明细表》“东道国”中列明。

八、东道国政府，指有效控制东道国全部或部分的、对投资项目有直接影响的现任或后续统治机构，或者其授权代理人、代表人，或者其承认的法院、法庭或从属的立法、司法及行政机构。

九、投资项目，指项目企业将执行的一个或一系列项目，被保险投资将用于该项目，项目情况在《保险单明细表》“投资项目情况”中列明。

十、被保险投资，指项目企业所有者权益中的被保险人份额，包括实收资本和未分配利润等表述所有者权益的会计科目，及在汇兑限制风险项下的股利，在《保险单明细表》“被保险投资”中列明。

十一、被保险人份额，指被保险人拥有项目企业股份占项目企业全部股份的比例。

十二、承保风险，指引发保险单保险责任范围内损失的直接原因，在《保险单明细表》“承保风险”中列明。

十三、最高保险金额，指本保险单项下可以承保的最高金额，在《保险单明细表》“最高保险金额”列明。

十四、保险金额，每期由被保险人向保险人如实申报的金额，但不能超过最高保险金额，并在《保险责任生效通知书》中载明。

十五、赔偿比例，指根据保险单规定，被保险人有权就各承保风险项下损失获得赔偿的比例，在《保险单明细表》“赔偿比例”中列明。

十六、最高赔偿限额，指在承诺保险责任期内，保险人可能承担赔偿责任的累计最高金额，在《保险单明细表》“最高赔偿限额”中列明。

十七、保险单货币，指保险单项下进行计价和支付的货币单位，保险单另有约定除外。保险单货币在《保险单明细表》“保险单货币”中列明。

十八、承诺保险责任期，指保险单项下保险人承诺承担保险责任的最长期限，该期限在《保险单明细表》“承诺保险责任期”中列明。

十九、保险责任期，指投保人或被保险人每次足额按《保险费通知书》的规定交纳的保险费所对应的期间，在《保险责任生效通知书》中列明。

二十、等待期，指从损失日期开始为期连续 90 日，保险人核查承保风险已发生并造成损失所必须经过的时间。

二十一、定损核赔期，指保险人用来核定损因和具体损失并计算赔偿金额的期限。定损核赔期不超过 60 日，自保险人认为被保险人已完成索赔所需必要程序且提交了必要的材料之日起计算，但如果该日期发生在等待期之内，则起算日以等待期结束日为准。

二十二、支付赔款期，指保险人在定损核赔期结束后履行赔款手续并向被保险人支付赔款的期限，支付赔款期不超过 20 日，从被保险人按保险单约定完成权益转让之日开始计算。

二十三、权益比例，指保险人和被保险人各自对追偿款所享有权益的比例，原则上，保险人权益比例为保险人实际赔款与保险人认可的对外追偿总金额的比值，被保险人权益比例为1-保险人权益比例。

二十四、追回款，指赔付后保险人、被保险人、项目企业、各关联方或各方代理人收到的与该损失相关的款项。

二十五、关联方，指与被保险人或项目企业在股权、经营或人员方面，存在直接或间接的拥有或控制关系的主体；或与被保险人或项目企业共同为第三者直接或间接拥有或控制的主体。

二十六、可自由兑换货币，指符合《国际货币基金协定》中关于货币自由兑换规定的所有币种。

二十七、当地货币，指东道国的法定货币。

二十八、重置成本，指按照当前市场条件，重新取得同样一项资产所需支付的现金或现金等价物金额，重置成本等于新购置资产价格乘以成新率。

第二章　适用范围

第一条　本保险单适用于在中国境外（含港澳地区）以货币、实物、服务、技术或知识产权等方式进行的股权投资。

第三章　保险责任

第二条　在保险责任期内，因第三条至第六条列明的政治风险对被保险投资造成损失，且该损失在等待期内持续存在，则保险人按照本保险单规定承担赔偿责任。

第三条　汇兑限制

一、汇兑限制指

（一）东道国政府或代表东道国政府从事外汇交易管理的机构所采取的下列任一行为：

1. 禁止、限制被保险人或项目企业将当地货币兑换成保险单货币及任何可自由兑换货币，或将上述保险单货币或可自由兑换货币汇出东道国；

2. 向被保险人或项目企业实行歧视性汇率。

（二）东道国由于战争、制裁（联合国安全理事会制裁除外）导致被保险人或项目企业不能将当地货币兑换成保险单货币及任何可自由兑换货币，或将上述保险单货币或可自由兑换货币汇出东道国。

二、汇兑限制应同时满足以下条件：

（一）上述当地货币、可自由兑换货币或保险单货币在汇兑限制发生时为被保险人或项目企业依法拥有；

（二）被保险人或项目企业在保险单生效日之前已依法获得对上述货币进行兑换或汇出的权利，包括将有关被保险人的实收资本、未分配利润、股利和其它货币款项进行兑换或汇出的权利；

（三）在本条第一款列明的事件发生之后，被保险人和项目企业应持续采用所有合理努力，通过一切可行方式兑换和/或汇出该货币；且在损失日期后30日内尝试进行汇兑，但仍不能完成汇兑；

（四）不属于东道国政府剥夺资金所有权的行为。

三、损失日期

汇兑限制发生之日。

四、损失金额

（一）本承保风险项下的损失金额为不能兑换的或不能汇出的与当地货币等值的保险单货币金额中的被保险人份额。

（二）本承保风险项下的损失金额如涉及货币兑换，汇率以损失发生前一工作日东道国中央银行或其外汇管理机构正式对外公布的兑换率为准。如无上述兑换率可参照，以东道国资产规模最大的商业银行在损失发生前一工作日合法使用的汇率中间价为准。

五、转让的权益

被保险人或项目企业应按保险人的要求保存有关货币并保留相关权利和单证，包括在不违反东道国法律规定的前提下，将有关货币存入保险人指定或接受的金融机构，或按保险人的要求，向保险人转让上述有关货币对应的所有权益。

六、追偿对象

本承保风险项下追偿对象为东道国政府和相关责任方。

第四条 征收

一、征收指东道国政府以国有化、没收、征用及与前述行为具有同等效果的其他行为，造成下列任一情况，且东道国政府没有给予及时、充分、有效的补偿：

（一）全部或部分剥夺被保险人在项目企业中的股权；

（二）剥夺项目企业对投资项目的资金的所有权；

（三）剥夺项目企业对投资项目的资产（不包括贵重金属、珠宝、艺术品、现金、文件或商誉）的所有权。

二、东道国的下列行为不得视为征收：

（一）东道国政府通常为规范经济活动、确保公共安全、增加收入或者保护环境而采取的普遍措施，除非被保险人有充分证据证明上述措施是恶意的、歧视性的或违反国际法原则的；

（二）东道国政府作为商业主体，违反其对被保险人或项目企业的合同义务而导致的损失；

（三）东道国政府向被保险人或项目企业收取的税费、罚款、罚金或有关费用，除非被保险人有充分证据证明上述措施是恶意的、歧视性的或违反国际法原则的；

（四）东道国政府根据该国有关破产法律的规定，依法执行对项目企业的破产清算及其他处置行为。

三、损失日期

征收行为发生之日。

四、损失金额

（一）在本条第一款第（一）项下

1. 对于“全部剥夺被保险人在投资项目中的股权”的情况，损失金额为损失之日前一个月末会计报表日的项目企业所有者权益账面价值中的被保险人份额；

2. 对于“部分剥夺被保险人在投资项目中的股权”的情况，损失金额为项目企业所有者权益账面价值中被保险人份额的减少部分。

（二）在本条第一款第（二）项下，损失金额为项目企业被剥夺的资金金额中的被保险人份额。

（三）在本条第一款第（三）项下，损失金额为项目企业被剥夺的资产价值中的被保险人份额。其中，资产价值以账面价值或重置成本的低者为准。

五、转让的权益

在“全部剥夺被保险人在项目企业中的股权”的情况下，被保险人须在支付赔款前将其在项目企业中的相应股权转让至保险人。

六、追偿对象

本承保风险项下追偿对象为东道国政府。

第五条 战争及政治暴乱

一、战争及政治暴乱指东道国参与的任何战争（无论是否宣战）或东道国国内发生的革命、骚乱、政变、内战、叛乱、恐怖活动或保险人认定的政治暴乱（但不包括民众为获得就业、就学或为达到其他非政治目的而采取的行动）。该承保风险的表现形态包括：

（一）资产毁损或灭失，指战争及政治暴乱造成项目企业的资产（不包括贵重金属、珠宝、艺术品、现金、文件或商誉）的毁损或灭失；上述资产应位于投资项目所在地，并且与投资项目的经营有直接关系；

（二）无法正常经营，指项目企业因战争及政治暴乱破坏而不能正常经营，但不包含本条第（一）款的致损表现形态，如无法正常经营持续演变成为永久无法经营，将按照本条第（三）款处理；

（三）永久无法经营，指项目企业因战争及政治暴乱破坏而完全丧失经营能力，且无法恢复经营。

二、损失日期

（一）本条第一款第（一）项下，损失日期为资产损失之日；

（二）本条第一款第（二）项下，损失日期为项目企业不能正常经营之日；

（三）本条第一款第（三）项下，损失日期为项目企业完全丧失经营能力之日。

三、损失金额

（一）本条第一款第（一）项下，损失金额为毁损、灭失的资产价值中的被保险人份额。其中，资产价值以账面价值、修复成本或重置成本的低者为准；

（二）本条第一款第（二）项下，损失金额为无法正常经营导致的项目企业所有者权益账面价值减少部分中的被保险人份额；

（三）本条第一款第（三）项下，损失金额为损失之日前一个月末会计报表日的项目企业所有者权益账面价值中的被保险人份额。

四、转让的权益

在永久无法经营导致股权发生全部损失的情况下，被保险人须在保险人支付赔款前将其在项目企业中的相应股权转让至保险人。

五、追偿对象

本承保风险项下追偿对象为东道国政府和相关责任方。

六、本条第一款第（二）项下，被保险人的索赔时间间隔不得少于90日。

第六条 违约

一、违约指东道国政府或经保险人认可的与东道国政府相关的或受东道国政府控制的其他主体违反或不履行与被保险人或项目企业就投资项目签署的具有法律约束力的协议或合同，协议或合同以《保险单明细表》中约定为准。

二、除非保险人书面同意，构成本保险单项下的违约还必须满足下列条件：被保险人或项目企业已经获得有管辖权的法院或仲裁机构就上述所涉事宜做出的对东道国政府或经保险人认可的其他主体不利的裁决，且裁决书中规定了东道国政府或经保险人认可的其他主体应当赔偿的具体金额。

三、损失日期

损失日期为违约发生之日。

四、损失金额

本承保风险项下的损失金额为裁决书裁定的东道国政府或经保险人认可的其他主体应赔偿金额中的或保险人认定的金额中的被保险人份额。

五、转让的权益

被保险人或项目企业应在保险人支付赔款前向保险人转让经有管辖权的

法院或仲裁机构裁决的权益中的被保险人份额。

六、追偿对象

本承保风险项下追偿对象为相关责任方。

第四章 除外责任

第七条 除外责任

无论本保险单其他条款如何规定，对下列损失，保险人不承担赔偿责任：

一、在保险单生效日之前已适用的，为公众所知或理应为被保险人所知悉的任何法律、法规、政策、程序等导致的损失；

二、被保险人或项目企业同意，或由其不合理行为引发的损失；

三、汇率波动、货币贬值造成的损失；

四、被保险人危害或违反中华人民共和国法律、国家利益、公共利益的行为，项目企业危害中华人民共和国国家利益、公共利益的行为，或被保险人或项目企业违反东道国法律的行为——包括但不限于违反环境保护和反贿赂法律的行为造成的损失；

五、被保险人或项目企业未能在保险单生效日前获得与投资项目有关的批准和许可所导致的损失；

六、本保险单约定承保风险之外的原因导致的损失。

第五章 保险费

第八条 保险费以保险金额为计费基础，为保险金额与保险费率的乘积，保险费率在《保险单明细表》“保险费率”中列明。

第九条 投保人或被保险人应在收到《保险费通知书》之日起30日内全额支付保险费，支付保险费是保险人承担保险责任的前提。如果投保人或被保险人未能在规定期限内全额交纳保险费，保险人有权拒收逾期支付的保险费、终止保险单、拒绝承担保险责任。

第六章　被保险人义务

第十条　未经保险人事先书面同意，被保险人不得：

一、对被保险投资的有关合同协议做任何实质性的变更或修改；

二、以任何方式转让、抵押、质押或以其他任何方式处置本保险单项下的权利和权益；

三、对投资项目权益进行任何形式的处置，包括但不限于转让、质押项目企业股权；

四、在投资项目执行期间，采取任何行为或措施损害保险人在本保险单项下的权利和权益。

第十一条　在保险单生效日后，被保险人应并促使项目企业：

一、遵守并履行本保险单的各项规定；

二、始终遵守东道国政府的有关法律、法规；

三、始终准确、完整地保存经独立会计师审计的被保险人与项目企业之间的账务往来、会计记录、财务报表、财务报告以及其他保险人要求的与被保险投资和项目企业有关的信息；

四、每一会计年度结束后的180日内，应向保险人提供项目企业的主要财务报表，以及保险人合理要求的与被保险投资有关的其他信息资料；允许保险人或保险人授权的代表审查和复印上述有关资料；

五、及时向保险人书面通报投资项目和被保险投资的执行情况；

六、对可能引发本保险单项下保险责任的任何事件，及时向保险人书面通报，上述事件发生后，被保险人后续投入被保险投资需获得保险人书面同意；

七、承保风险发生时，采取所有可能的措施，包括但不限于行政、司法和仲裁或者其他救济，保护其与被保险投资相关的全部权益，避免或者减少损失。

八、向保险人提供的任何有关本保险的信息均是准确和真实的，没有任何遗漏、隐瞒、误报和保留。

第十二条 如果被保险人违反本章上述规定，无论本保险单其他条款如何约定，保险人有权采取下述相应措施：

一、被保险人违反本保险条款第十条义务，保险人有权采取以下一项或多项措施：①拒绝承担任何赔偿责任；②终止本保险单，且不退还已收取的保险费。

二、被保险人违反本保险条款第十一条义务并影响保险人利益，保险人有权：①降低赔偿比例；或②拒绝承担任何赔偿责任。如果被保险人违反第十一条规定且可进行补救，被保险人可在15日之内进行补救，如补救结果令保险人满意，保险人可不行使上述权利。

第七章 可损、索赔、定损核赔、权益转让和支付赔款

第十三条 可能损失通知

一、除非保险人事先书面同意，在得知本保险单列明的损失已经发生时，被保险人应于损失发生之日起30日内按保险人规定的格式向保险人报送《可能损失通知书》。如被保险人未能在上述期限内提交《可能损失通知书》，保险人有权根据情况降低赔偿比例。对于隐瞒不报或迟延通知所造成的额外损失，保险人不负赔偿责任。

二、被保险人提交《可能损失通知书》后，应按保险人要求并确保项目企业提供保险人所要求的信息、协助，被保险人以及项目企业的任何追讨行为须与保险人保持一致。

第十四条 索赔

一、在提交可损通知后，被保险人应自保险单规定的损失之日起12个月内，向保险人书面提出索赔。超过上述期限，视为被保险人放弃其在本保险单项下的索赔权。

二、索赔时，被保险人须按保险人提供的《索赔申请书》格式如实填报有关损失事项，并提供全部与损失相关的证明文件。

三、如果被保险人提供虚假的索赔材料进行索赔，保险人有权拒绝承担赔偿责任，对已赔付的款项有权追回。

四、被保险人始终承担证明本保险单项下的承保风险和损失确已发生的举证义务。

五、除保险人书面同意外，被保险人不得就相同或基本相同的损失重复索赔，尤其不得对已撤销或视作放弃索赔权利的损失再次索赔。

第十五条 定损核赔、权益转让和支付赔款

一、在收到被保险人的《索赔申请书》及全部所需的证明文件后，保险人将在定损核赔期内做出赔偿与否的决定并出具《理赔意见书》通知被保险人。

二、在保险人出具《理赔意见书》后，如决定进行赔付，被保险人应按保险人的要求转让相应权益。保险人在书面认可被保险人的权益转让方案后10 日内向被保险人出具《赔付通知书》。

三、在保险人出具《赔付通知书》后，被保险人应并促使项目企业按照保险人的要求，将权益转让至保险人，且上述权益不附带任何权利要求、抗辩、反诉要求、抵扣权或其他权利负担，但由承保风险导致的除外。

四、上述权益转让完成后，保险人可与被保险人协商对已核定的赔款在支付赔款期内进行一次性支付或分次支付。

五、核算本保险单项下损失金额时应依据项目企业所在国会计准则编制的账簿载明的金额确定，项目企业应同时提供经保险人认可的第三方审计机构出具的审计报告。如保险人认为该损失金额显失公允，保险人有权委托第三方审计机构依据国际会计准则对项目企业进行审计并对损失金额进行调整。

六、损失金额应扣除下列款项，在计算赔款时未予扣除的，保险人有权在赔付后随时向被保险人追索相关款项：

（一）被保险人、项目企业或其关联方或被保险人和项目企业的代理人从其他渠道（包括东道国政府和其他保险人）得到的补偿、赔偿或其他形式的收益；

（二）已获得的可冲抵损失的款项或者财产的价值，包括受损财产的可变现价值；可变现价值应以损失发生前一日的当地市场价值计算；

（三）如承保风险不发生仍将导致的损失。

七、保险人的实际赔偿金额为扣除上款相关款项后的损失金额与赔偿比

例的乘积。无论保险单其他条款如何规定，各保险责任期内，保险人赔偿金额不超过保险金额和赔偿比例的乘积。在承诺保险责任期内，保险人的累计赔偿金额不超过最高赔偿限额。

第八章 追 偿

第十六条 代位求偿

在保险人支付赔款后，保险人即享有相应的代位求偿权。

第十七条 追偿

无论保险单或保险责任是否已经终止：

一、被保险人应并确保项目企业积极配合，为保险人代位行使被保险人或项目企业对东道国政府或其他相关责任方请求赔偿的权利提供一切必要的协助，并根据保险人的指示和要求配合保险人追偿。如保险人指示，被保险人应并确保项目企业以自身名义向东道国政府或其他相关责任方请求赔偿，包括采取诉讼或仲裁等法律手段索偿。如被保险人或项目企业违反前述配合追偿的义务，保险人有权拒绝承担后续赔偿责任，对于已经支付的赔款，有权要求被保险人全额返还。对于被保险人根据保险人的指示采取追偿措施而发生的合理费用，保险人按照本保险单规定的权益比例与被保险人进行分摊。

二、被保险人、项目企业、关联方或被保险人和项目企业的代理人收到追回款后，被保险人应在5日内通知保险人，且无论项目企业、关联方或被保险人和项目企业的代理人是否将追偿款划实际划转至被保险人账户，被保险人均应在前述各方收到追回款30日内将等同于追回款的金额划转至保险人指定的账户。

三、如被保险人未按照本条第二款向保险人支付等同于追回款的金额，保险人有权向被保险人追索，并将该等款项从保险人应向被保险人支付的任何款项中直接扣除。

四、本保险单项下的追回款均按保险人和被保险人各自在本保险单项下的权益比例分配。在分配前，该款项视为代对方保管。

第九章　保险单的生效、变更及终止

第十八条　保险单生效

保险单自各方签署后生效。

第十九条　保险单变更

本保险单项下的任何变更和修改须经保险人和被保险人协商并以《批单》确认。

第二十条　保险单终止

一、被保险人有权向保险人提交《保险单终止申请书》以终止保险单。保险人在收到《保险单终止申请书》后5日内，向被保险人出具《保险单终止通知书》以确认保险单终止。对于在《保险单终止申请书》提交之前被保险人由于本保险单承保的风险已经实际发生的损失，保险人按照本保险单承担相应的保险责任，在《保险单终止申请书》提交之后发生的损失，保险人不再承担保险责任。对于按照保险期限对应缴纳保险费的情况，保险人不退还已收取的保险费。

二、被保险人未能按照第二十一条第二款约定申请保险责任期保险金额，保险人有权终止本保险单。

三、如果投保人因故意或过失未能履行如实告知义务，无论保险人在何时获悉该等事实，保险人均有权在获悉该等事实之日起6个月内解除本保险单，且对于保险单解除前发生的任何损失，保险人均有权拒绝承担赔偿责任，且不退还任何保险费。

四、无论本保险单其他条款如何规定，在承诺保险责任期届满且保险单未发生承保风险项下的损失，保险人出具《保险单终止通知书》以确认终止本保险单。

第十章　保险责任的生效及终止

第二十一条　保险责任生效

一、在本保险单项下，保险人按照保险单约定足额收到了对应保险责任期的保险费，保险人承担对应的保险责任。

二、在承诺保险责任期内，投保人或被保险人应在保险单生效日后6个月内或每个保险责任期届满前至少提前60日向保险人申请新一保险责任期保险金额，保险人据此签发《保险费通知书》。

三、保险人收到保险费后，向被保险人发出《保险责任生效通知书》，列明保险责任期、保险金额和保险费等。

第二十二条 保险责任终止

本保险单项下的保险责任于下列任一条件具备时终止：

一、保险责任期届满且保险单未发生承保风险项下的损失；

二、保险人或被保险人终止保险单；

三、累计赔偿金额达到最高赔偿限额；

四、各保险责任期内的赔偿金额达到对应的保险金额和赔偿比例的乘积。

第十一章 其 他

第二十三条 适用文本和法律

本保险单以中文文本为准，适用中华人民共和国法律。

第二十四条 货币及汇率

除非本保险单另有约定，保险单项下的损失金额（除汇兑限制风险外）、保险费、赔款及追回款均以《保险单明细表》列明的保险单货币计价，如需兑换：

一、按照保险人发出《保险费通知书》中列明的汇率确定保险费；

二、按照保险人发出《赔付通知书》前一工作日中国人民银行公布的市场汇率中间价确定赔款；

三、按照保险人收到追偿款前一工作日中国人民银行公布的市场汇率中间价确定追偿款。

第二十五条 争议解决

保险人与被保险人应本着实事求是、公平合理的原则，协商解决在本保险单项下发生的一切争议。争议解决方式以保险人和被保险人在《保险单明细表》“争议解决方式”中的约定为准。

海外投资（债权）保险条款（金融机构适用）

（由于条款时常更新，此文本仅供参考，以保险公司提供的最新版本为准）

定 义

一、被保险人，指在《保险单明细表》第2项中列明的法人。

二、项目企业，指具体负责执行投资项目的企业，在《保险单明细表》第4项中列明。

三、东道国，指投资项目所在国，在《保险单明细表》第5项中列明。

四、东道国政府，指有效控制东道国全部或部分的、对投资项目有直接影响的现任或后续统治机构，或者其授权代理人、代表人，或者其承认的法院、法庭或从属的立法、司法及行政机构。

五、投资项目，指项目企业执行的一个或一系列项目，被保险贷款将用于该项目，项目情况在《保险单明细表》第6项中列明。

六、中方投资者，在《保险单明细表》第7项中列明。

七、被保险贷款，指被保险人以债权方式对投资项目的投入，在《保险单明细表》第8项中列明。

八、承保风险，指引发保单保险责任范围内损失的直接的且决定性的原因，在《保险单明细表》第9项中列明。

九、最高保险金额，指被保险人在本保单项下可以投保的最高金额，在《保险单明细表》第11项列明。

十、保险金额，在被保险贷款的提款期内，每个保险责任期的保险金额按照被保险贷款项下已提款的本金金额及其在保单有效期内的全部利息余额、该保险责任期内计划提款的本金金额及其在保单有效期内的全部利息之和确定。在被保险贷款的还款期内，每个保险责任期的保险金额按照该保险责任期初被保险贷款项下全部本金余额及其在保单有效期内的全部利息余额之和确定。保险金额在任何情况下不能超过最高保险金额。该保险金额由被保险人在前一保险责任期届满前至少提前两个月向保险人申请并经保险人确认，并在《保险责任生效通知书》中载明。

十一、承担金额，在被保险贷款的提款期内，每个保险责任期的承担金额按照被保险贷款项下尚未提款的本金金额确定。在被保险贷款的还款期内，承担金额为0。该承担金额由被保险人在前一保险责任期届满前向保险人申请并经保险人确认，并在《保险责任生效通知书》中载明。

十二、承担费，指保险人承诺对被保险贷款项下尚未提款的本金在提款后按照本保单约定承担保险责任而收取的费用。在本保单约定的承保风险未发生的前提下，被保险人可在保险责任年度确认时将承担金额增加到保险金额中。

十三、最高赔偿限额，指在保单有效期内，保险人可能承担赔偿责任的累积最高金额，在《保险单明细表》第19项中列明。

十四、贷款协议，被保险人和项目企业签订的协议，被保险人根据该协议提供被保险贷款。

十五、到期未偿还金额，指根据被保险贷款还款计划，截至应还款日尚未偿还的应还款金额；如保险人同意就被保险人安排的加速还款进行赔付，也指需提前偿付的贷款金额。

十六、应还款，在最高保险金额范围内，项目企业在应还款日根据被保险贷款的还款计划应付的本金和利息金额。如被保险人仅投保本金，则应还款指在最高保险金额范围内，项目企业在应还款日根据被保险贷款的还款计划应付的本金。

十七、应还款日，指被保险贷款的还款计划中列明的偿还应还款的各个日期。

十八、保单有效期，指保单项下保险人承担保险责任的最长期限，该期限在《保险单明细表》第21项中列明。

十九、保险责任期，指投保人或者被保险人每次足额缴纳的保险费及承担费所对应的为期一年的期间，在《保险责任生效通知书》中列明。

二十、等待期，等待期为3个月，从损失日期开始计算，保险人在等待期内不予定损核赔。

二十一、定损核赔期，指保险人用来核定具体损失并计算损失金额的期限。定损核赔期不超过60日，自保险人认为被保险人已完成索赔所需必要程序且提交了必要的材料之日起计算，但如果该日期发生在等待期之内，则起算日以等待期结束日为准。

二十二、关联方，指与被保险人或项目企业在债权、经营或人员方面，存在直接或间接的拥有或控制关系的公司；或与被保险人或项目企业共同为第三者直接或间接拥有或控制的公司。

二十三、可自由兑换货币，指符合《国际货币基金协定》中关于货币自由兑换规定的所有币种。

二十四、当地货币，指东道国的法定货币。

二十五、保单货币，指保单项下进行计价和支付的货币单位，保单另有约定除外。保单货币在《保险单明细表》第20项中列明。

二十六、赔偿比例，指根据保单规定，被保险人有权就各承保风险项下损失获得赔偿的比例，在《保险单明细表》第18项中列明。

二十七、支付赔款期，指保险人在定损核赔期结束后履行赔款手续并向被保险人支付赔款的期限，支付赔款期不超过30日。

二十八、追回款，指赔付后保险人、被保险人、项目企业、各关联方或各方代理人收到的与该损失相关的款项。

第一章　适用范围

第一条　本保单适用于在中国境外（含港、澳、台地区）以债权方式进行的投资。

第二章　保险责任

在保险责任期内，因下列承保风险直接且决定性地导致项目企业不能按时偿还应还款从而对被保险贷款造成损失，且该损失在等待期内持续存在，则保险人按照本保单规定承担赔偿责任。

基本政治风险：

第二条 汇兑限制

（一）定义

汇兑限制指东道国政府或代表东道国政府从事外汇交易管理的机构所采取的下列任一行为：

1. 禁止、限制被保险人或项目企业将用于偿还应还款的当地货币兑换成保单货币及任何可自由兑换的货币，或将上述保单货币或可自由兑换货币汇出东道国。

2. 向被保险人或项目企业实行歧视性汇率。

汇兑限制应同时满足以下条件：

1. 上述用于偿还应还款的当地货币、可自由兑换货币或保单货币在汇兑限制发生时为被保险人或项目企业依法拥有。

2. 被保险人或项目企业在保单生效日之前已依法获得东道国政府对上述货币进行兑换或汇出的批准。

3. 在等待期内，被保险人和项目企业应持续采用所有合理努力，通过一切可行方式兑换和/或汇出偿还应还款的货币；且在应还款日后 30 日内尝试进行汇兑，但仍不能完成汇兑。

4. 不属于东道国政府剥夺资金使用权或控制权的行为。

（二）损失日期

《贷款协议》规定的应还款日。

（三）损失金额

本承保风险项下的损失金额为不能兑换的用于偿还应还款的与当地货币等值的保单货币金额，或不能汇出的用于偿还应还款的与当地货币等值的保单货币金额。

第三条 征收

（一）定义

征收指东道国政府以国有化、没收、征用等方式造成下列任一情况，且东道国政府没有给予及时、有效的补偿。

1. 全部或部分剥夺项目企业对投资项目的所有权或经营权。

2. 全部或部分剥夺项目企业对投资项目的资金的使用权或控制权。

3. 全部或部分剥夺项目企业对其资产的使用权或控制权。

东道国的下列行为不得视为征收：

1. 东道国政府通常为规范经济活动、确保公共安全、增加收入或者保护环境而采取的善意、非歧视性的普遍措施，并就上述行为给予了及时、有效的补偿。

2. 东道国政府作为商业主体，违反其对项目企业的合同义务而导致的损失。

3. 东道国政府向被保险人或项目企业收取的非歧视性的税费、罚款、罚金或有关费用。

4. 东道国政府根据该国有关破产法律的规定，依法执行对项目企业的破产清算及其他处置行为。

（二）损失日期

《贷款协议》规定的应还款日。

（三）损失金额

本承保风险项下的损失金额为《贷款协议》项下到期未偿还金额。

第四条 战争及政治暴乱

（一）定义

战争及政治暴乱指东道国参与的任何战争（无论是否宣战）或东道国国内发生的革命、骚乱、政变、内战、叛乱、恐怖活动或保险人认定的政治暴乱（但不包括民众为获得就业、就学或为达到其他非政治目的而采取的行动）。该风险致损的表现形态包括：

1. 资产毁损或灭失，指战争及政治暴乱直接且决定性地造成资产（不包括贵重金属、珠宝、艺术品、现金或文件）的毁损或灭失，进而直接且决定性地导致项目企业不能偿还应还款；这些资产应位于投资项目所在地，并且与投资项目的经营有直接关系；

2. 无法经营，指因战争及政治暴乱直接且决定性地造成投资项目不能正常经营，进而直接且决定性地导致项目企业不能偿还应还款。

（二）损失日期

《贷款协议》规定的应还款日。

（三）损失金额

本承保风险项下的损失金额为《贷款协议》项下到期未偿还金额。

附加险：

第五条 违约

（一）定义

违约指东道国政府或经保险人认可的其他主体违反或不履行与项目企业就投资项目签署的具有法律约束力的协议或合同，并进而直接且决定性地造成项目企业不能偿还应还款，协议或合同以《保险单明细表》中约定为准。

除非保险人书面同意，构成本保单项下的违约还必须满足下列条件：被保险人或项目企业已经获得有管辖权的法院或仲裁机构就上述所涉事宜做出的对东道国政府或经保险人认可的其他主体不利的裁决，且裁决书中规定了具体赔偿金额。

（二）损失日期

《贷款协议》规定的应还款日。

（三）损失金额

本承保风险项下的损失金额为《贷款协议》项下到期未偿还金额，但累计不超过裁决书中规定的被保险人或项目企业应获得的赔偿金额。

第六条 本章承保风险项下的损失金额如涉及货币兑换，汇率以损失发生前一日东道国中央银行或其外汇管理机构正式对外公布的兑换率为准。如无上述兑换率可以参照，以东道国最大的三家商业银行在损失发生前一日合法使用的汇率中间价的平均值为准。

第三章 除外责任

第七条 除外责任

无论本保单其他条款如何规定，对下列损失，保险人不承担赔偿责任：

（一）在保单生效日之前已适用的，为公众所知或理应为被保险人所知悉的任何法律、法规、政策、程序等导致的损失。

（二）被保险人或项目企业同意，或由其不合理行为引发的损失。

（三）汇率波动、货币贬值造成的损失。

（四）被保险人或项目企业危害或违反中华人民共和国法律、国家利益、公共利益的行为，或被保险人或项目企业违反东道国法律的行为—包括但不限于违反环境保护和反贿赂法律的行为造成的损失。

（五）项目企业未能在保单生效日前或保单有效期内获得与投资项目有关的批准和许可所导致的损失，但由承保风险直接导致的除外。

（六）即使本保单第二章列明的风险发生仍可以避免的损失。

（七）即使本保单第二章列明的风险未发生仍会发生的损失。

（八）本保单约定承保风险之外的原因导致的损失。

第四章　保险费用

第八条　每个保险责任期的保险费以保险金额为计费基础，为保险金额与保险费率的乘积，保险费率在《保险单明细表》第12项中列明。每个保险责任期的承担费以承担金额为计费基础，为承担金额与承担费率的乘积，承担费率在《保险单明细表》第13项中列明。

第九条　投保人或被保险人应在收到《收费通知书》之日起30日内全额支付保险费及承担费，支付保险费及承担费是保险人承担保险责任的前提。如果投保人或被保险人未能在规定期限内全额交纳保险费及承担费，保险人有权拒收保险费及承担费并终止保单。

第五章　被保险人义务

第十条　被保险人保证：

（一）遵守并履行本保单的各项规定。

（二）向保险人提供的任何有关本保险的信息，包括在《海外投资（债权）保险投保单》中填报的所有信息均是准确和真实的，没有任何遗漏、隐瞒、误报和保留。

（三）认真履行《贷款协议》约定的各项义务，及时、充分地行使《贷款协议》赋予被保险人的各项权利，采取必要措施，避免或减少损失，不得因有本保险而放弃应有的审慎态度和工作责任心。

第十一条 未经保险人事先书面同意，被保险人不得：

（一）对被保险贷款的有关协议做任何实质性的变更或修改。

（二）以任何方式转让、抵押、质押或以其他任何方式处置被保险贷款的有关协议项下的权益。

（三）以任何方式转让、抵押、质押或以其他任何方式处置本保单项下的权利和权益。

（四）在《贷款协议》执行期间，采取任何行为或措施损害保险人在本保单项下的权利和权益。

第十二条 被保险人承诺，在保单有效期内应自身做到并确保项目企业：

（一）始终准确、完整地保存经独立会计师审计的被保险人与项目企业之间的账务往来、会计记录、财务报表、财务报告以及其他保险人要求的与被保险贷款有关的信息。

（二）除非保险人书面同意，每一会计年度结束后的90日内，应向保险人提供项目企业的主要财务报表，以及保险人合理要求的与被保险贷款有关的其他信息资料；允许保险人或保险人授权的代表审查和复印上述有关资料。

（三）被保险人应及时向保险人书面通报被保险贷款的执行情况。

（四）对可能引发本保单项下保险责任的任何事件或《贷款协议》项下的任何违约事件，及时向保险人书面通报，上述事件发生后，被保险人提取、使用被保险贷款需获得保险人书面同意。

（五）风险事件发生时，采取所有可能的措施，包括但不限于行政、司法和仲裁或者其他救济，避免或者减少损失。

（六）在中方投资者转让项目企业股权时，应征得保险人事先书面同意。

第十三条 如果被保险人违反本章上述规定，无论本保单其他条款如何约定，保险人有权终止本保单并拒绝承担任何赔偿责任，且不退还保险费及承担费。

第六章　可损、索赔、定损核赔和支付赔款

第十四条　可能损失通知

（一）在得知本保单列明的损失已经发生时，被保险人应于损失发生之日起30日内，按保险人规定的格式向保险人报送《可能损失通知书》。对于隐瞒不报或迟延通知所造成的额外损失，保险人不负赔偿责任。

（二）被保险人提交《可能损失通知书》后，应按保险人要求并促使项目企业提供保险人和《贷款协议》中所要求的信息、协助，被保险人以及项目企业的任何追讨行为须与保险人保持一致。

第十五条　索赔

（一）在提交可损通知后，被保险人应自保单所列损失之日起12个月内，向保险人书面提出索赔。对于违约导致的损失，被保险人应自违约发生之日起12个月内，向保险人书面提出索赔。超过上述期限，视为被保险人放弃其在本保单项下的索赔权。

（二）索赔时，被保险人须按保险人提供的《索赔申请书》格式如实填报有关损失事项，并提供全部与损失相关的证明文件。

（三）在《贷款协议》项下，对于连续、同一承保风险引发的多次损失，本保单提交可能损失通知期限（第十四条第（一）款）与提交索赔期限（第十五条第（一）款）的规定仅适用于被保险人就该承保风险引发损失提出的第一次索赔，被保险人随后就该承保风险引发的后续损失所提出的索赔不受上述款的限制。被保险人最迟应在相应的应还款日起12个月内向保险人正式提出索赔。否则，视为被保险人放弃其在本保单项下对该损失的索赔权。

（四）如果被保险人提供虚假的索赔材料进行索赔，保险人有权拒绝承担赔偿责任，对已赔付的款项有权追回，已收取的保险费及承担费不予退还。

（五）被保险人始终承担证明本保单项下的承保风险和损失确已发生且承保风险是损失发生的直接且决定性原因的举证义务。

（六）除保险人书面同意外，被保险人不得就相同或基本相同的损失重复索赔，尤其是不得对已撤销或视作放弃索赔权利的损失再次索赔。

第十六条 定损核赔和支付赔款

（一）在收到被保险人的《索赔申请书》及全部所需的证明文件后，保险人将在定损核赔期内做出赔偿与否的决定并通知被保险人，如决定进行赔付，保险人将在支付赔款期内向被保险人支付赔款。

（二）在本保单项下，保险人的赔偿责任仅限于项目企业的应还款。被保险人与项目企业之间达成的任何加速还款和提前还款的安排对保险人不具约束力。在承担赔偿责任时，保险人按《贷款协议》规定的应还款进行赔付，被保险人需支付后续各保险责任期的保险费及承担费，该保险费及承担费根据被保险贷款原还款计划计算。

（三）损失金额应扣除下列款项，在计算赔款时未予扣除的，保险人有权在赔付后随时向被保险人追索相关款项。

1. 被保险人、项目企业或其关联方或被保险人代理人从其他渠道（包括东道国政府和其他保险人）得到的补偿、赔偿或其他形式的收益。

2. 已获得的可冲抵损失的款项或者财产的价值，包括受损财产的可变现价值；可变现价值应以损失发生前一日的当地市场价值计算。

3. 本保单除外责任项下的任何损失。

（四）在损失发生日，如被保险人向项目企业提供的贷款金额超过被保险贷款，则保险人有权根据被保险贷款与被保险人向项目企业提供的贷款金额的比例调整损失金额。

（五）保险人的实际赔偿金额为扣除上款相关款项后的损失金额与赔偿比例的乘积。无论本保单其他条款如何规定，各保险责任期内，保险人赔偿金额不得超过该保险责任期内应还款和赔偿比例的乘积。保单有效期内，保险人的累计赔偿金额不得超过最高赔偿限额。

第七章 权益转让和追偿

第十七条 权益转让

被保险人进行权利、权益转让是保险人支付赔款的前提。在保险人决定进行赔付后 30 日内，被保险人应，并确保项目企业：

（一）按照保险人的要求，采取一切必要措施，保护其与被保险贷款相关的全部权益。

（二）按照保险人的要求，将与索赔损失相关的权益保存并转让给保险人，包括但不限于被保险人在《贷款协议》项下与索赔损失相关的全部权益、相关的担保权益，以及：

1. 对于汇兑限制，应按保险人的要求保存有关货币并保留相关权利和单证，包括在不违反东道国法律规定的前提下，将有关货币存入保险人指定或接受的金融机构，或按保险人的要求，向保险人转让项目企业和被保险人在构成应还款的当地货币或保单货币或可自由兑换货币中的所有权益。

2. 对于违约，被保险人或项目企业依据裁决书享有的权益。

（三）被保险人特此向保险人声明并保证：按规定予以转让的上述权益不附带任何权利要求、抗辩、反诉要求、抵扣权或其他权利负担，但对承保风险的抗辩除外。

（四）如保险人指示，被保险人可代表保险人行使本条列明的权利。

第十八条　权益管理

转让或移交有关财产、权益和单证后，被保险人应并确保项目企业与保险人合作，及时向保险人提供从项目企业获得的与项目企业和被保险贷款有关的必要证据、信息。被保险人还应在采取各种司法和行政救济措施时善意行使有关权力。对于被保险人为获得司法或行政救济而发生的合理费用，保险人与被保险人按照各自权益所占的比例进行分摊。

第十九条　追偿

无论本保单或保险责任是否已经终止：

（一）保险人就其赔付的款项，有权对项目企业及担保人主张其任何合法权益。

（二）被保险人应并确保项目企业积极配合，给予保险人一切必要的协助，并根据保险人的指示和要求配合保险人追偿。对于因被保险人根据保险人的指示采取追偿措施而发生的合理费用，保险人与被保险人按照各自权益所占的比例进行分摊。

（三）不论何时、从何种渠道收到追回款，被保险人均应立即通知保险人，并在收到追回款30日内将追回款划转至保险人指定的账户。

（四）在上款规定情况下，如被保险人尚未向保险人支付追回款，保险人有权追索，并将上述追回款从保险人应向被保险人支付的任何款项中直接扣除。

（五）在保险人支付赔款后，无论被保险人还是保险人收到追回款，在扣除追偿费用后，均按双方各自权益所占的比例分配。在分配前，该款项视为代对方保管。

第八章　保险责任的生效、年度确认、终止以及保单的变更

第二十条　保险责任生效

在每个保险责任期，保险责任生效的前提条件是被保险人按照保单约定足额交纳了对应保险责任期的保险费及承担费。

第二十一条　保险责任年度确认

在保单有效期内，被保险人应在前一保险责任期届满前至少提前两个月向保险人申请新一保险责任期的保险金额和承担金额，保险人确认后据此签发《收费通知书》。保险人收到保险费及承担费后，向被保险人发出《保险责任生效通知书》，列明保险责任期、保险金额、承担金额、保险费和承担费等。

被保险人未能按前款约定申请新一保险责任期保险金额和承担金额的，保险人有权终止保单。

第二十二条　保险责任终止

本保单项下的保险责任于下列任一条件具备时终止：

（一）保单有效期届满。

（二）保险人根据保单规定终止保单或被保险人申请终止保单。

（三）被保险人按《贷款协议》的规定，收回全部贷款本金和利息。

（四）累计赔偿金额达到最高赔偿限额。

第二十三条　保单的变更

本保单项下的任何变更和修改须经保险人和被保险人协商并以书面形式

确认。如保单一般条款内容与《保险单明细表》不一致时，以《保险单明细表》为准。

第九章 其 他

第二十四条 适用文本和法律

本保单以中文文本为准，适用中华人民共和国法律。

第二十五条 货币及汇率

除非本保单另有约定，本保单项下的保险费、承担费、赔款及追回款均以《保险单明细表》列明的保单货币计价，如需兑换：

（一）按照保险人发出《收费通知书》当日中国人民银行公布的市场汇率中间价确定保险费及承担费；

（二）按照保险人发出《赔付通知书》当日中国人民银行公布的市场汇率中间价确定赔款；

（三）按照保险人收到追偿款当日中国人民银行公布的市场汇率中间价确定追偿款。

第二十六条 争议解决

保险人与被保险人应本着实事求是、公平合理的原则，协商解决在本保单项下发生的一切争议。如协商不成，由中国国际经济贸易仲裁委员会在北京仲裁，并适用其届时有效的仲裁规则。仲裁庭由三名仲裁员组成。

海外投资（债权）保险条款（股东适用）

（由于条款时常更新，此文本仅供参考，以保险公司提供的最新版本为准）

定 义

一、被保险人，指在《保险单明细表》第2项中列明的法人。

二、项目企业，指具体负责执行投资项目的企业，在《保险单明细表》第4项中列明。

三、东道国，指投资项目所在国，在《保险单明细表》第5项中列明。

四、东道国政府，指有效控制东道国全部或部分的、对投资项目有直接影响的现任或后续统治机构，或者其授权代理人、代表人，或者其承认的法院、法庭或从属的立法、司法及行政机构。

五、投资项目，指项目企业执行的一个或一系列项目，被保险贷款将用于该项目，项目情况在《保险单明细表》第6项中列明。

六、被保险贷款，指被保险人以债权方式对投资项目的投入，在《保险单明细表》第7项中列明。

七、承保风险，指引发保单保险责任范围内损失的直接的且决定性的原因，在《保险单明细表》第8项中列明。

八、最高保险金额，指被保险人在本保单项下可以投保的最高金额，在《保险单明细表》第10项列明。

九、保险金额，在被保险贷款的提款期内，每个保险责任期的保险金额按照被保险贷款项下已提款的本金金额及其在保单有效期内的全部利息余额、该保险责任期内计划提款的本金金额及其在保单有效期内的全部利息之和确定。在被保险贷款的还款期内，每个保险责任期的保险金额按照该保险责任期初被保险贷款项下全部本金余额及其在保单有效期内的全部利息余额之和确定。保险金额在任何情况下不能超过最高保险金额。该保险金额由被保险人在前一保险责任期届满前至少提前两个月向保险人申请并经保险人确认，并在《保险责任生效通知书》中载明。

十、承担金额，在被保险贷款的提款期内，每个保险责任期的承担金额按照被保险贷款项下尚未提款的本金金额确定。在被保险贷款的还款期内，承担金额为 0。该承担金额由被保险人在前一保险责任期届满前至少提前两个月向保险人申请并经保险人确认，并在《保险责任生效通知书》中载明。

十一、承担费，指保险人承诺对被保险贷款项下尚未提款的本金在提款后按照本保单约定承担保险责任而收取的费用。在本保单约定的承保风险未发生的前提下，被保险人可在保险责任年度确认时将承担金额增加到保险金额中。

十二、最高赔偿限额，指在保单有效期内，保险人可能承担赔偿责任的累积最高金额，在《保险单明细表》第 18 项中列明。

十三、贷款协议，被保险人和项目企业签订的协议，被保险人根据该协议提供被保险贷款。

十四、到期未偿还金额，指根据被保险贷款还款计划，截至应还款日尚未偿还的应还款金额；如保险人同意就被保险人安排的加速还款进行赔付，也指需提前偿付的贷款金额。

十五、应还款，在最高保险金额范围内，项目企业在应还款日根据被保险贷款的还款计划应付的本金和利息金额。如被保险人仅投保本金，则应还款指在最高保险金额范围内，项目企业在应还款日根据被保险贷款的还款计划应付的本金。

十六、应还款日，指被保险贷款的还款计划中列明的偿还应还款的各个日期。

十七、保单有效期，指保单项下保险人承担保险责任的最长期限，该期限在《保险单明细表》第 20 项中列明。

十八、保险责任期，指投保人或者被保险人每次足额缴纳的保险费及承担费所对应的为期一年的期间，在《保险责任生效通知书》中列明。

十九、等待期，等待期为 3 个月，从损失日期开始计算，保险人在等待期内不予定损核赔。

二十、定损核赔期，指保险人用来核定具体损失并计算损失金额的期限。定损核赔期不超过 60 日，自保险人认为被保险人已完成索赔所需必要程序且提交了必要的材料之日起计算，但如果该日期发生在等待期之内，则起算日以等待期结束日为准。

二十一、关联方，指与被保险人或项目企业在债权、经营或人员方面，存在直接或间接的拥有或控制关系的公司；或与被保险人或项目企业共同为第三者直接或间接拥有或控制的公司。

二十二、可自由兑换货币，指符合《国际货币基金协定》中关于货币自由兑换规定的所有币种。

二十三、当地货币，指东道国的法定货币。

二十四、保单货币，指保单项下进行计价和支付的货币单位，保单另有约定除外。保单货币在《保险单明细表》第 19 项中列明。

二十五、赔偿比例，指根据保单规定，被保险人有权就各承保风险项下损失获得赔偿的比例，在《保险单明细表》第 17 项中列明。

二十六、支付赔款期，指保险人在定损核赔期结束后履行赔款手续并向被保险人支付赔款的期限，支付赔款期不超过 30 日。

二十七、追回款，指赔付后保险人、被保险人、项目企业、各关联方或各方代理人收到的与该损失相关的款项。

第一章 适用范围

第一条 本保单适用于在中国境外（含港、澳、台地区）以债权方式进行的投资。

第二章 保险责任

在保险责任期内，因下列承保风险直接且决定性地导致项目企业不能按时偿还应还款从而对被保险贷款造成损失，且该损失在等待期内持续存在，则保险人按照本保单规定承担赔偿责任。

基本政治风险：

第二条 汇兑限制

（一）定义

汇兑限制指东道国政府或代表东道国政府从事外汇交易管理的机构所采取的下列任一行为：

1. 禁止、限制被保险人或项目企业将用于偿还应还款的当地货币兑换成保单货币及任何可自由兑换的货币，或将上述保单货币或可自由兑换货币汇出东道国。

2. 向被保险人或项目企业实行歧视性汇率。

汇兑限制应同时满足以下条件：

1. 上述用于偿还应还款的当地货币、可自由兑换货币或保单货币在汇兑限制发生时为被保险人或项目企业依法拥有。

2. 被保险人或项目企业在保单生效日之前已依法获得东道国政府对上述货币进行兑换或汇出的批准。

3. 在等待期内，被保险人和项目企业应持续采用所有合理努力，通过一切可行方式兑换和/或汇出偿还应还款的货币；且在应还款日后30日内尝试进行汇兑，但仍不能完成汇兑。

4. 不属于东道国政府剥夺资金使用权或控制权的行为。

（二）损失日期

《贷款协议》规定的应还款日。

（三）损失金额

本承保风险项下的损失金额为不能兑换的用于偿还应还款的与当地货币等值的保单货币金额，或不能汇出的用于偿还应还款的与当地货币等值的保单货币金额。

第三条 征收

（一）定义

征收指东道国政府以国有化、没收、征用等方式造成下列任一情况，且东道国政府没有给予及时、有效的补偿。

1. 全部或部分剥夺项目企业对投资项目的所有权或经营权。

2. 全部或部分剥夺项目企业对投资项目的资金的使用权或控制权。

3. 全部或部分剥夺项目企业对其资产的使用权或控制权。

东道国的下列行为不得视为征收：

1. 东道国政府通常为规范经济活动、确保公共安全、增加收入或者保护环境而采取的善意、非歧视性的普遍措施，并就上述行为给予了及时、有效的补偿。

2. 东道国政府作为商业主体，违反其对被保险人或项目企业的合同义务而导致的损失。

3. 东道国政府向被保险人或项目企业收取的非歧视性的税费、罚款、罚金或有关费用。

4. 东道国政府根据该国有关破产法律的规定，依法执行对项目企业的破产清算及其他处置行为。

（二）损失日期

《贷款协议》规定的应还款日。

（三）损失金额

本承保风险项下的损失金额为《贷款协议》项下到期未偿还金额。

第四条 战争及政治暴乱

（一）定义

战争及政治暴乱指东道国参与的任何战争（无论是否宣战）或东道国国内发生的革命、骚乱、政变、内战、叛乱、恐怖活动或保险人认定的政治暴乱（但不包括民众为获得就业、就学或为达到其他非政治目的而采取的行动）。该风险致损的表现形态包括：

1. 资产毁损或灭失，指战争及政治暴乱直接且决定性地造成资产（不包括贵重金属、珠宝、艺术品、现金或文件）的毁损或灭失，进而直接且决定性地导致项目企业不能偿还应还款；这些资产应位于投资项目所在地，并且与投资项目的经营有直接关系；

2. 无法经营，指因战争及政治暴乱直接且决定性地造成投资项目不能正常经营，进而直接且决定性地导致项目企业不能偿还应还款。

（二）损失日期

《贷款协议》规定的应还款日。

（三）损失金额

本承保风险项下的损失金额为《贷款协议》项下到期未偿还金额。

附加险：

第五条 违约

（一）定义

违约指东道国政府或经保险人认可的其他主体违反或不履行与被保险人或项目企业就投资项目签署的具有法律约束力的协议或合同，并进而直接且决定性地造成项目企业不能偿还应还款，协议或合同以《保险单明细表》中约定为准。

除非保险人书面同意，构成本保单项下的违约还必须满足下列条件：被保险人或项目企业已经获得有管辖权的法院或仲裁机构就上述所涉事宜做出的对东道国政府或经保险人认可的其他主体不利的裁决，且裁决书中规定了具体赔偿金额。

（二）损失日期

《贷款协议》规定的应还款日。

（三）损失金额

本承保风险项下的损失金额为《贷款协议》项下到期未偿还金额，但累计不超过裁决书中规定的被保险人或项目企业应获得的赔偿金额。

第六条 本章承保风险项下的损失金额如涉及货币兑换，汇率以损失发生前一日东道国中央银行或其外汇管理机构正式对外公布的兑换率为准。如无上述兑换率可以参照，以东道国最大的三家商业银行在损失发生前一日合法使用的汇率中间价的平均值为准。

第三章 除外责任

第七条 除外责任

无论本保单其他条款如何规定，对下列损失，保险人不承担赔偿责任：

（一）在保单生效日之前已适用的，为公众所知或理应为被保险人所知悉的任何法律、法规、政策、程序等导致的损失。

（二）被保险人或项目企业同意，或由其不合理行为引发的损失。

（三）汇率波动、货币贬值造成的损失。

（四）被保险人或项目企业危害或违反中华人民共和国法律、国家利益、公共利益的行为，或被保险人或项目企业违反东道国法律的行为—包括但不限于违反环境保护和反贿赂法律的行为造成的损失。

（五）项目企业或被保险人未能在保单生效日前或保单有效期内获得与投资项目有关的批准和许可所导致的损失，但由承保风险直接导致的除外。

（六）即使本保单第二章列明的风险发生仍可以避免的损失。

（七）即使本保单第二章列明的风险未发生仍会发生的损失。

（八）本保单约定承保风险之外的原因导致的损失。

第四章　保险费用

第八条　每个保险责任期的保险费以保险金额为计费基础，为保险金额与保险费率的乘积，保险费率在《保险单明细表》第 11 项中列明。每个保险责任期的承担费以承担金额为计费基础，为承担金额与承担费率的乘积，承担费率在《保险单明细表》第 12 项中列明。

第九条　投保人或被保险人应在收到《收费通知书》之日起 30 日内全额支付保险费及承担费，支付保险费及承担费是保险人承担保险责任的前提。如果投保人或被保险人未能在规定期限内全额交纳保险费及承担费，保险人有权拒收保险费及承担费并终止保单。

第五章　被保险人义务

第十条　被保险人保证：

（一）遵守并履行本保单的各项规定。

（二）向保险人提供的任何有关本保险的信息，包括在《海外投资（债权）保险投保单》中填报的所有信息均是准确和真实的，没有任何遗漏、隐瞒、误报和保留。

（三）认真履行《贷款协议》约定的各项义务，及时、充分地行使《贷款协议》赋予被保险人的各项权利，采取必要措施，避免或减少损失，不得因有本保险而放弃应有的审慎态度和工作责任心。

第十一条 未经保险人事先书面同意，被保险人不得：

（一）对被保险贷款的有关协议做任何实质性的变更或修改。

（二）以任何方式转让、抵押、质押或以其他任何方式处置被保险贷款的有关协议项下的权益。

（三）以任何方式转让、抵押、质押或以其他任何方式处置本保单项下的权利和权益。

（四）处置其对项目企业的股权、从项目企业分红或对项目企业重大资产进行处置。

（五）在《贷款协议》执行期间，采取任何行为或措施损害保险人在本保单项下的权利和权益。

第十二条 被保险人承诺，被保险人和项目企业在保单有效期内：

（一）始终遵守东道国政府的有关法律、法规。

（二）始终准确、完整地保存经独立会计师审计的被保险人与项目企业之间的账务往来、会计记录、财务报表、财务报告以及其他保险人要求的与被保险贷款和项目企业有关的信息。

（三）除非保险人书面同意，每一会计年度结束后的90日内，应向保险人提供项目企业的主要财务报表，以及保险人合理要求的与被保险贷款有关的其他信息资料；允许保险人或保险人授权的代表审查和复印上述有关资料。

（四）被保险人应及时向保险人书面通报投资项目和被保险贷款的执行情况。

（五）对可能引发本保单项下保险责任的任何事件或《贷款协议》项下的任何违约事件，及时向保险人书面通报，上述事件发生后，被保险人提取、使用被保险贷款需获得保险人书面同意。

（六）风险事件发生时，采取所有可能的措施，包括但不限于行政、司法和仲裁或者其他救济，避免或者减少损失。

第十三条 如果被保险人违反本章上述规定，无论本保单其他条款如何约定，保险人有权终止本保单并拒绝承担任何赔偿责任，且不退还保险费及承担费。

第六章 可损、索赔、定损核赔和支付赔款

第十四条 可能损失通知

（一）在得知本保单列明的损失已经发生时，被保险人应于损失发生之日起 30 日内，按保险人规定的格式向保险人报送《可能损失通知书》。对于隐瞒不报或迟延通知所造成的额外损失，保险人不负赔偿责任。

（二）被保险人提交《可能损失通知书》后，应按保险人要求并确保项目企业提供保险人和《贷款协议》中所要求的信息、协助，被保险人以及项目企业的任何追讨行为须与保险人保持一致。

第十五条 索赔

（一）在提交可损通知后，被保险人应自保单所列损失之日起 12 个月内，向保险人书面提出索赔。对于违约导致的损失，被保险人应自违约发生之日起 12 个月内，向保险人书面提出索赔。超过上述期限，视为被保险人放弃其在本保单项下的索赔权。

（二）索赔时，被保险人须按保险人提供的《索赔申请书》格式如实填报有关损失事项，并提供全部与损失相关的证明文件。

（三）在《贷款协议》项下，对于连续、同一承保风险引发的多次损失，本保单提交可能损失通知期限（第十四条第（一）款）与提交索赔期限（第十五条第（一）款）的规定仅适用于被保险人就该承保风险引发损失提出的第一次索赔，被保险人随后就该承保风险引发的后续损失所提出的索赔不受上述款的限制。被保险人最迟应在相应的应还款日起 12 个月内向保险人正式提出索赔。否则，视为被保险人放弃其在本保单项下对该损失的索赔权。

（四）如果被保险人提供虚假的索赔材料进行索赔，保险人有权拒绝承担赔偿责任，对已赔付的款项有权追回，已收取的保险费及承担费不予退还。

（五）被保险人始终承担证明本保单项下的承保风险和损失确已发生且承

保风险是损失发生的直接且决定性原因的举证义务。

（六）除保险人书面同意外，被保险人不得就相同或基本相同的损失重复索赔，尤其是不得对已撤销或视作放弃索赔权利的损失再次索赔。

第十六条 定损核赔和支付赔款

（一）在收到被保险人的《索赔申请书》及全部所需的证明文件后，保险人将在定损核赔期内做出赔偿与否的决定并通知被保险人，如决定进行赔付，保险人将在支付赔款期内向被保险人支付赔款。

（二）在本保单项下，保险人的赔偿责任仅限于项目企业的应还款。被保险人与项目企业之间达成的任何加速还款和提前还款的安排对保险人不具约束力。在承担赔偿责任时，保险人按《贷款协议》规定的应还款进行赔付，被保险人需支付后续各保险责任期的保险费及承担费，该保险费及承担费根据被保险贷款原还款计划计算。

（三）损失金额应扣除下列款项，在计算赔款时未予扣除的，保险人有权在赔付后随时向被保险人追索相关款项。

1. 被保险人、项目企业或其关联方或被保险人代理人从其他渠道（包括东道国政府和其他保险人）得到的补偿、赔偿或其他形式的收益。

2. 已获得的可冲抵损失的款项或者财产的价值，包括受损财产的可变现价值；可变现价值应以损失发生前一日的当地市场价值计算。

3. 本保单除外责任项下的任何损失。

（四）在损失发生日，如被保险人向项目企业提供的贷款金额超过被保险贷款，则保险人有权根据被保险贷款与被保险人向项目企业提供的贷款金额的比例调整损失金额。

（五）保险人的实际赔偿金额为扣除上款相关款项后的损失金额与赔偿比例的乘积。无论本保单其他条款如何规定，各保险责任期内，保险人赔偿金额不得超过该保险责任期内应还款和赔偿比例的乘积。保单有效期内，保险人的累计赔偿金额不得超过最高赔偿限额。

第七章 权益转让和追偿

第十七条 权益转让

被保险人进行权利、权益转让是保险人支付赔款的前提。在保险人决定进行赔付后 30 日内，被保险人应，并确保项目企业：

（一）按照保险人的要求，采取一切必要措施，保护其与被保险贷款相关的全部权益。

（二）按照保险人的要求，将与索赔损失相关的权益保存并转让给保险人，包括但不限于被保险人在《贷款协议》项下与索赔损失相关的全部权益、相关的担保权益，以及：

1. 对于汇兑限制，应按保险人的要求保存有关货币并保留相关权利和单证，包括在不违反东道国法律规定的前提下，将有关货币存入保险人指定或接受的金融机构，或按保险人的要求，向保险人转让项目企业和被保险人在构成应还款的当地货币或保单货币或可自由兑换货币中的所有权益。

2. 对于违约，被保险人或项目企业依据裁决书享有的权益。

（三）被保险人特此向保险人声明并保证：按规定予以转让的上述权益不附带任何权利要求、抗辩、反诉要求、抵扣权或其他权利负担，但对承保风险的抗辩除外。

（四）如保险人指示，被保险人可代表保险人行使本条列明的权利。

第十八条　权益管理

转让或移交有关财产、权益和单证后，被保险人应并确保项目企业与保险人合作，及时向保险人提供从项目企业获得的与项目企业和被保险贷款有关的必要证据、信息。被保险人还应在采取各种司法和行政救济措施时善意行使有关权力。对于被保险人为获得司法或行政救济而发生的合理费用，保险人与被保险人按照各自权益所占的比例进行分摊。

第十九条　追偿

无论本保单或保险责任是否已经终止：

（一）保险人就其赔付的款项，有权对项目企业及担保人主张其任何合法权益。

（二）被保险人应并确保项目企业积极配合，给予保险人一切必要的协助，并根据保险人的指示和要求配合保险人追偿。对于因被保险人根据保险人的指示采取追偿措施而发生的合理费用，保险人与被保险人按照各自权益所占的比例进行分摊。

（三）不论何时、从何种渠道收到追回款，被保险人均应立即通知保险人，并在收到追回款30日内将追回款划转至保险人指定的账户。

（四）在上款规定情况下，如被保险人尚未向保险人支付追回款，保险人有权追索，并将上述追回款从保险人应向被保险人支付的任何款项中直接扣除。

（五）在保险人支付赔款后，无论被保险人还是保险人收到追回款，在扣除追偿费用后，均按双方各自权益所占的比例分配。在分配前，该款项视为代对方保管。

第八章　保险责任的生效、年度确认、终止以及保单的变更

第二十条　保险责任生效

在每个保险责任期，保险责任生效的前提条件是被保险人按照保单约定足额交纳了对应保险责任期的保险费及承担费。

第二十一条　保险责任年度确认

在保单有效期内，被保险人应在前一保险责任期届满前至少提前两个月向保险人申请新一保险责任期的保险金额和承担金额，保险人确认后据此签发《收费通知书》。保险人收到保险费及承担费后，向被保险人发出《保险责任生效通知书》，列明保险责任期、保险金额、承担金额、保险费和承担费等。

被保险人未能按前款约定申请新一保险责任期保险金额和承担金额的，保险人有权终止保单。

第二十二条　保险责任终止

本保单项下的保险责任于下列任一条件具备时终止：

（一）保单有效期届满。

（二）保险人根据保单规定终止保单或被保险人申请终止保单。

（三）被保险人按《贷款协议》的规定，收回全部贷款本金和利息。

（四）累计赔偿金额达到最高赔偿限额。

第二十三条 保单的变更

本保单项下的任何变更和修改须经保险人和被保险人协商并以书面形式确认。如保单一般条款内容与《保险单明细表》不一致时，以《保险单明细表》为准。

第九章 其 他

第二十四条 适用文本和法律

本保单以中文文本为准，适用中华人民共和国法律。

第二十五条 货币及汇率

除非本保单另有约定，本保单项下的保险费、承担费、赔款及追回款均以《保险单明细表》列明的保单货币计价，如需兑换：

（一）按照保险人发出《收费通知书》当日中国人民银行公布的市场汇率中间价确定保险费及承担费；

（二）按照保险人发出《赔付通知书》当日中国人民银行公布的市场汇率中间价确定赔款；

（三）按照保险人收到追偿款当日中国人民银行公布的市场汇率中间价确定追偿款。

第二十六条 争议解决

保险人与被保险人应本着实事求是、公平合理的原则，协商解决在本保单项下发生的一切争议。如协商不成，由中国国际经济贸易仲裁委员会在北京仲裁，并适用其届时有效的仲裁规则。仲裁庭由三名仲裁员组成。

海外融资租赁（融资合同）保险条款

（由于条款时常更新，此文本仅供参考，以保险公司提供的最新版本为准）

第一章 定 义

一、保险单：保险单由海外融资租赁保险投保单、保险单签发页、保险条款、保险单明细表以及批单等共同构成。

二、批单：指为补充或变更保险单的内容，保险人出具的对保险单的书面补充或修改。批单与保险单的约定不一致时，以批单为准；后出具的批单效力优于先前出具的批单。

三、破产：指依据承租人所在国法律，承租人已进入破产程序，或法院、有权机关依法采取了其他使承租人免受债权人直接追偿的措施，包括但不限于破产清算程序、重整程序。

四、承租人所在国：指《保险单明细表》“承租人所在国”中列明的国家或地区。

五、租赁合同：指出租人与承租人就租赁交易签署的租赁合同，在《保险单明细表》中列明。

六、应收款凭证：指《保险单明细表》中列明的确认被保险人有权取得租赁应收款的法律文件，包括租赁合同、受让合同、买断合同等双方协商同意的融资合同及其他文件。

七、租赁应收款：指被保险人依照应收款凭证应向承租人收取的租金（包括本金和利息）；若租赁合同提前终止，则指被保险人依照应收款凭证因租赁合同提前终止而有权收取的款项；上述款项均不包括罚息、等待期利息。

八、应付款日：指被保险租赁应收款的付款计划中列明的各付款日期，在《保险单明细表》中列明。

九、担保合同：指为承租人在应收款凭证项下的付款义务提供担保的法律文件，及为被保险人在应收款凭证项下享有的债权提供担保的法律文件，包括但不限于保函、抵押合同、质押合同、保证合同、保险权益转让合同等，在《保险单明细表》中列明。

十、担保权益：指被保险人及出租人依据《保险单明细表》中所列的担保合同所享有的权益。

十一、保险金额：指在《保险单明细表》“保险金额”中列明的金额。

十二、实质性内容：指合同协议（包括但不限于应收款凭证和担保合同）的变更或修改会扩大承保范围、增加承保风险或影响追偿效果的内容。

十三、赔偿比例：指在《保险单明细表》“赔偿比例”中列明的比例数值。

十四、最高赔偿限额：指在《保险单明细表》“最高赔偿限额”中列明的数额，是保险人在本保险单项下对被保险人承担赔偿责任的累计金额，等于保险金额与赔偿比例之积。

十五、等待期：指损失发生后，保险人核定风险及相应损失所必需的时间。本保险单项下的等待期：（1）第二条第一款第（一）项的等待期为风险发生之日起 90 日；（2）第二条第一款第（二）项和第二条第二款的等待期为应付款日起 90 日；（3）对于连续的、相同的风险，等待期为 0 日。

十六、追偿款：包括（1）被保险人在保险人支付赔款后收到的、或虽在赔款前收到但在赔款时未予扣减的与应收款凭证有关的款项，包括但不限于租赁应收款，租赁物或租赁合同处路、转卖所得，主张担保权益及租赁物相关保险项下的权益所得等；（2）保险人在支付赔款后追回的与赔偿有关的款项。

十七、权益比例：指保险人和被保险人各自对追偿款所享有的权利的比例，其中，保险人权益比例为保险人实际赔款与对外追偿总金额的比值，被保险人权益比例为（1-保险人权益比例）。对外追偿总金额指保险人与被保险人协商确定的追偿金额的总和，包括保险责任范围内的损失及不属于保险责任范围内但被保险人委托保险人追偿的损失。

十八、租赁物买卖合同：指供应商与出租人签署的、约定由供应商提供特定租赁物的商务合同，在《保险单明细表》中列明。

十九、拖欠：指承租人违反应收款凭证的约定，超过应付款日仍未支付租赁应收款。

第二章　适用范围

第一条　本保险单适用于银行或其他金融机构以买断、受让或其他合法方式取得海外融资租赁交易项下的租赁应收款的融资交易。

第三章　保险责任

第二条　对被保险人以买断、受让或其他合法方式取得租赁应收款后，在保险责任期限内，由下列风险导致承租人未履行租赁应收款的支付义务且担保人未履行其在担保合同项下的担保义务而引起租赁应收款的直接损失，保险人根据本保险单的约定承担赔偿责任：

一、商业风险

（一）承租人破产、解散；

（二）承租人拖欠租赁应收款。

二、政治风险

（一）承租人所在国政府或租赁应收款支付必须经过的第三国（或地区）政府颁布法律、法令、命令、条例或采取行政措施，禁止或限制承租人以应收款凭证约定的货币或其他可自由兑换货币向被保险人支付租赁应收款；

（二）承租人所在国或租赁应收款支付必须经过的第三国（或地区）政府颁布延期付款令；

（三）承租人所在国颁布法律、法令、命令或采取行政措施，致使应收款凭证部分或全部无法履行；

（四）承租人所在国发生战争、内战、叛乱、革命、暴动或恐怖主义行动和与之相关的破坏活动，致使应收款凭证部分或全部无法履行；

（五）承租人所在国政府国有化、没收、征用租赁物，致使应收款凭证部分或全部无法履行；

（六）保险人认定的其他政治风险。

第四章　除外责任

第三条　无论本保险单其他条款如何约定，保险人对下列原因引起的损失不承担赔偿责任：

一、被保险人未能合法有效地取得收取租赁应收款的权利或担保权益；

二、本保险单第二条未列明的风险。

第五章　保险费

第四条　保险费以《保险单明细表》列明的保险金额为计费基础，保险费率、保险费金额以《保险单明细表》列明的为准。

第五条　投保人应于《保险费通知书》送达之日起30日内按照《保险费通知书》列明的币种和金额向保险人全额交纳保险费，但双方另有约定的除外。

第六章　被保险人义务

第六条　被保险人承诺：

一、严格履行应收款凭证项下的各项义务；

二、在本保险单项下的保险责任生效前，已经取得要求承租人按照应收款凭证向其支付租赁应收款的权利及应收款凭证所须的必要许可和授权；

三、确保自身并在应收款凭证中做出妥善安排尽力确保出租人不得擅自变更、修改、中止或终止应收款凭证，如对应收款凭证进行实质性内容的变更或修改，或需转让、抵押、质押或以其他方式处置其在本保险单、应收款凭证或担保合同及其他相关协议或文件项下的权益的，应事先征得保险人书面同意；

四、向保险人提供的任何有关本保险的信息真实、准确、完整，没有实质性内容的遗漏、隐瞒、误报和保留。

第七条 被保险人应：

一、认真遵守并履行本保险单的各项约定；

二、在自身或出租人行使或放弃中止或终止应收款凭证的权利前，须征得保险人书面同意；

三、确保自身及促使出租人在履行应收款凭证期间所采取的任何措施、作为或不作为，不得损害保险人的权益；

四、尽力促使租赁物已按租赁合同的约定足额投保了持续有效的财产险、责任险等保险；

五、及时通知并督促承租人或其担保人支付到期租赁应收款，确保《保险单明细表》列明的担保权益真实、合法、有效，并采取应有措施，尽力促使该等担保权益持续有效，包括但不限于根据相关法律法规办理所需的审批、登记、备案等手续；

六、在获悉租赁物发生严重故障、毁损、灭失等影响其正常运行、使用或价值的情况，或承租人或其担保人偿付能力发生重大变化，或发生或可能发生本保险单保险责任范围内的损失时，及时采取一切必要措施避免或减少损失，并书面通知保险人；对于保险人有要求的，被保险人应配合并要求出租人按照保险人要求开展各项止损、减损工作；承租人破产时，被保险人自身应或确保出租人在承租人所在地法院或有关机构登记债权、及时参与破产程序，并向保险人提供承租人破产证明。

第八条 被保险人应及时向保险人书面通报下述情况：

一、本保险单第二条列明的风险已经或可能发生；

二、任何影响被保险人实现担保权益的事件已经或可能发生；

三、按保险人规定的格式通报应收款凭证的进展情况；

四、保险人要求提供的其他必要信息。

第九条 如被保险人违反第六条、第七条、第八条约定的义务，保险人可要求被保险人在15日内进行补救，并有权视被保险人的补救结果和影响保险人利益的严重程度，择一或同时采取下述措施：

一、降低赔偿比例；

二、拒绝承担任何赔偿责任；

三、解除保险单，且不退还已收取的保险费。

第七章　可能损失处理和定损核赔

第十条　可能损失通知

一、除非保险人事先书面同意，被保险人应在下述期限内按保险人规定的格式向保险人提交《可能损失通知书》，提交《可能损失通知书》是索赔的前提条件：

（一）本保险条款第二条第一款第（一）项风险发生的30日内；

（二）本保险条款第二条第一款第（二）项和第二条第二款列明的风险已发生且应收款凭证项下的实际损失也已发生的30日内。

二、被保险人未能在上述期限内提交《可能损失通知书》的，保险人有权根据情况降低赔偿比例。

三、被保险人提交《可能损失通知书》后，仍应继续按应收款凭证及担保合同的有关约定，采取一切必要措施减少损失，包括但不限于积极向出租人、承租人及担保人主张债权、担保权益、处置租赁物或租赁合同，并及时向保险人报告进展情况。止损、减损过程中发生的必要、合理的费用，如取得保险人书面认可，可在后续追偿款或租赁物处置款中予以抵扣，或按照保险人最终确定的实际赔偿比例进行分摊。如被保险人拟实施或正在实施的追讨行为可能对保险人产生不利影响，保险人有权要求被保险人调整其追讨行为，并与保险人保持一致。

第十一条　索赔

一、被保险人提交《可能损失通知书》后可向保险人索赔。

二、被保险人最迟应在相应的应付款日起十二个月内向保险人正式提出索赔。否则，视为被保险人放弃其在本保险单项下的索赔权利。

三、被保险人在索赔时，须按保险人提供的《索赔申请书》的格式如实填报损失事项，并负责提供与损失有关的全部证明文件。

四、被保险人提供的索赔文件存在由于被保险人的故意行为所导致的虚假内容，保险人有权拒绝承担赔偿责任，且不退还已收取的保险费。

五、被保险人始终承担证明其已取得应由承租人支付租赁应收款的权利及本保险单项下的风险和实际损失确已发生的举证责任。

第十二条 定损核赔

一、在收到被保险人的《索赔申请书》及全部证明文件后，保险人将根据本保险单的有关约定做出赔偿与否以及赔偿金额的决定。

二、保险人将在不晚于下列日期后到者做出是否发生保险责任范围内风险及损失的认定并向被保险人出具《理赔意见书》：（1）等待期届满之日；（2）收到正式《索赔申请书》和全部证明文件后60日。

三、在保险人向被保险人出具《理赔意见书》后，被保险人应与保险人商定权益转让方案，且除非保险人书面同意，转让的权益不应附带任何权利要求、抗辩、反诉要求、抵扣权或其他权利负担，但由承保风险引起的除外。保险人在书面认可权益转让方案后10日内应向被保险人出具《赔付通知书》，并在被保险人按照保险人的要求签署权益转让相关文件且按照保险人要求的方式完成权益转让后10日内支付赔款。

四、在保险人进行赔偿后，如发现按照保险单约定保险人无需承担赔偿责任或已赔偿金额高于应赔偿金额的，或被保险人违反保险单约定的，保险人有权要求被保险人退还相应赔款。

五、保险人核定被保险人损失金额的基础是被保险人应当收取的租赁应收款。保险人在核定被保险人的损失金额时，应扣除下列款项：

（一）被保险人已收到的出租人、承租人或担保人支付的其他款项；

（二）承租人有权收取、冲抵或反索赔的款项；

（三）被保险人通过实现担保或租赁物相关保险权益已收回的款项；

（四）被保险人或其他相关方已通过转卖、转租或自营等方式处置租赁物或租赁物买卖合同所得款项，但被保险人无法从该等款项中受益的除外；

（五）由于应收款凭证项下被保险人或出租人对承租人所负的义务未得以完全履行导致的损失；

（六）由于被保险人的过错导致损失扩大的部分。

六、对于保险人已核定的被保险人损失金额，保险人根据《保险单明细表》列明的赔偿比例以及本保险单的约定确定赔偿金额。在任何情况下，保险单项下的累计赔偿金额不超过《保险单明细表》列明的最高赔偿限额。

七、履行赔偿义务时，保险人有权选择一次性提前履行其在本保险单项下的全部赔偿义务，或按《保险单明细表》列明的付款计划和方式分期支付赔款。

八、保险人在履行保险单项下的赔偿义务时，以本保险条款第十五条约定的货币支付，并按被保险人的要求将赔款付至其指定账户。

九、保险人在支付赔款或追偿款时，有权以被保险人对保险人的欠款（包括但不限于保险费、应分摊的追偿费用、应转付的追偿款等）冲抵保险人在本保险单项下应付给被保险人的赔款或追偿款。

十、本保险条款第二条列明的风险发生后，对被保险人从承租人或其担保人处收到的任何款项，均按应付款日先后顺序确认租赁应收款。如多笔款项同时到期，按到期款项的金额比例分配。

第八章　追　偿

第十三条　保险人支付赔款后，被保险人须承担以下义务：一、积极配合且促使出租人配合保险人，并根据保险人的指示和要求采取追偿行动，包括但不限于继续向承租人、担保人或其他责任人追偿欠款，积极处置租赁物或租赁合同、主张租赁物相关保险权益等；

二、向保险人或其指定的代表提供实施追偿所需的、被保险人能够提供的一切相关文件和便利。

第十四条　追偿款的分配

一、在保险人支付赔款后，被保险人收到任何追偿款，须及时通知保险人，并按保险人指示将属于保险人的权益部分转付给保险人。

二、追偿款将按本保险单项下的权益比例由保险人与被保险人分摊。在追偿款分配前，该款项中属于对方的部分视为代对方保管。对于保险人采取追偿措施而发生的费用，或被保险人根据保险人指示采取追偿措施而发生的合理费用，按照本保险单规定的权益比例在保险人及被保险人之间分摊。

第九章　货币及汇率

第十五条　本保险单项下的赔款及追偿款均以《保险单明细表》列明的货币计算并支付。如需兑换，汇率可在《保险单明细表》中进行约定；若无约定，则以保险人与被保险人协商的汇率为准。

第十章　保险单的生效、变更及终止

第十六条　保险单生效保险单自各方签署后生效。

第十七条　保险单变更本保险单项下的任何变更和修改须经保险人和被保险人协商并以《批单》确认。

第十八条　保险单终止本保险单按照本条下述约定终止时，保险人向投保人出具《保险单终止通知书》：

一、除非保险人事先书面同意，若自保险人向投保人出具的《项目批复通知书》中列明的批复之日起12个月内，本保险条款第十九条列明的条件未全部满足，则本保险单于《项目批复通知书》中列明的批复之日起12个月届满后自动终止，保险人退还投保人已缴全部保险费。

二、在保险责任生效前，投保人在书面征得被保险人同意后，可向保险人提交《保险单终止申请书》申请终止保险单，保险人在审核同意后退还全部已缴保险费。保险责任生效后，如租赁物尚未起租，在未发生保险单约定的风险的前提下，投保人在书面征得被保险人同意后，可向保险人提交《保险单终止申请书》申请终止保险单，保险人在审核同意后，收取50，000元人民币管理费，并退还全部已缴保险费；如租赁物已经起租，在未发生保险单约定的风险的前提下，保险人在审核同意后，收取50，000元人民币或全部保险费3%孰高之金额的管理费，并扣减已承担保险责任部分的保险费后退还已收取的保险费余额。对保险人审核同意退保的，自投保人申请退保之日起保险单终止。

第十一章 保险责任期限

第十九条 除另有约定外，本保险单保险责任于下列条件均满足时生效：

一、保险人按照《保险费通知书》的约定收到足额保险费；

二、应收款凭证已生效。

第二十条 本保险单保险责任于下列任一条件具备时即终止：

一、保险人按照本保险单的相关约定解除保险单；

二、本保险单按照第十八条第二款的约定终止；

三、《保险单明细表》中约定的保险单终止日已到；

四、承租人或其担保人清偿保险范围内的全部款项；

五、保险人全部履行保险单项下的赔偿义务；

六、应收款凭证终止，且保险单项下的损失未发生。

第二十一条 保险人根据本保险单的约定应履行的赔偿义务，以及被保险人在本保险单项下应履行的义务，不因本保险单保险责任终止而免除。

第十二章 适用法律和争议处理

第二十二条 本保险单以中文文本为准，适用中华人民共和国法律。

第二十三条 保险人与被保险人应本着实事求是、公平合理的原则，协商解决在本保险单项下的一切争议。如协商不成，应按在被告所在地法院进行诉讼的方式解决争议，双方另有约定的以约定为准。

后　记

2013年，习近平主席提出共建“一带一路”倡议。短短6年，“一带一路”倡议逐渐得到国际社会广泛认可和积极响应。相关国家政府间密切沟通配合，众多国内外企业纷纷投身“一带一路”建设，积极热情如百舸争流。一大批跨境投资、对外承包工程、装备制造合作等项目纷纷落地，取得了显著的经济效益和社会效益，成果丰硕，真正惠及了“一带一路”沿线国家。

能够取得这样的成果，金融的支持作用是不容忽视的。金融机构与“走出去”企业不断地深入推进“一带一路”金融创新的体制机制、产品结构和操作流程，切实发挥多方合力，开创了新时代“一带一路”金融创新的新局面。

但是我们仍应看到，跨境金融对于“一带一路”建设的引领作用还有待提高，“一带一路”金融普惠和推广力度仍有待加强，境外金融业务风险的管控能力还需持续提升。因此，笔者结合自身多年来的国际商务和跨境金融工作经验，在深入研究“一带一路”建设新形势和跨境金融现状的基础上，对如何适应“一带一路”境外项目日益复杂的商务结构，更好地满足企业多样化的融资需求，创新服务“一带一路”建设的金融产品，推动共建“一带一路”向高质量发展转变等问题进行了深入的思考和探索。本书正是上述思考和实践的结晶。

在本书中，笔者选取了当今跨境金融领域热度较高的“跨境担保”和“跨境融资”两类业务，从理论到实务、从宏观到微观、由浅入深地展开论述：从产品结构、产品优势、监管政策、适用范围、业务流程的基础性知识，到产品对比、产品组合、业务创新、评审要点、风险防控、案例解析等进阶内容。其中，着重讲解了近年来市场热度极高的“内保外贷”，以及支持“一带一路”建设的拳头融资产品——“出口信贷”。此外，还广泛涉及了跨境金融领域的诸多产品，比如福费廷、工程保函、企业境外放款、NRA 账户融资创新、项目融资等，以契合当今跨境金融产品结构化和融资多样化特征。需要指出的是，在当今“回归本源、服务实体”的金融监管背景下，“跨境担保”和“跨境融资”的实践和创新，必须严格遵循国家的外汇监管等政策。新时代呼唤新的跨境金融，希望本书能为读者提供一个新的视角和思路。

笔者本书的写作和出版过程中，有幸得到了诸多专业人士的指点和帮助，在此一并致谢！他们是：中国对外承包工程商会房秋晨会长，国务院政府特殊津贴获得者、国际商会中国国家委员会保函专家组原组长周红军先生，商务部对外贸易研究所竺彩华副所长，中国进出口银行四川省分行刘宏彦行长，中信银行（国际）澳门分行丁文燕行长，中国人民大学财政金融学院院长助理、国际货币研究所副所长宋科副教授，中国人民大学财政金融学院钱宗鑫副教授，中国人民大学国际货币研究所朱霜霜秘书长，中国出口信用保险公司“一带一路”联络处王殊处长，中信银行总行审计部朱腾处长，中国经济出版社财金分社杨莹分社长，中拉合作基金风险副总监梁成思先生，中国进出口银行产品及创新管理处姚克副处长，中国出口信用保险公司产品开发二处李瑞民副处长，《中国外汇》杂志社王莉老师，麦楷博平会计师事务所董事总经理胡和先生等。

本书仅代表笔者个人观点。囿于笔者知识、经验和研究能力有限，本书难免有疏漏和不妥之处，欢迎读者批评指正！

本书的出版，离不开中信银行国际业务部多年来对我的培养和无私的帮助，在此向国际业务部张琳总经理和各位同事深表谢意！本书同样凝结着我家人的心血和汗水，谨以此书献给我的爱人和孩子们。

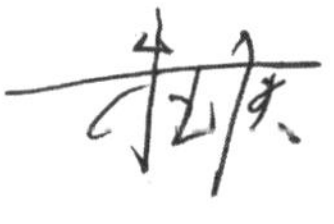

2019 年 3 月于北京